BUNDSCHUH:
PRAXISKONZEPTE DER FÖRDERDIAGNOSTIK

BEITRÄGE ZUR HEILPÄDAGOGIK

Herausgegeben von
Günther Bittner und Andreas Möckel
unter Mitarbeit von
Konrad Bundschuh und Erich Hußlein

Ausschlaggebend für die Herausgabe dieser Reihe ist der Gesichtspunkt, daß Pädagogik ebenso das Gelingen wie das Versagen von Erziehung zu verstehen suchen muß. Indem sie letzteres tut und Wege aufweist, wie das Versagen kompensiert werden kann, wird sie zur Heilpädagogik. Pädagogik und Heilpädagogik sind zwei Seiten derselben Medaille, Heilpädagogik ist ein Aspekt der Pädagogik.
Die Herausgeber, an den Universitäten Würzburg und München Pädagogik bzw. Sonderpädagogik lehrend, wollen mit dieser Reihe dazu einladen, problematisch verfestigte Fächerstrukturen von „Sonderpädagogik" oder „Behindertenpädagogik" erneut durchlässig zu machen.

PRAXISKONZEPTE DER FÖRDERDIAGNOSTIK

Möglichkeiten der Anwendung
in der sonder- oder
heilpädagogischen Praxis

von

Konrad Bundschuh

2., grundlegend neugestaltete und erweiterte Auflage

KLINKHARDT

1994

VERLAG JULIUS KLINKHARDT · BAD HEILBRUNN

Die Deutsche Bibliothek – CIP-Einheitsaufnahme

Bundschuh, Konrad:
Praxiskonzepte der Förderdiagnostik : Möglichkeiten der
Anwendung in der sonder- und heilpädagogischen Praxis / von
Konrad Bundschuh. - 2., grundlegend neugestaltete und erw.
Aufl. - Bad Heilbrunn : Klinkhardt, 1994
  (Beiträge zur Heilpädagogik)
    1. Aufl. u. d. T.: Bundschuh, Konrad: Dimensionen der Förderdiagnostik
ISBN 3-7815-0763-7

1993.12. Ll. © by Julius Klinkhardt
Das Werk ist einschließlich aller seiner Teile urheberrechtlich geschützt. Jede Verwertung
außerhalb der engen Grenzen des Urheberrechtsgesetzes ist ohne Zustimmung des Verlages
unzulässig und strafbar. Das gilt insbesondere für Vervielfältigungen, Übersetzungen, Mi-
kroverfilmungen und die Einspeicherung und Verarbeitung in elektronischen Systemen.
Gesamtherstellung: WB-Druck GmbH & Co. Buchproduktions-KG, Rieden
Printed in Germany 1993
ISBN 3–7815–0763–7

Gedruckt auf chlorfrei gebleichtem Papier

Inhaltsverzeichnis

Vorwort zur ersten Auflage ... 8
Vorwort zur zweiten Auflage ... 9
1 Einleitung ... 11
2 Praxis notwendiger und problematischer Diagnostik ... 19
3 Bedürfnisse und Entfaltung der Persönlichkeit ... 24
4 Wege und Irrwege diagnostischer Vorgehensweisen ... 30
4.1 Problemhaftigkeit traditioneller Diagnostik im Hinblick auf sonder- oder heilpädagogische Fragestellungen ... 31
4.1.1 Die einseitige Sichtweise des medizinischen Modells klinischer Diagnostik ... 31
4.1.2 Bedrohung des Subjekts durch Einordnung und Vergleich normorientierten statistischen Denkens ... 34
4.1.3 Determiniertes Verhalten: der ge- und verplante Mensch ... 36
4.2 Neuere diagnostische Ansätze pädagogisch-psychologischer Diagnostik ... 39
4.2.1 Das gesellschaftswissenschaftliche oder interaktionistische Modell ... 40
4.2.2 Strukturbezogene oder qualitative Diagnostik ... 41
4.2.3 Lerndiagnostik ... 43
4.2.4 Lernprozeßorientierte Diagnostik und die Situation des Kindes ... 44
4.2.5 Der Mensch als aktiver Träger von Erkenntnisprozessen - das epistemologische Subjekt-Modell ... 47
4.3 Zusammenfassung ... 50
5 Förderdiagnostik in der Entwicklung ... 54
5.1 Komplexität und Mehrdimensionalität ... 54
5.2 Ganzheitlichkeit ... 55
6 Prinzipien und Dimensionen der Förderdiagnostik ... 58
6.1 Die anthropologische Fragestellung ... 60
6.1.1 Die aktuelle Problematik ... 60
6.1.2 Die prinzipielle Erziehungsbedürftigkeit des Menschen von Anfang an ... 62
6.1.3 Schwere Behinderungen und Subjektivität ... 65
6.2 Pädagogische Grundüberlegungen ... 68

6.2.1 Verstehen 70
6.2.2 Förderdiagnostik und Grenzerfahrung - "Scheitern" als Offenheit 73
6.2.3 Zum Verhältnis Allgemeine Pädagogik und Sonder- oder Heil-
pädagogik 75
6.2.4 Förderdiagnostik, Pädagogik, Sonder- oder Heilpädagogik 79
6.3 Die soziale Dimension - Förderdiagnsotik als Analyse behindernder
Bedingungen 80
6.3.1 Diagnose und Analyse behindernder Bedingungen und Verhältnisse 81
6.3.2 Behinderung als kreisförmiger Interaktionsprozeß 83
6.3.3 Offenheit 85
6.3.4 Zum Problem der "Teilleistungsstörung" 87
6.4 Diagnose, Förderungsprozesse und Didaktik als Einheit 88
6.4.1 Förderdiagnostik als Vermittlungsprozeß 89
6.4.2 Fehler und Fehleranalyse als Chance zum Fortschritt 90
6.4.3 Schüler, Sachstruktur, Vermittlung und Lehrinhalt 91
6.4.4 Förderung 94
6.4.5. Spezielle Probleme 96
6.4.6. Handlungsfähigkeit 99
6.4.7. Handlung und Sprache 101
6.4.8. Förderdiagnostik als Begleit-Diagnostik 102
6.4.9. Funktionalität bzw. Intentionalität versus Ganzheitlichkeit 103
6.5 Förderdiagnostik und Therapie 108
6.5.1 Psychische Probleme und Auffälligkeiten als Herausforderung 109
6.5.2 Möglichkeiten und Grenzen von Therapien 110
6.5.3 Pädagogik oder/statt Therapie und die krankmachende
Alltagswirklichkeit 112
6.6 Die Problematik Institution 116
6.6.1 Negative Beispiele 116
6.6.2 Systemimmanente Barrieren und Förderdiagnostik 119
6.7 Rahmenbedingungen förderdiagnostischer Prozesse 121
6.7.1 Die Frage nach der Legitimation 122
6.7.2 Einstellung, Förderung, Erziehung 125
6.7.3 Gegenstand der Förderdiagnostik 127
6.7.4 Methodische Überlegungen 128
6.7.5 Förderungsziele und -wege 131
6.7.6 Grenzen förderdiagnostischer Prozesse und Aufgaben 133

7	**Förderdiagnostik im sonder- oder heilpädagogischen Arbeitsfeld in der praktischen Erprobung**	136
7.1	Beschreibung der Projektabschnitte	136
7.1.1	Basislernen	136
7.1.2	Ganzheitliches Lernen	138
7.2	Bilanz	142
7.3	Notwendige Voraussetzungen für die Umsetzung von Förderungsprozessen innerhalb der Schule, speziell der Schule zur individuellen Lernförderung	143
7.4	Beratung	146
7.5	Zusammenfassung	148
8	**Förderdiagnostische Begutachtung - dargestellt am Beispiel eines schwerbehinderten Kindes**	150
8.1	Vorbemerkungen	150
8.2	Situation, Beobachtungsanlaß, Bedingungen	150
8.3	Die bisherige Entwicklung	151
8.4	Beschreibung der Planungsphase	151
8.5	Beobachtungen und Förderungsansätze	154
8.5.1	Wahrnehmung	154
8.5.2	Motorik	156
8.5.3	Motivation, Konzentration, Ausdauer	158
8.5.4	Gedächtnis	160
8.5.5	Sprache, Kommunikationsfähigkeit und soziales Verhalten	160
8.5.6	Kreativität und Spontaneität	163
8.6	Zusammenfassung	165
9	**Prinzipien der Förderung**	167
9.1	Basale Förderung	168
9.2	Orientierung am Kind	172
9.3	Wahrnehmung und Motorik als basale Prozesse	173
9.3.1	Förderung der Motorik	175
9.3.2	Förderung der Wahrnehmung	178
10	**Ausblick**	187
Literatur		190
Sachverzeichnis		203

Vorwort zur ersten Auflage

Es war schon immer mein Wunsch, mich wieder verstärkt den Fragen zuzuwenden, die mich ursprünglich beschäftigten, die sich an die pädagogischen und didaktischen Möglichkeiten unterrichtlicher und diagnostischer Art in Verbindung mit theoretischen Überlegungen richten.
Impulse und Anregungen erhielt ich durch meine fünfjährige pädagogische Praxis als Lehrer an Grund- und Hauptschulen sowie als Sonderschullehrer, durch die Arbeit an der Hochschule, in die immer wieder Kinder mit Lernschwierigkeiten, Verhaltensproblemen und Behinderungen einbezogen wurden, durch die Kritik der wissenschaftlichen Literatur am traditionellen diagnostischen Vorgehen, durch die Kritik von Studierenden der Sonderpädagogik an der sogenannten Selektionsdiagnostik sowie durch den Gedankenaustausch mit Kolleginnen und Kollegen.
Wenngleich sich aus dem Studium des pädagogischen, heilpädagogisch-sonderpädagogischen Schrifttums viele Anregungen ergaben, konnte sich diese Arbeit an den entscheidenden Stellen nicht oder nur in geringem Maße auf Literatur stützen.
Insbesondere Herr Prof. Dr. A. Möckel gab zahlreiche Impulse, bisherige diagnostische Ansätze zu überdenken und in Richtung pädagogischer und didaktischer Fragestellungen zu erweitern. Durch Gespräche mit ihm und durch seine Publikationen gelang es mir, das ursprünglich vorliegende Konzept fortzuentwickeln und mit den gefundenen und diskutierten Dimensionen der Förderdiagnostik neue Sichtweisen zu eröffnen. Hierfür und für die stetige Ermutigung bin ich ihm in besonderer Weise dankbar.
Es wurde mir immer klarer, daß diagnostisches Vorgehen - nicht nur als Postulat, sondern vor allem in der Realisierung - legitimiert ist, wenn daraus eine Aussage für das Kind unter Berücksichtigung seiner persönlichen Bedürfnisse hervorgeht. Vielleicht ist in dieser Schrift mit ihrer theoretischen und praktischen Verknüpfung pädagogischer, psychologischer und didaktischer Fragen eine ganzheitliche Zuwendung zum Kind gelungen.

Konrad Bundschuh

Vorwort zur zweiten Auflage

Die erste Auflage von "Dimensionen der Förderdiagnostik" ist seit einigen Jahren vergriffen. Zahlreiche positive Rückmeldungen sowie die große Nachfrage gaben den Anstoß für die weitere Auflage. Das neue Buch, "Praxiskonzepte Förderdiagnostik", wird dem Handlungsbedarf vor Ort gerecht. Ergänzungen zur theoretischen Basis intendieren das sonder- oder heilpädagogische Arbeitsfeld, das Notsituationen von Kindern aufgreift und ein Auffangnetz für einen relativ großen Prozentsatz von Kindern bildet, die das Regelschulsystem nicht unterrichten und integrieren möchte. Die Vielfalt der bereits vorliegenden Förderungskonzepte führt zu der Frage, ob sie bezüglich der Kinder mit Entwicklungsverzögerungen, Lern- oder Verhaltensstörungen sowie Behinderungen ganz allgemein, pädagogisch sinnvoll und vertretbar sind.

Die in der ersten Auflage erarbeiteten Dimensionen und Kriterien für diagnostische Prozesse im sonder- oder heilpädagogischen Arbeitsfeld werden um die Frage der Praktikabilität hinsichtlich Diagnose und Förderung erweitert. Gibt es überhaupt eine unter pädagogischem Aspekt akzeptable Förderung, wenn sich bisher vorliegende Konzepte als kritikbedürftig erwiesen haben?

Die zweite Auflage erscheint völlig neu bearbeitet, wesentlich erweitert und aktualisiert. Gliederung und Inhalte sind umgestaltet. Zusätzlich thematisiert werden Bedürfnisse und Entfaltung der Persönlichkeit, Wege und Irrwege diagnostischer Vorgehensweisen, Diagnose und Analyse behindernder Bedingungen und Verhältnisse, Begleit- und Prozeßdiagnostik, Fehler und Fehleranalyse, Beratung, Pädagogik, Therapie und krankmachende Alltagswirklichkeit, Prinzipien der Förderung unter Berücksichtigung des Basalen, Orientierung am Kind in der praktischen Umsetzung für die Bereiche Wahrnehmung und Motorik. Die Literatur wurde aktualisiert.

Der Verfasser sieht die Entwicklung weg von der viel zu statischen traditionellen Diagnostik, hin zu einer flexiblen, an der Notsituation des Kindes orientierten Diagnostik, die vor allem den Aspekt der Diagnose und Analyse behindernder Bedingungen im Bereich der Umwelt intendiert. In diese kritische Analyse wird explizit das Schulsystem einbezogen.

Auch die Umbruchsituation in der sonder- oder heilpädagogischen Praxis hat zu weiterführenden Impulsen für die Neubearbeitung beigetragen. Verstärkt diskutiert wird z.B. die Integrationsfrage, die Konzeption der Diagnose- und Förderklassen und der "Sonderpädagogischen Förderzentren", die eigentlich "Pädagogische Förderzentren" heißen sollten und die Frage der kinderorientierten Förderung im Rahmen der Schule zur individuellen Lernförderung.

Das weitgehend in sich geschlossene Konzept des Deutschen Bildungsrates ist brüchig geworden. Die unter mächtigen Systemen leidenden Kinder, Eltern, Lehrer und Lehrerinnen bringen in zunehmenden Maße die Sichtweise der Betroffenen zur Sprache und wirken durch ihre Kritik verändernd.

Nötig wurde diese Neubearbeitung, -gestaltung und Umstrukturierung der ersten Auflage, weil sich im Verlauf der letzten Jahre bisher nicht dagewesene Aspekte und Diskussionsbereiche im Zusammenhang mit diagnostischen Fragen im pädagogischen Arbeitsfeld ergeben haben. Existierende Notsituationen fordern heraus.

Wie nie zuvor registriert man mit der Zunahme von Erziehungs- und Verhaltensproblemen bei Kindern und Jugendlichen einen Anstieg des heilpädagogischen Förderbedarfs. Die Sonderschule mit ihren verschiedenen über das übliche Maß hinausgehenden Erziehungs- und Förderungsbemühungen wird immer dringlicher als notwendige Ergänzung der Regelschule betrachtet. Man rechnet mit diesem pädagogischen Netz. Förderung im sonder- oder heilpädagogischen Arbeitsfeld konkretisiert sich in individuellen Förderbedürfnissen, die eingelöst werden müssen, will man Kinder und ihre Nöte ernst nehmen:

- Erstellung individueller Förderpläne für jeden einzelnen Schüler unter Einbezug unterschiedlicher, flexibler Förderungsformen
- Integration, d. h. Kinder mit und ohne Behinderungen lernen und spielen gemeinsam, verbringen zusammen Zeit, erfahren miteinander unmittelbar Möglichkeiten und Schwierigkeiten der Lebensgestaltung
- Hoher Analyse-, Aufklärungs- und Förderbedarf in der Kind- Umfeld- Situation
- Betonung der präventiven Pädagogik.

Bei allem Bemühen um Wissenschaftlichkeit möchte ich Hoffnung vermitteln. Hoffnung für alle, die im pädagogischen Arbeisfeld das Phänomen Behinderung und die Notsituation von Kindern als Herausforderung wahrnehmen, Impulse zu einem erhöhten erzieherischen Bemühen sensibel aufgreifen, an Grenzproblemen nicht scheitern möchten, die auf der Suche nach besseren Erziehungs- und Förderungsmöglichkeiten sind. Niemand kann ohne diese Hoffnung auf positive Veränderung menschlicher Situationen leben. Es gibt einen der Sonder- oder Heilpädagogik innewohnenden Impetus zur Erziehung und Förderung, trotz vorherrschender Grenzen und Barrieren.

Die einzige, pädagogisch akzeptable Alternative zu Schulversagen und Erziehungsproblemen lautet: Orientierung am Kind und seinen Möglichkeiten. Unter pädagogischem Aspekt heißen Über- oder Unterforderung: die kindliche Persönlichkeitsentwicklung organisiert stören und schädigen.

Frau cand. phil. Christine Treuner und Herrn cand. phil. Christoph Winkler danke ich sehr für die Mithilfe bei Korrekturarbeiten, für kritische und weiterführende Impulse in der Endphase der Bearbeitung sowie für die Formatierung dieses Buches.

1 Einleitung

Das Kernproblem im sonder- oder heilpädagogischen Arbeitsfeld liegt in der Frage der weiteren Erziehung angesichts ins Stocken geratener Prozesse in den Bereichen Lernen, Kommunikation im weiten Sinne und Sozialverhalten. Frustrationen, zusammenbrechende und zusammengebrochene Erziehungsfelder, schlichtweg Notsituationen begleitet von Zweifeln, Konflikten, Demütigungen der Eltern und Kinder, geleitet von der ständigen Suche nach Hilfe und neuen Möglichkeiten, sind Ausdrucksformen solcher Probleme. Prozesse, die Familien bedrücken angesichts übermächtiger Institutionen, die zwar das Angebot der Sonderschulen bereitstellen, es bisher jedoch nicht erreicht haben, die mit dem Besuch dieser Schulen immer noch diskriminierenden Begleiterscheinungen in Institutionen, Gesellschaft, Nachbarschaft und Freundeskreis zu neutralisieren. Meist bedeutet es für die Betroffenen Leid, zusätzliche Erschwernis menschlicher Alltagsbewältigung, generell Problemhaftigkeit, mit dem Phänomen Behinderung unmittelbar, hautnah im wahrsten Wortsinne, konfrontiert zu werden.

Ähnlich, wenn auch etwas distanzierter betroffen sind Lehrer und Lehrerinnen, Erzieher und Erzieherinnen im sonder- oder heilpädagogischen Arbeitsfeld, die sich ständig bemühen, trotz auftretender Widerstände und häufigen Scheiterns in Grenzproblemen pädagogisierbare Möglichkeiten zu erkennen.

Mit Diagnostik alleine kann hier nicht weitergeholfen werden. Es setzt im heilpädagogischen Bereich die differenzierte *Suche nach neuen Möglichkeiten für Erziehung und Förderung* und damit nach erweiterter Handlungsfähigkeit des betroffenen Kindes, der Eltern, der Lehrer und Lehrerinnen ein.

Was heißt Förderung angesichts solcher Notsituationen? Was bedeutet dies für die Frage der Erziehung? Welche Rolle spielt Förderung im Rahmen der Entfaltung der Persönlichkeit des Kindes? Kann Förderung auch mit Problemen und Gefahren verbunden sein? Inwiefern bedeutet Förderung wirklich Aufbruch?

Grundlegende Überlegungen zu Fragen der Erziehung und der Förderung drängen sich auf, Fragen nach der Orientierung am Kind, nach dem Kindgemäßen und Basalen.

Förderdiagnostik im Sinne von Aufbruch wird dem eigentlichen Inhalt des vorliegenden Buches in seiner Aktualität, Bedeutsamkeit, Notwendigkeit und Multidimensionalität eher gerecht.

Aufbruch meint:

1. in wissenschaftlicher Hinsicht radikale Abkehr von der früheren medizinisch-psychologischen Orientierung diagnostischer Vorgehensweise (vgl. 4.1). Aufbruch bedeutet auch, den Gedanken der Erziehung in die Frage nach der Diagnose und Förderung unmittelbar integrieren.

2. handlungsorientierte Dynamik und Weiterentwicklung diagnostischer Prozesse unter Einbezug der Frage nach dem Lernen, der Förderung in Verbindung mit Didaktik, generell in Orientierung an den Bedürfnissen und Möglichkeiten eines in Not geratenen Kindes auf der Basis neuerer wissenschaftlicher Erkenntnisse.

3. individuell gesehen Weiterführung, Dynamisierung ins Stocken geratener Prozesse, Nöte von Kindern und Jugendlichen angesichts übermächtiger institutioneller Mächte wahr- und ernstnehmen, die Entwicklung hemmende - negative - Kreisprozesse aufbrechen, behindernde Bedingungen in der Umwelt radikal diagnostizieren, in Wort und Schrift benennen und nach Möglichkeit durch Handeln beseitigen. Das betroffene Kind selbst durch Aufzeigen und Bewußtmachung eigener Handlungsfähigkeit sowie positiver Erweiterung des Selbstbildes und der Selbstkompetenz ermutigen.

4. Belebung sozialer Prozesse (Interaktionen) durch Diagnostik und Analyse separierender sowie behindernder Bedingungen und Anschluß an neue soziale und integrative Prozesse.

5. Im Bereich der Eltern Vermittlung von Hoffnung, Mut, auch eines neuen und verstärkten Willens in Richtung Erziehung und Förderung, Öffnung von besseren Perspektiven für die Zukunft angesichts bisheriger eher trostloser Erfahrungen.

Insgesamt gesehen meint "Aufbruch" das Aufbrechen und Zerbrechen hemmender, verkrusteter Erfahrungen und Strukturen im Bereich Familie, Alleinerziehender, im System Schule, insbesondere aber auch im Bereich des Kindes selbst, das angereichert sein könnte mit einer Fülle negativer Erfahrungen.

Angesichts vorliegender Erziehungsunsicherheit und -müdigkeit der vergangenen Jahre heißt Aufbruch auch den Impuls, *Wert und Sinn von Erziehung* wieder *neu überdenken* sowie vermitteln und damit Bedeutung, Gewicht und Wert von Elternschaft (Tragweite, Sinnhaftigkeit, Verantwortung, Wesen und Relevanz erzieherischen Handelns) verstärkt ins Bewußtsein rücken durch das Wort und das vorbildhafte Handeln. Eltern sowie Lehrerinnen und Lehrer in Schulen wollen in erzieherischer Hinsicht für die anvertrauten Kinder Gutes leisten. Wenn sie den Mut zur Erziehung nicht aufbringen, wer übernimmt dann diese Aufgabe? Wir dürfen es nicht zulassen, daß dieses bedeutsame Feld, diese sensiblen Prozesse, die wir Erziehung nennen, angesichts vorliegender Ratlosigkeit von Experten in Praxis und Wissenschaft völlig zusammenbricht.

Dabei nehmen wir auch in Kauf, daß in der "Erziehung etwas mißlingt", daß ein Kind den Vorstellungen des Erziehers oder der Erzieherin zugunsten eigener individueller Entwicklung entgeht, nicht entspricht. In der Situation des Versagens, des Erlebens erzieherischer "Grenzen" liegen Notwendigkeit und Impetus für Reflexion, für die vertiefte Auseinandersetzung mit der Frage nach der Erziehung überhaupt, aber auch mit der Frage nach dem Kinde. Wenn sich Allgemeinpädagogen und Lehrerinnen und Lehrer im theoretischen und praktischen Arbeitsfeld nicht für Verhaltensprobleme, Lernstörungen und -behinderungen für zuständig erklären, entgeht ihnen nicht nur die Möglichkeit, sich in fruchtbarer Weise mit ursprünglichem Geschehen im pädagogischen Feld auseinanderzusetzen, sie nehmen global betrachtet ihre Verantwortung für die Sache Pädagogik und damit Erziehung in voller Breite nicht wahr. Ich möchte die Hypothese aufstellen, daß gegenwärtige Probleme von Kindern und Jugendlichen wie Gewalt und Aggressivität, Haß gegen einzelne Gruppen von Menschen, Orientierungslosigkeit, Verlust von Sinnhaftem und Wertigkeit mit dieser totalen Verunsicherung in dem Bereich Pädagogik in einem Zusammenhang stehen. Pädagogik muß in die Gesellschaft ausstrahlen, in die Politik, in die freie Wirtschaft mit der Frage, welche Perspektiven gebt ihr unseren Kindern, wenn wir uns verstärkt um Erziehung bemühen?

Praktiker und Wissenschaftler gleichermaßen betonen den großen Bedarf an Informationen über Förderung angesichts offensichtlicher "Notsituationen", "special educational needs" (Warnock Report 1978), erschwerter bis extrem erschwerter Erziehungsprozesse von Kindern und Jugendlichen, die sich auf Personen, die im Erziehungsfeld tätig sind, häufig bedrückend auswirken. Sowohl *das Kind* mit Problemen als auch *die Welt*, in der es lebt, *fordern heraus*. Beide Bereiche, die Bedingungen des an sich autonomen Subjektes und die soziale und materiale Umwelt bedürfen einer genaueren Betrachtung und Analyse.

Auf zahlreiche Kinder mit oder ohne Behinderung wirken die soziale Umwelt (Lieblosigkeit, Egoismus, Leistungsorientiertheit, Konkurrenzkampf, Diskriminierung, Vorurteilsbildung, überfüllte Schulklassen, negative Attribuierungen, Gewalt, Haß, ...) und die materiale Umwelt (Verschmutzung, Vergiftung, zu kleine Wohnungen, zu wenige Spiel- und Kindergartenplätze, auch Armut, Alkohol, Videos, Drogen, ...) im Hinblick auf die Entfaltung der kindlichen Persönlichkeit in hohem Maße behindernd. Diese Bedingungen gilt es in verstärktem Maße zu diagnostizieren und in die Gedanken zur Erziehung und Förderung im Sinne positiver Veränderung einzubeziehen.

Überblickt man den wissenschaftlichen Stand der Ausführungen zu dem Problembereich psychologisch-pädagogische Diagnostik, läßt sich feststellen, daß sich herkömmliche psychologische Diagnostik in hohem Maße mit Zuordnungs- und Plazierungsfragen im Zusammenhang mit Einzelpersonen oder Gruppen beschäftigte. Die psychologische Diagnostik hat sich bis in die Gegenwart hinein nicht ganz von der Vorstellung gelöst, Prüfverfahren mit dem Ziel der Entscheidungsfindung und -vorbereitung erarbeiten zu müssen. Im Laufe dieser "Geschichte" wurde immer wieder versucht, die mit Zuordnungen verbundenen Klassifizierungen und Rangordnungen zu präzisieren und mit entsprechenden Meßniveaus verbesserte quantifizierbare Maßstäbe zu entwickeln.

Auch mit der Einführung des Terminus "Pädagogische Diagnostik" - im sonderpädagogischen Bereich "Sonderpädagogische Diagnostik" - hat sich an den Inhalten und Aufgabenstellungen wenig geändert. Publikationen mit den entsprechenden Titeln beschäftigen sich auch gegenwärtig meist mit testtheoretischen Aspekten wie "Gütekriterien", "Aufgabenanalyse", "Testanalyse", "Normierung", "Veränderungsmessung", "Diagnose von Persönlichkeitsmerkmalen", "Diagnose von Verhalten", "Diagnose und Entscheidung" (Selektion, Plazierung, Klassifikation, Prognose, ...).

Obwohl Themen aufgegriffen wurden wie "Diagnose und Didaktik" oder "Diagnose und Beratung", fand eine entschiedene Hinwendung zum Kind, zu seinen Bedürfnissen und Problemen, bis Mitte der achtziger Jahre nicht statt. Die zentrale Frage, das Verhältnis von Pädagogik und Diagnostik, wurde nicht systematisch angesprochen.

Man konnte den Eindruck gewinnen, daß Diagnostik von den meisten im wissenschaftlichen Bereich arbeitenden Pädagogen eher als etwas viel zu Direktes, Schädliches, jedenfalls als etwas Unpädagogisches, von vielen Psychologen und praktisch arbeitenden Diagnostikern, (Sonderpädagogen einbezogen), ganzheitliches pädagogisches Denken als eher geisteswissenschaftlich, utopisch bis unwissenschaftlich betrachtet wurde. Vielleicht kann hier die vorliegende Schrift mit ihrem Konzept der Förderdiagnostik integrierend wirken.

Die neueren Richtungen, wie Lerndiagnostik oder lernprozeßorientierte Diagnostik und auch die qualitative Diagnostik, orientieren sich entweder an "äußeren Maßstäben" (z. B. Curriculum) oder konzentrieren sich auf Teilaspekte einer Person, wie z. B. Lernvorgänge im Zusammenhang mit einem bestimmten Lernbereich oder Unterrichtsfach. Sie befassen sich auch mit der Diagnostik von Lernhemmungen und -störungen und deren Modifikation und berücksichtigen dabei nicht die Ganzheit einer Person. Kritiker meinen, auch die Verwendung des Begriffes "Förderdiagnostik" (manchmal "Förderungsdiagnostik") etwa seit der Mitte der siebziger Jahre habe bisher keine wesentlichen Erneuerungen oder Veränderungen gebracht. Reflektiert wurde allerdings seit dieser Zeit mit zunehmender Intensität über neue Möglichkeiten individuum- bzw. schülerorientierter Diagnostik, ausgehend von dem Gedanken, Schüler nicht einfach auszusondern, wenn größere schulische Probleme auftreten, vielmehr sie in bestmöglicher Form bei der Entwicklung ihrer Persönlichkeit zu unterstützen.

Sowohl Begriff als auch Inhalte der "Förderdiagnostik" stoßen bei einem Teil der im sonderpädagogischen Bereich arbeitenden Wissenschaftler, vor allem aber bei naturwissenschaftlich orientierten Psychologen, speziell Diagnostikern auf Kritik: Handelt es sich bei der Förderdiagnostik um ein tatsächliches Alternativkonzept, vielleicht sogar um ein Antikonzept zu bisherigen diagnostischen Vorgehensweisen im pädagogischen Bereich, oder wird mit diesem Terminus nichts anderes als ein Etikettenschwindel betrieben, d. h. erweist sich "Förderdiagnostik" als leerer Begriff, der lediglich Probleme und Mängel herkömmlicher Diagnostik kaschieren soll, inhaltlich aber keinerlei positive Veränderungen zur Folge hat? Kann man förderdiagnostisches Denken im Sinne einer ganzheitlichen Betrachtungsweise eines Kindes in einer Notsituation (Lernschwierigkeiten, Verhaltensprobleme, emotionale und soziale Probleme, ...) noch als wissenschaftlich bezeichnen, oder gerät ganzheitliches Wahrnehmen von Kindern nicht in die Nähe von Utopie?

Eine gewisse Skepsis gegenüber dieser Entwicklung ist also registrierbar. So gebe es weiterhin das Überweisungsverfahren Regelschule - Sonderschule, auch in den Gymnasien und an der Universität werde ausgesondert, unser Schul- und Bildungssystem sei prinzipiell hierarchisch geordnet, das Selektionsprinzip herrsche ganz allgemein vor. Hat "Selektion" im Sinne der "Auslese" von Kindern und Jugendlichen für höhere - oder auch niedrigere - schulische Qualifikation überhaupt etwas mit Förderdiagnostik gemein?

Sollte man nicht einfach die *Realität der Institutionen und Systeme* akzeptieren und anerkennen und im Rahmen dieser vorgegebenen Leistungen, Normen, Hierarchien und damit zusammenhängenden Selektionsmechanismen "wirklichkeitsnahe" diagnostizieren, statt ganzheitlich-utopischen Träumereien zu verfallen? Wirklichkeiten sind nun einmal hart, Leistung muß sein, bewirkt den eigentlichen Fortschritt! "Auf einen groben Klotz gehört ein grober Keil!" Alltagswirklichkeit, Schulen, Institutionen und Hierarchien als "Klotz" - Selektion, Auslese, also Diagnostik mit dem Ziel der Zuordnung und Plazierung nach oben oder unten als "Keil"? Diagnostik mit der Intention Optimierung von Meß- oder besser Vermessungsmethoden von Kindern, Jugendlichen und Erwachsenen! Ist dies die Wirklichkeit, der sich Diagnostik stellen muß? Unter dieser Prämisse werden viele Eltern früher oder später ihre eigenen Kinder nicht mehr als Geschenk, sondern als Belastung erleben. Das so scheinbar exakte diagnostische Denken orientiert sich weder an christlichen, sozialen, noch an ethisch wünschenswerten Maßstäben, die eher mit Liebe, Verteilen, gegenseitiger Hilfe und weniger mit Spalten, Abspalten, Selektion, Druck, Zwang einhergehen.

Es stellt sich die Frage, ob nach diesen hier zunächst nur kurz tangierten Ansätzen und der entsprechenden Kritik jegliches diagnostische Tun und Handeln vom pädagogischen Aspekt her abzulehnen ist, oder ob es unter Beachtung ganz bestimmter Prinzipien eine pädagogisch akzeptable förderdiagnostische Perspektive im Zusammenhang mit Problemen der Entwicklung, Erziehung und Unterrichtung von Kindern unter besonderer Berücksichtigung des Integrationsgedankens geben kann. Hier geht es darum, frühere, "traditionelle" Vorstellungen von Diagnostik zu diskutieren, ja hinsichtlich ihrer Einstellungen zum Menschen zu hinterfragen, zu diagnosti-

zieren und sich gegebenenfalls von ihnen zu distanzieren. Es ist Aufgabe der Förderdiagnostik, bessere Möglichkeiten der Förderung, der Diagnostik und des Verstehens von Menschen mit Störungen oder Behinderungen zu suchen. Konkret und curricular betrachtet heißt dies, daß sich die Aufgabenstellung im sonder- oder heilpädagogischen Arbeitsfeld zunächst auch aus ihren Zielvorstellungen, die der Überprüfung bedürfen, ergibt:
- Weil wir wollen, daß Kinder lesen lernen, brauchen wir eine Diagnostik des Lese-Lernprozesses.
- Weil wir wollen, daß Kinder sich sozial angemessen verhalten, brauchen wir eine Diagnostik des Erwerbs sozialer Kompetenz.
- Weil wir uns wünschen, daß Kinder emotional ausgeglichen sind, brauchen wir eine Diagnostik der Emotionen" (Langfeldt 1993, 276).

Es geht in der Erziehung um die Frage der Förderung, der Entfaltung der Persönlichkeit eines Kindes, eines Menschen überhaupt. D. h. Förderdiagnostik stellt auch die Frage nach den ganz persönlichen Bedürfnissen des betroffenen Kindes im Kontext allgemeiner Zielvorstellungen von Erziehung.

Im vierten Kapitel werden die wichtigsten Modelle und Ansätze traditioneller oder früherer sowie neuerer Diagnostik im pädagogischen Aufgabenfeld in kurzer Form dargestellt. Hierbei kann es sich weder um eine bloße Aufzählung noch um einen umfassenden Einblick in diese Ansätze handeln. Vielmehr werden damit Entwicklungen unter dem Aspekt der Bedeutung für Kinder mit Behinderungen, Entwicklungsproblemen oder -verzögerungen aufgezeigt, untersucht und problematisiert. Es erhebt sich also die Frage, ob diese Ansätze aus der Bedürfnislage von Kindern, die man nur bis zu einem gewissen Grade erreichen kann, insbesondere von Kindern mit Behinderungen, akzeptabel sind und worin die Probleme liegen, wenn man die "historische" Entwicklung diagnostischer Vorgehensweisen aus pädagogischer Sicht hinterfragt.

Zwar ergeben sich Fortschritte in Richtung Umsetzung in pädagogisches Handeln, wenn man etwa von dem deutlich (individuumzentrierten) medizinischen Modell ausgeht und vergleichend den verhaltensorientierten Ansatz betrachtet, oder wenn beim interaktionistischen Modell der Umweltbezug in den Vordergrund rückt oder bei der qualitativen Diagnostik, der Lern- und Prozeßdiagnostik, der Bezug zur Didaktik akzentuiert wird. Dennoch lassen die bisherigen Entwicklungen diagnostischer Vorgehensweisen wichtige Fragen und Probleme offen, wie z. B. die Frage nach dem Erziehungsziel oder überhaupt der pädagogischen Zielsetzung, die Frage nach den Bedürfnissen von Kindern. Zu wenig wird schließlich im Rahmen dieser Ansätze die Ganzheit eines Kindes als Person angesprochen und berücksichtigt.

Im sechsten Kapitel der vorliegenden Schrift wird die Frage nach einem pädagogisch akzeptablen Weg für diagnostisches Vorgehen gestellt, es wird diskutiert, wie dieser Weg aussehen könnte und welche Bedingungen erfüllt sein müssen, damit er beschritten werden kann. In Anlehnung an die heuristische Methode kristallisieren sich dann verschiedene Prinzipien heraus, deren Berücksichtigung im Zusammenhang mit Förderdiagnostik notwendig ist. Nicht jedes dieser Prinzipien spielt gleichermaßen eine Rolle, vielmehr wird aus der Beachtung anthropologischer Prämissen und elementarer pädagogischer Prinzipien, die zu Beginn des dritten Kapitels erläutert werden, das Ausmaß des Einbezugs und der Akzentuierung der übrigen Dimensionen hervorgehen. Allerdings kann im Hinblick auf die vielen Richtungen, Meinungen, schlechthin auf die Vielschichtigkeit der pädagogischen Problematik keine abschließende Antwort zu der Frage: was ist pädagogisch akzeptabel, erwartet werden. Hier wird ausgegangen von der Basis und Zielsetzung, daß jedes Kind - ganz gleich, ob behindert oder nicht - nach Möglichkeit in die Lage versetzt werden soll, Ziele seines Lebens selbstbegründet zu entwerfen und entsprechend zu realisieren; es soll - soweit möglich - zur "Mündigkeit", d. h. Selbständigkeit seiner Entscheidungen und Handlungen geführt werden.

Die traditionelle Pädagogik selbst interessierte leider weniger die Frage, ob bei einem Kind etwas nicht stimmt, ob und wie verursacht Entwicklungsverzögerungen, Lernhemmungen und Verhaltensstörungen auftreten, vielmehr bewegt sie das erzieherische Handeln. Aber in der Praxis wird der Lehrer z. B. im Zusammenhang mit erheblichen Schreib- und Leseproblemen doch auch die Frage der Diagnostik der Ursachen und nach den Möglichkeiten der Weiterarbeit stellen. Diagnose als Erforschen der Lernhemmnisse oder -probleme mit dem Ziel der Hilfe wird es bei einzelnen Kindern in der pädagogischen Praxis, also im Zusammenhang mit Erziehung und Unterricht (Schule), immer geben. "Heilpädagogische Diagnostik" heißt "nichts anderes als ein Durch-und-durch-Wissen dessen, was einem in dem einzelnen Kind entgegentritt ..."(König 1977, 3 f.).

Förderdiagnostik im sonder- oder heilpädagogischen Arbeitsfeld bemüht sich um das Kind/den Menschen, das/der bezüglich einer (optimalen) Entfaltung seiner Möglichkeiten im geistigen, sozialen, emotionalen oder physischen Bereich gefährdet, bedroht, gestört oder behindert ist, wobei die Prozesse der Isolation von der Aneignung von Welt stets mitbedacht werden müssen (vgl. Bundschuh 1991, 29-33). Aber nicht nur das Kind, sondern vor allem auch die vielfältigen behindernden Bedingungen in der Umwelt bedürfen des Einbezugs in diesen Prozeß.

Erkennen, Analysieren und Verstehen sind wesentliche Momente förderdiagnostischer Prozesse. Pädagogisch orientierte Diagnose soll aber auch ermutigen, "stark machen", helfen, trotz auftretender Erschwernisse, Nöte, Schwierigkeiten, schlechthin Hemmnisse, ein Kind möglichst unabhängig, also mündig werden zu lassen. Förderdiagnostik trägt dazu bei, eigene Kräfte und Möglichkeiten zu entfalten und das Kind in seine Menschlichkeit hineinfinden zu lassen.

Es liegt auf der Hand, daß dieses sechste Kapitel eine zentrale Stellung im vorliegenden Buch einnimmt. Im Hinblick auf die Multidimensionalität und Komplexität der zahlreichen Schwierigkeiten und Probleme von meist großer Brisanz bedarf es der Information, intensiver Diskussion und kritischer Reflexion. Es handelt sich hierbei um einen Ansatz zu einem breiten, unter anthropologischem und pädagogischem Aspekt betrachtet, möglichst tragfähigen Gerüst einer Förderdiagnostik. Wie bereits angeführt, kann nicht auf bekannte Muster zurückgegriffen werden, lediglich die Ausführungen zu den "Dimensionen der Förderdiagnostik" (Bundschuh 1985) dienen als Grundlage. Die damals eingeschlagene Richtung, mit der Neuland betreten wurde, impliziert Kraft und Dynamik, diesen Aufbruch mit dem Blick für die Zukunft fortzusetzen. Betrachtet man die Nöte der Eltern im Hinblick auf Fragen der Erziehung und die schulischen Wirklichkeiten, war der Bedarf an kritischer Diagnostik nie zuvor so groß wie in der Gegenwart. Dabei geht es vor allem um die Diagnostik der sich selbst erhaltenden Systeme, die immer wieder Lern- und Verhaltensstörungen, Lernhemmungen und Behinderungen produzieren.

Im siebten Kapitel schließt sich die Darstellung eines Versuches der Umsetzung förderdiagnostischer Prinzipien in die Praxis an. Es werden die Probleme, aber auch die Möglichkeiten transparent, die sich aus diesem Begleitversuch einer förderungsorientierten Klassenbetreuung ergeben. Die eigenen Erfahrungen im Rahmen schulpraktischer Projekte zeigen die dringende Notwendigkeit der Umsetzung theoretischer Überlegungen zur Problematik Förderdiagnostik in die Praxis, d. h. in den institutionellen Rahmen der Schulen für Kinder mit Behinderungen, speziell in die Schule zur individuellen Lernförderung. Deutlich wird aber auch die dringende Notwendigkeit weiterer, möglichst längsschnittorientierter Forschung in diesem Bereich.

Im achten Kapitel verdeutlicht das Beispiel einer förderungsorientierten Gutachtenerstellung bei einem Kind mit schwerer geistiger Behinderung und autistischen Zügen, daß eine "Begutachtung" im hier beschriebenen förderdiagnostischen Sinne, d. h. in enger Verbindung von Diagnose mittels Verhaltensbeobachtung und Förderung, möglich ist.

Im neunten Kapitel wird die Frage nach den wesentlichen Prinzipien der Förderung gestellt. Es geht hierbei um das Verständnis "basaler Förderung" und der "Orientierung am Kind". Überlegungen zur Förderung, speziell von Motorik und Wahrnehmung unter besonderer Berücksichtigung taktiler Wahrnehmung geben Impulse zur Umsetzung dieses Ansatzes in die Praxis.

2 Praxis notwendiger und problematischer Diagnostik

Es spielt zunächst keine Rolle, ob man diagnostischem Denken und Handeln ablehnend gegenübersteht. Tatsache ist, daß alle im pädagogischen Arbeitsfeld stehenden Personen im Verlauf ihrer Tätigkeit nahezu ununterbrochen beobachten, also diagnostizieren, sie sind sich dessen lediglich nicht immer bewußt. Verstärkt und geradezu provoziert wird Diagnostik, wenn Erschwernisse im Erziehungsgeschehen z. B. durch eine Entwicklungsverzögerung, infolge einer Behinderung, durch negative Erziehungseinflüsse wie sozialbedingte oder sozio-ökonomische Verhältnisse auftreten. Es gibt Kinder, die mit Behinderungen geboren werden. Störungen, Hemmnisse, Erschwerungen der Entwicklung und damit der Erziehung können im Verlauf der frühen Kindheit, im vorschulischen Bereich, in der Schule, im Zusammenhang mit der Berufsfindung und während der beruflichen Ausbildung entstehen. In solchen Notsituationen wird der Ruf nach verstärkter Beobachtung, Analyse, Diagnostik schlechthin laut (vgl. Bundschuh 1992, 165ff.). Einige Beispiele sollen dies beleuchten, aber auch die Gefahr des Diagnostizierens im Zusammenhang mit Kindern verdeutlichen:

In Kindergärten konnte ich beobachten, daß das "entwicklungsbedingte Stottern", das bei ca. 70% aller Kinder im Alter von ca. drei bis fünf Jahren in mehr oder weniger ausgeprägter Form auftritt und Ausdruck einer völlig normalen Sprachentwicklung ist, teilweise falsch interpretiert wird. Diese Art des "Stotterns" wird manchmal irrtümlich als "Störung" der Sprachentwicklung wahrgenommen, man versucht durch konstantes Verbessern dagegenzusteuern und verstärkt somit dieses Phänomen, definiert es als "Sprachstörung". Besser wäre es, mit etwas Geduld und Wohlwollen abzuwarten, bis ein Kind seine Sätze formuliert hat. Nach wenigen Monaten sprechen dann diese Kinder völlig unauffällig.

Analysiert man diese Situation, wird von manchen Kindergärtnerinnen zwar das Sprachverhalten der Kinder beobachtet und "diagnostiziert", es fehlt aber bei der Einordnung des Phänomens "Stottern" am nötigen entwicklungspsychologischen Hintergrundwissen. Informationsdefizite von Erzieherinnen und anderen Bezugspersonen wirken sich auf Kinder ungünstig aus.

Ähnlich verhielt es sich mit der Frage der "Linkshändigkeit", die früher prinzipiell als "pathologisches Phänomen" betrachtet und erst dadurch zum eigentlichen Problem erhoben wurde. Bereits bei *Eltern* von Kindern im Vorschulalter herrscht manchmal ein starkes *norm- und leistungsorientiertes Denken* vor.

Fünf Mütter standen nach Beendigung eines Kindergartenvormittags beisammen, um ihre Kinder vom Kindergarten abzuholen. Als das Kind einer Mutter ein Bild hochhielt und strahlend sagte: "Mutti, das habe ich heute für Dich gemalt", erschrak die Mutter dieses Kindes, wandte sich von

19

ihrem Kind ab, den anderen Müttern zu und bemerkte: "Seit fünf Wochen übe ich mit ihr, daß eine Hand fünf Finger hat. Schaut her, immer wieder malt sie die Hand mit vier Fingern!"

Man könnte ein ganzes Buch über diese Situation schreiben, die emotional ausgedrückt, weh tut. Nur einige Aspekte möchte ich aufgreifen. Was bedeutet das Verhalten der Mutter für ihr Kind? Ablehnung der Zeichnung, die mit viel Freude für die Mutter angefertigt worden war. Das Kind fühlt sich nicht akzeptiert, nicht einmal in der Freude über sein Produkt angenommen. Desweiteren Demütigung vor den anderen Müttern und damit potenzierte negative Sanktionierung. Die Mutter orientiert sich nicht an ihrem Kind, sondern an irgendwelchen Normen, die sie vielleicht Gesprächen mit Fachleuten oder entwicklungspsychologischen Publikationen entnommen hat, sie ist nicht mehr frei und offen für die uneingeschränkte Annahme und Liebe ihres Kindes. Ablehnung und Kritik der Zeichnung könnten vom Kind als "meine Mutter liebt mich nicht", interpretiert werden.

Insgesamt gesehen handelt es sich um eine in verschiedener Hinsicht schlimme Situation. Die Mutter hat sicherlich ihr Kind, das keinerlei Entwicklungsstörungen hatte, gut beobachtet, "diagnostiziert", aber völlig falsch auf die Beobachtungen reagiert. Als bedenklich erweist es sich, daß man tagtäglich dieser norm- und funktionsorientierten Einstellung von Eltern, insbesondere von Fachleuten wie Ärzten und Psychologen begegnet und damit Kinder defizitorientiert wahrnimmt.

Ich wehre mich stets gegen Aussagen von Eltern und Lehrern, die von "plötzlichen Auffälligkeiten" (Nägelkauen, Unruhe, Konzentrationsprobleme, Leistungsabfall) ihrer oder der ihnen anvertrauten Kinder berichten und psychologische Patentlösung erwarten, nur um das Kind wieder "funktionstüchtig" zu bekommen, statt zu bedenken, daß es Entwicklungsphasen, Stimmungsschwankungen, äußere Einflüsse im Zusammenhang mit Erziehung, mit Spielkameraden, ... gibt, die zu dem als auffällig bezeichneten Verhalten führen.

Kinder werden bereits in Kindergärten, erst recht aber in Grund- und Hauptschulen, Sonderschulen, Realschulen, insbesondere in Gymnasien beobachtet und diagnostiziert. Es werden erstaunlich rasch "Urteile" mit prognostischer und damit verfestigender Tendenz gefällt, Eigenschaften und Verhaltensweisen nach positiv und negativ klassifiziert. Ganz gleich, ob dies mit oder ohne Fachwissen geschieht, es besteht immer die Gefahr, daß solche Meinungen und "Urteile", die bei den erziehenden Personen zu Erwartungshaltungen führen, sich verfestigen und beim Kind das "nicht erwünschte Verhalten" geradezu verstärken. Immer wieder beklagen Eltern, daß Lehrer in Grund- und Hauptschulen mit psychologischen Tests arbeiten und deren Ergebnisse als Bestätigung und Rechtfertigung für schlechte Leistungen in einer Klasse anführen. Diese Lehrer haben sich in der Regel nie mit testtheoretischen Problemen befaßt, sie wissen nichts über Wahrscheinlichkeiten und Meßfehler oder über die Relativität von Testergebnissen schlechthin. Testergebnisse werden leider häufig wie absolute Fakten behandelt.

Ein weiteres Beispiel verdeutlicht die Problematik geradezu oberflächlichen Diagnostizierens im Schulbereich:

Das Kind P. fiel mir in einer zweiten Klasse einer Schule für Lernbehinderte im Zusammenhang mit guten schulischen Leistungen und durch seine sprachliche Gewandtheit auf. Der Intelligenzquotient (Kramer-Test) lag bei 86. Beim Studium der Schülerakte löste die "gutachtliche Stellungnahme des Klassenlehrers" der ersten Klasse Grundschule mein Erstaunen aus. Dieses "Gutachten" soll hier vollständig, lediglich mit veränderten Daten angeführt werden:

"(1) Körperlich-seelisches Erscheinungsbild des Kindes:
    a) Körperlich
    b) Geistig   (keine Aussagen)
    c) Charakterlich
(2) Sprachbeherrschung   (keine Aussagen)
(3) Arbeitsverhalten   (keine Aussagen)
(4) Schulische Leistungen
    a) Lesen
    b) Schreiben   (keine Angaben)
    c) Rechnen   (keine Angaben)
    d) Sachunterricht
(5) Umwelt des Kindes   (keine Aussagen)

Bemerkungen:
P. nahm vom 13.9.1989 bis 25.9. 1989 am Unterricht der Klasse teil. In dieser Zeit wurde festgestellt, daß der Schüler dem Unterricht in keiner Weise folgen konnte. Es wird mit Sicherheit angenommen, daß er nicht volksschulfähig ist. Eine Überprüfung durch die Sonderschule beantragt."

Dieses Gutachten spricht für sich, insofern sollen nur einige Problemstellen aufgegriffen werden. Der Schüler wurde im Alter von 6;4 Jahren (!) eingeschult und nach wenigen Tagen Schulbesuch als "nicht volksschulfähig" diagnostiziert. Es fehlen jegliche Angaben zum Verhalten des Schülers, es wird nicht darüber informiert, wie man feststellte, daß er in keiner Weise dem Unterricht folgen konnte. Es fanden in dieser kurzen Zeit sicherlich keine pädagogischen Bemühungen statt, um dem Schüler in irgendeiner Weise zu helfen, ihm den Eintritt in die Schule zu ermöglichen. Die für sein ganzes Leben entscheidende Prognose "nicht volksschulfähig" wurde fahrlässig gestellt.

Kein Zweifel, Kinder in vorschulischen und schulischen Einrichtungen werden fortwährend beobachtet, diagnostiziert. Solche Diagnosen lassen sich teilweise nicht mehr verantworten, weil das psychologische, speziell das diagnostische Basiswissen fehlt, ferner elementare Prinzipien der Erziehung, zunächst allgemein ausgedrückt, das Bemühen um einen Zugang zum Kind und zum Verstehen seiner Probleme keine Beachtung finden. Kleinkinder, Kinder und Jugendliche können durch Diagnosen förmlich erdrückt werden, vergleichbar mit der Information an einen Erwachsenen, er habe eine irreparable Erkrankung, mit der er leben müsse.

Gibt es eine Diagnostik, die das Kind in seiner Ganzheit "anspricht", Kindern in Notsituationen begegnen kann, anthropologische, pädagogische, didaktische, soziale, therapeutische, vor allem *mit-menschliche* Aspekte, schlichtweg die Belange des Subjekts in hinreichendem Maße berücksichtigt? Mit dieser Fragestellung begibt man sich in konträre Position zu Wissenschaftlern, die den Menschen mit streng naturwissenschaftlichen Methoden zu erfassen und erforschen suchen und davon ausgehen, dies sei realisierbar.

Zur Behandlung dieser Fragestellung nach einer zunächst primär ganzheitlichen Wahrnehmung und Betrachtungsweise von Kindern, Jugendlichen und auch Erwachsenen, soll die vorliegende Schrift einen Beitrag leisten. Da dieses Buch eine Grundlage für weitere Forschungen und Untersuchungen im Zusammenhang mit einer pädagogisch akzeptablen Förderdiagnostik bilden soll, werden direkt oder indirekt auch Einzelfragen aus verschiedenen Wissenschaftsbereichen angesprochen; sie können im Rahmen dieser Schrift jedoch nicht durchgängig systematisch behandelt werden.

Die umfassende Zielsetzung, traditionelle Diagnostik im Aufgabenbereich der Pädagogik, speziell der Sonder- oder Heilpädagogik aus der beschriebenen Enge herauszuführen, erfordert es, entschieden aus diesem mit Selektion und Vergleichen beschriebenen Gebiet herauszutreten und Aspekte und Problemstellungen der Pädagogik und ihr nahestehender Wissenschaftsbereiche, vor allem der Anthropologie, einzubeziehen. Mit diesen Überlegungen soll keine neue Wissenschaft kreiert werden, vielmehr geht es um den Versuch, bisher so umstrittene Vorgehensweisen im Zusammenhang mit schulisch-pädagogisch/sonderpädagogischen Problemstellen durch eine radikal pädagogische, an den Bedürfnissen des Kindes und an seinem individuellen Förderbedarf orientierte Neufassung abzulösen und von der Ganzheit und Bedürfnislage des Kindes her zu begründen. Es handelt sich hierbei um die logische Fortsetzung eines vom Verfasser 1985 aufgezeigten Ansatzes.

Dabei kann es keinesfalls darum gehen, alle Zusammenhänge und Beziehungen zwischen den Prinzipien einer Förderdiagnostik pädagogischer, anthropologischer, sozialer, didaktischer und therapeutischer Art herauszuarbeiten. Vielmehr werden die jeweiligen, für den vorliegenden Ansatz notwendigen Querverbindungen beschrieben, akzentuiert und bewußt gemacht.

Damit könnte die immer noch sehr verengte Sichtweise bisheriger Diagnostik entkrampft, erweitert, vertieft, kindgemäß und pädagogisch akzeptabel werden.

Die zentrale Frage lautet also: Welche Momente müssen förderdiagnostische Prozesse beinhalten, damit man sie von der Dynamik pädagogischer Felder, schlichtweg vom pädagogischen Standpunkt her annehmen und akzeptieren kann?

In diesem Zusammenhang bestehen allerdings auch Einzelprobleme, die letztendlich nicht lösbar sind, weil sie nicht einmal von den Vertretern der einzelnen Wissenschaften und Wissenschaftsbereiche einheitlich gesehen oder als gelöst betrachtet werden. Man denke dabei an die Komplexität solcher Begriffe wie "Bedürfnisse", "Bedürfnislage" eines Kindes, "Ganzheit", "Entwicklung", "Kind- oder Kinderorientierung" sowie an die sehr komplexe Frage nach dem "pädagogischen Standpunkt", den es in allgemeingültiger Form nicht zu geben scheint. Dennoch versucht der hier eingeschlagene Weg sich an pädagogischen, speziell heilpädagogischen Grundprinzipien zu orientieren. Verantwortliches pädagogisches Handeln kann nicht mehr und nicht weniger sein "als vernünftige dialogische Begleitung der Integration (der 'Herstellung' eines Ganzen) des Individuums (des unteilbaren Ganzen) als Persönlichkeit" (Krawitz 1992, 10). Dabei muß man sich darüber im klaren sein, daß dieses Ganze nur approximativ erreichbar ist.

Forschung, Reflexion und praktische Überlegungen stehen unter erziehlichem Aspekt im Dienste von Menschen, hier speziell von Kindern und Jugendlichen mit Beeinträchtigungen (Störungen, Behinderungen) und deren Lebenswirklichkeit, die Familie, Kindergarten, Schule, Beruf, Freizeit, Alltag und die Zukunft mit der Blickrichtung "Erwachsen-Werden und -Sein" umfaßt.

Es ergibt sich gerade für den im sonder- oder heilpädagogischen Arbeitsfeld der Gegenwart und Zukunft stehenden Wissenschaftler die Aufforderung und Notwendigkeit, wirksam zu werden in Richtung Befreiung von einer verengten defektspezifischen Sichtweise und Suche nach einer neuen Wahrnehmung von Kindern mit Behinderungen in Richtung Möglichkeiten und Können.

3   Bedürfnisse und Entfaltung der Persönlichkeit

Wenn in diesem Buch das Wort "Bedürfnis" im Zusammenhang mit Bedürfnissen von Kindern verwendet wird, interessiert weniger die Frage, ob es sich hierbei um einen Begriff handelt, den Psychologen, Pädagogen, Anthropologen und Soziologen letztlich klären oder definieren können; es geht auch nicht um die Erörterung von Möglichkeiten messender Erfassung von Bedürfnissen. Ferner interessiert weniger die Frage, welche Bedürfnisse gelernt und welche vielleicht angeboren sein könnten. Nicht weiter helfen "Thesen über Bedürfnis"(Adorno 1979, 392-396) mit Formulierungen wie: "Bedürfnis ist eine gesellschaftliche Kategorie. Natur, der 'Trieb', ist darin enthalten"; oder: "Die Unterscheidung von Oberflächenbedürfnissen und Tiefenbedürfnissen ist ein gesellschaftlich entstandener Schein." Vielleicht tröstet lediglich dieser Satz im Kontext der Überlegungen zur vorliegenden Problematik: "Die Theorie des Bedürfnisses sieht sich erheblichen Schwierigkeiten gegenüber" (ebd.).

Vor allem die Vertreter der Humanistischen Psychologie betonen den Aspekt der Emotionen und Bedürfnisse im Zusammenhang mit der Entfaltung und Selbstverwirklichung des Menschen. Erst die Befriedigung bestimmter Grundbedürfnisse ermöglicht eine optimale Entfaltung der menschlichen Persönlichkeit (Maslow 1977, 74-105). Freilich haben die "Wachstumsbedürfnisse" (Crowth Needs) wie die Bedürfnisse nach Ganzheit, Vollkommenheit, Erfüllung, Gerechtigkeit, Lebendigkeit, Einfachheit, Schönheit, Güte, Einzigartigkeit, Mühelosigkeit, Verspieltheit, Wahrheit und Bescheidenheit im Hinblick auf Selbstverwirklichung eine große Bedeutung (vgl. Quitmann 1985, 218). Es spricht aber vieles dafür, daß Grundbedürfnisse (Basic Needs), die zu den "Mangelbedürfnissen" gehören, bei Kindern mit Behinderungen, vor allem bei Kindern mit Verhaltensstörungen und bei Kindern mit schwerer Behinderung nicht hinreichend erlebt, erfahren, gelebt und befriedigt wurden. Es geht dabei weniger um den Mangel an Befriedigung physiologischer Bedürfnisse (Nahrung, Flüssigkeit, Unterkunft, Bekleidung, Sexualität, Schlaf, Sauerstoff), vielmehr um die sozialen und emotionalen Bedürfnisse nach:

– Sicherheit, Schutz, Angstfreiheit und Ordnung.
– Sie gelten als sehr frühe Bedürfnisse. Völlig gesunde und unauffällige Kinder reagieren mit Alarm- oder Angstreaktionen, wenn sie mit unvertrauten, fremdartigen, nicht zu bewältigenden Reizen oder Situationen konfrontiert werden; dies gilt auch für Lernsituationen.
– Liebe, Zuneigung, Geborgenheit und Zugehörigkeit.
– Kinder empfinden Einsamkeit, Ächtung, Zurückweisung, Isolierung, Entwurzelung besonders intensiv. Es entstehen daraus Gefühle der Entfremdung, Verlassenheit, Frustration im Sinne von Rückzug bzw. Passivität oder Aggression.

- Wertschätzung, Achtung, Anerkennung und Geltung.
- Die Befriedigung des Bedürfnisses nach Selbstachtung führt zu Gefühlen des Selbstvertrauens, der Stärke und der Kompetenz, zum Gefühl, nützlich und notwendig für die Welt zu sein. Die Frustrierung dieses Bedürfnisses bewirkt Gefühle der Minderwertigkeit, der Schwäche und Hilflosigkeit (Maslow 1978, 87ff.).

Das übergeordnete *Bedürfnis nach Selbstverwirklichung* auch durch Wahrnehmung und Lernen im Sinne von Entfaltung bzw. Aktualisierung der Persönlichkeit kann nur entstehen, wenn die übrigen hier genannten Bedürfnisse nach Sicherheit, Liebe, Wertschätzung, Achtung und Geltung in der Kindheit adäquat befriedigt wurden.

Wenn im Zusammenhang mit "Bedürfnis" häufig Wunsch, Trieb, Motiv, Bedarf assoziiert wird, so wird hier zunächst im Hinblick auf förderdiagnostische Probleme ein besonderes Gewicht auf Bedürfnis in der Bedeutung von "Bedarf" gelegt, im Sinne von etwas, was eine Person zum Leben braucht, um sich entfalten zu können, um in verschiedener Weise handlungsfähig zu sein. Hier wird von einem inneren Streben des Menschen nach einem besseren, volleren, erfüllteren Sein ausgegangen, das auf Verwirklichung seiner Menschlichkeit zielt. Die Rolle der erzieherisch wirksamen Umwelt intendiert, dem Kind Hilfen anzubieten, seine eigenen Möglichkeiten zu verwirklichen, wobei je nach Ausmaß vorliegender Entwicklungsverzögerung, "Entwicklungshemmung" (Hanselmann) die erzieherischen Angebote (Förderung, Didaktisierung, ...) besser reflektiert und intensiver, aber auch sensibler gestaltet sein müssen, damit die Bedürfnisse des betroffenen Subjektes nicht untergehen, nicht nur erhalten bleiben, sondern sich tatsächlich entfalten, zum Tragen kommen können.

Häufig wird sicherlich, wenn von Bedürfnissen die Rede ist, an Gefühle, Affekte, Emotionen gedacht. Wir gehen davon aus, daß es auch ein Bedürfnis nach Entfaltung, Selbständigwerden, weitgehend unabhängig sein, nach Lernen generell, gibt. Vor allem im Hinblick auf Menschen mit Behinderungen dürfte das Bedürfnis nach möglichst viel Selbständigkeit im Sinne von Freisein von Bevormundung eine große Rolle spielen. Dieses Bedürfnis nach bestmöglicher Entwicklung und Entfaltung läßt sich sicherlich nur realisieren auf der Basis einer sozialen Umwelt, die adäquate Kulturgüter weitergibt, die anregt. So bedarf das Kleinkind der Vorbilder von Eltern oder sonstiger Bezugspersonen, damit es seine Sprache entwickeln, entfalten und finden kann; es bedarf der Bereitstellung von Spielmaterialien, damit es seine Motorik betätigen kann, sei es beim Umgang mit größeren Objekten (Hölzer, Klötze, Bälle, Steine, Spielautos, Puppen, ...), oder sei es im feinmotorischen Bereich, wenn es darum geht, Objekte zwischen die Finger zu nehmen, etwas gezielt zu erfassen, damit zu handeln (Murmeln, Knöpfe, Rosinen, Brotkrümelchen, Kekse, Materialien zum Zupfen). Wirft man z. B. die Frage nach den spezifischen Bedürfnissen des Kindes in der Lebensphase vom vierten bis zum siebten Lebensjahr auf, so könnte man hierzu vieles nennen, "angefangen von den motorischen über die beginnenden sozialen, gruppenbezogenen bis hin zu den psychosexuellen Bedürfnissen"(Bittner 1981a, 830 ff.). Ganz allgemein gesehen, besteht das spezifische Bedürfnis nach Entwicklung.

Das schwerstbehinderte Kind "bedarf" z. B. der unmittelbaren körperlichen Zuwendung, damit es den eigenen und den anderen Körper spüren lernt, es "bedarf" der Herausnahme aus seinem Bett, damit es erfahren kann, wie es ist, wenn sich die "Lage" ändert, damit es sich selbst neu, darüber hinaus andere Objekte wahrnehmen kann, damit überhaupt seine Bedürfnisse nach Wahrnehmung zum Tragen kommen können; es "bedarf" der "Ansprache", damit es merkt, daß es angesprochen wird, damit es weiß, daß es einen Namen hat.

Das Kind mit psychischen Störungen im Sinne von Hemmungen "bedarf" einer Möglichkeit, einer Hilfe, diese zu überwinden. Vielleicht gelingt dies über das freie Spiel, das Möglichkeiten bietet, Probleme, die auf der Ebene einer sehr niedrigen und gleichzeitig starken Hemmschwelle liegen, zu überwinden, zu bewältigen, Vertrauen in den Umgang mit Menschen und Materialien zu gewinnen. Kinder, Jugendliche und Erwachsene "bedürfen" dringend eines Gesprächspartners, der da ist, ernsthaft zuhört, reflektiert, mitfühlt, beratend mitwirken kann.

Im Zusammenhang mit diesen Beispielen sind auch Bedürfnisse angesprochen, die weder Kindern noch Erwachsenen klar und bewußt vor Augen stehen, es sind Bedürfnisse, die man nicht oder noch nicht kennt. Sie sind zwar vorhanden, aber man weiß nicht um sie, sie können unbewußt sein, lassen sich nur zum Teil vermuten, werden vielleicht im Laufe der Zeit bewußt.

Der Erwachsene, der sich möglicherweise über einen längeren Zeitraum hinweg nicht gut fühlt, sich aber einigermaßen "in seiner Psyche auskennt", hält inne und fragt sich, ob er vielleicht zu lange Grundbedürfnisse bei sich nicht wahrgenommen, erkannt hat. Dies könnten Bedürfnisse nach Besinnung, Ruhe, Entspannung, Bewegung, nach neuen Informationen, nach Änderungen, Zuwendung, Befreiung von Ängsten, ... sein. Nichterkannte, nicht wahrgenommene Bedürfnisse können die Entfaltung von Möglichkeiten hemmen, Entwicklungen unterdrücken, Unwohlsein hervorrufen, der Persönlichkeitsentfaltung im Wege stehen. Ideal gesehen, sollte Förderdiagnostik einen Beitrag dazu leisten, daß eine Person entsprechend ihren Bedürfnissen Angebote erhält, gefördert wird, d. h., daß Barrieren der Bedürfnisbefriedigung beseitigt werden.

Aber in diesem Zusammenhang gibt es *Grenzen*, die deutlich gesehen und artikuliert werden müssen, wie z. B. Bedürfnisse im Sinne von Wünschen, die der Gesundheit schaden (Rauchen, Alkoholgenuß, Bedürfnisse des Kranken nach Aufstehen, Herumlaufen, obwohl dies die Krankheit nicht zuläßt, dem Heilungsprozeß schadet); das Bedürfnis eines Kindes, vielleicht nicht zur Schule gehen zu wollen, weil dies doch ein gewisses Maß an

Überwindung und Anpassung kostet, das Bedürfnis von Jugendlichen und Erwachsenen nach einem verständnisvollen und liebevollen Partner, den es nicht zu jeder Zeit gibt.

Bedürfnissen entsprechend fördern, bedeutet hier etwas anderes als "nur" auf jemanden eingehen, jeden Wunsch erfüllen, denn auch dies würde wahrscheinlich - wäre es realisierbar - Unzufriedenheit erzeugen, weil vielleicht die entscheidenden Anreize zur Eigenaktivität, die für die geistige Entwicklung so notwendigen "Ungleichgewichte" (Piaget 1976, 16-19) oder Spannungsverhältnisse zum Objekt aufgehoben wären. Dies wäre eben nicht bedürfnisorientiertes Handeln. Bedürfnisorientiert fördern kann von der realen Basis, von der Wirklichkeit her betrachtet, häufig nur approximativ geschehen, d. h. man muß mit Grenzen, Widerständen in der betroffenen Person selbst und in der sozialen Umwelt rechnen, man ist gezwungen, auch Kompromisse einzugehen.

Bedürfnisorientiert fördern heißt hier auch zeigen, daß etwas - in zumutbarem Maße - erwartet wird, daß man ein Stück vorankommen kann; es bedeutet ferner, Möglichkeiten zum Lernen aufzuzeigen, d. h. Situationen bereitstellen, die einen Anreiz zur Aktivierung schaffen und per se Motive und Bedürfnisse aktivieren. Lägen solche Bedürfnisse nicht in gewissem Maße im Menschen bereit, könnten sie auch nicht aktiviert werden.

Im Zusammenhang mit Schwerbehinderten kann man dies deutlich erkennen. Das schwer körperbehinderte, das schwerst mehrfachbehinderte Kind, das sich kaum von seinem Zuhause (Elternhaus, Heim) entfernen konnte, wird in der Regel schon durch einen Ortswechsel ungemein viele Anregungen erhalten, es werden wahrscheinlich zahlreiche Bedürfnisse geweckt (vieles sehen, entdecken, ausprobieren, ausloten, ...). Bestätigt wird dies durch Beobachten von Menschen mit Behinderungen bei Besichtigungen und Ausflügen sowie durch deren Berichte selbst. Bedürfnisse wecken möchte auch "basale Anregung" bzw. "Stimulation" durch Anbahnung kommunikativen Verhaltens und Förderung der kognitiven, affektiven und motorischen Leistungsfähigkeit (Fröhlich 1992).

Es wurde bereits darauf hingewiesen, daß in der Fachliteratur mit dem Ausdruck Bedürfnis relativ oft auf Vorstellungen im Sinne von Wunsch, Trieb, Motiv, Bedarf, ... verwiesen wird.

Zwei Momente sind im Zusammenhang mit der vorliegenden Problemstellung wichtig.

Einmal kann unter Bedürfnis der Antrieb zum Handeln verstanden werden in der Weise, daß ein angestrebtes Ziel erreicht wird, das für den Handelnden (unter Berücksichtigung seiner sozialen und materialen Umweltbezüge) nützlich oder lustvoll, schlechthin sinnvoll ist; daß hierbei auch die Phantasie eine Rolle spielen kann, die Planung und Realisierung im Sinne eines kognitiven Entwurfes, versteht sich von selbst.

Zum zweiten gehe ich von der Annahme aus, daß solche Antriebe zwar potentiell gegeben sein können, aber aufgrund von Hemmungen, Hindernissen und Barrieren, also behindernden Bedingungen in der betreffenden Person oder im Bereich der sozialen Umwelt nicht oder nicht ganz transparent aktiviert werden oder in Erscheinung treten, wohl aber vorhanden sein können.

Sowohl bei Bedürfnissen im Sinne von Antrieb als auch bei Bedürfnissen, für deren Realisierung es der Anreize von außen "bedarf", spielen physiologische Momente eine Rolle. Es werden Nervenbahnen angeregt, stimuliert, Impulse weitergeleitet, auf andere Nervenbahnen übertragen, es finden "Schaltungen" und "Vernetzungen" statt (vgl. Bundschuh 1992, 149-155). Solche Vorgänge ereignen sich auch, wenn die Phantasie angeregt wird. Wenn Schwerstbehinderte etwas wahrnehmen, Bewegungen durchführen, selbständig essen, Worte formulieren, realisieren sich mit großer Wahrscheinlichkeit nicht nur Bedürfnisse, vielmehr findet gleichzeitig Entwicklungsförderung durch Anregung der Prozesse in den Nervenbahnen, im Nervensystem überhaupt statt. Mit der Freisetzung von Bedürfnissen ereignen sich auch Assimilations- und Akkommodationsprozesse im Sinne *Piagets*. Dies ist dann bedürfnisorientierte Förderung und damit Lernen schlechthin. Bedürfnisse beeinflussen die Wahrnehmung, umgekehrt werden über die Förderung der Wahrnehmung Bedürfnisse geweckt oder aktiviert.

Damit sich Bedürfnisse realisieren können, müssen Bedingungen erfüllt, bestimmte Bedürfnisse befriedigt sein. Förderdiagnostik berücksichtigt, daß Bedürfnisse nicht isoliert existieren, vielmehr miteinander verknüpft sind. So dürften die Bedürfnisse nach Lernen, nach Erweiterung des Handlungsraumes, kaum zum Tragen kommen, wenn etwa die Bedürfnisse nach adäquater Ernährung, nach ausreichendem Schlaf, nach genügend Wohnraum, nach Freisein von bedrückenden Ängsten, nach Freisein von Leistungsdruck nicht erfüllt werden. Bedürfnis wird auch als eine "Kraft im psychischen Feld" bezeichnet, der eine Größe und Richtung zukommt (Lewin 1926, 1935). Vielleicht wurde bei Schwerstbehinderten ein Teil dieser Kraft etwa durch ungünstige Erziehungseinflüsse wie z. B. einem Mangel an Anregungen oder positiven Reizen verschüttet; ähnliches kann man bei vielen Menschen mit Behinderungen vermuten. Dennoch läßt sich diese Kraft auch in kleinen und kleinsten Handlungen, die immer sinnvoll sind, beobachten, weiter aktivieren, durch Gestaltung von Situationen, die Bedürfnisse freisetzen, fördern.

Wenn Förderdiagnostik sich an Bedürfnissen von Personen orientiert, darf sie insbesondere die Bedürfnisse nach Kommunikation und Interaktion, nach Geborgenheit und Geltung, nicht außer acht lassen. Hospitalismusforschung und Psychoanalyse haben gezeigt, in welch hohem Maße die günstige Entwicklung eines Kindes von der adäquaten Bedürfnisbefriedigung im Sinne von Körperkontakt, Nähe, Liebe, ... zwischen Mutter bzw. Eltern und Kind abhängen. Die Bedürfnisse nach Geborgenheit und nach Geltung (Adler) spielen während des ganzen Lebens, ähnlich wie das Bedürfnis nach

Kommunikation, eine Rolle. Isolation, Erfolglosigkeit, Ängste über einen größeren Zeitraum hinweg wirken sich beispielsweise auf die Entwicklung einer Person verheerend aus, weil elementare Bedürfnisse eben nicht zum Tragen kommen und damit nicht befriedigt werden. In diesem Zusammenhang kann sich die Notwendigkeit zur Therapie, zur Aufarbeitung von Störfaktoren des Erlebens und Verhaltens im Sinne der Stärkung des Selbstwertgefühls und der Persönlichkeit (Identitätsförderung) im Rahmen förderdiagnostischer Prozesse ergeben (vgl. 6.5). Bedürfnisse können bei Menschen mit Behinderungen manchmal nur vermutet, erahnt, erkannt werden durch genaues Hinsehen, durch den Versuch, sich einzufühlen, durch das gemeinsame Leben und Erleben von Situationen, durch Angebote und durch die Beobachtung der Reaktionen auf diese Angebote, d. h. durch Verhaltensbeobachtungen, speziell durch die teilnehmende Beobachtung. Erstrebt wird dabei, daß sich auch das Bedürfnis nach einem positiven Selbstbild im Kontext sozialer Beziehungen entwickelt, in denen der einzelne

"1. Erwiderung erfährt (also das Gefühl hat, von anderen ernstgenommen zu werden, wie auch anderen etwas geben zu können),
2. Anerkennung erhält (in dem Sinne, positiv als Person beurteilt zu werden),
3. Sicherheit besitzt (das heißt, auf verläßliche und stabile Beziehungen bauen zu können und einen gesicherten Platz unter anderen zu besitzen)" (Lambrich 1988, 134).

Vielleicht entstand der Eindruck, "Bedürfnisse" würden hier verstanden im Sinne von Lernen. Ich meine, um dies klar zu betonen, der Zusammenhang zwischen Bedürfnissen und Förderung besteht im Beseitigen von Barrieren, in Hilfestellungen, damit sich Bedürfnisse realisieren können, damit der Weg frei wird zur Entfaltung von Bedürfnissen und somit zur Entfaltung der Persönlichkeit. Das von *Janus Korczak* geforderte Recht des Kindes, "zu sein, wie es ist" (1967, 40), sollte als Maxime gelten.

Damit wird auch einer Gefahr hehrer pädagogischer Theorien, aber auch des Denkens der humanistischen Psychologie begegnet (vgl. Gröschke 1992, 126) mit ihrer Vorliebe für das kraftvolle, gesunde, reife, autonome und sich selbst verwirklichende Individuum. Die Gefahr besteht darin, daß unter dem Aspekt normorientierten Denkens "weniger - gut - entwickelte Menschen" möglicherweise sogar als "weniger menschlich" gelten, weil ihre gesundheitlich-körperliche, soziale, ethnische, ökonomische Situation, ihnen nicht die Möglichkeit gibt, ihre "menschlichen Fähigkeiten und Potentiale" in idealer Weise auszubilden.

4 Wege und Irrwege diagnostischer Vorgehensweisen

In Veröffentlichungen zu Problemen der psychologisch-pädagogischen Diagnostik wird kritisch zum traditionellen Vorgehen in diesem Bereich Stellung genommen. Vertreter der sonderpädagogischen Diagnostik üben z.T. Selbstkritik und suchen nach neuen Wegen. Der Vorwurf, mit der Diagnostik sei es zur Separierung und Auslese von Schülern gekommen, stimmt nicht. Am Anfang stand ein von der "Normalität" her oder curricular bestimmtes Schulsystem, das vom Schüler gewisse, also bereits definierte Leistungen erwartete; daran hat sich bis zur heutigen Zeit nichts Wesentliches geändert.

Es würde an dieser Stelle kaum weiterführen, die in vielen Punkten durchaus berechtigte Kritik explizit darzulegen. Die Gefahr einer Wiederholung kritischer Argumente ist groß, ferner bietet ein kritisches Hinterfragen allein noch keine positiven Ansatzpunkte für die als dringend erachteten und geforderten Veränderungen der im pädagogischen Aufgabenbereich angewandten Diagnostik.

Die wesentlichen Elemente herkömmlicher Diagnostik lassen sich durch Modelle verdeutlichen (vgl. Barkey 1975, 1976; Kleber 1978). Modelle sind in diesem Zusammenhang als Abbildungen zugrundeliegender Annahmen im Sinne einer strukturellen Analogie zu verstehen. Sie stellen somit eine begriffliche Analogie dar, die auf neue Phänomene, die als Probleme Gegenstand von Untersuchungen sind, mit dem Ziel der besseren Ordnung und Strukturierung angewandt werden. Die Analogie zeigt sich in der Form des "als ob", sie soll zum besseren Verständnis des noch unbekannten Phänomens beitragen.

Ein Modell kann man mit einem formalen Raster, einer Paßform zur Problemerfassung und -bearbeitung, vergleichen. "Es ist das Grundmuster, nach welchem für den konkreten Einzelfall schließlich Handlungskonzepte und -strategien entwickelt werden" (Kobi 1980, 69).

Bekannt ist die modellhafte Betrachtungsweise, z. B. aus der Biologie, wo bestimmte Funktionen und Teile des menschlichen Auges in Analogie zu denen einer Photokamera gesetzt werden, oder die Tätigkeit des menschlichen Gehirns mit der eines Computers verglichen wird.

Die Funktion derartiger Modelle auf der Grundlage struktureller Analogien im Vergleich zu Theorien erweist sich zwar als begrenzt, durch die Darstellung in Form von Modellen können jedoch einige wichtige Momente verdeutlicht werden:

"(1) Modelle geben Hinweise, um aus einer Vielzahl von vorgefundenen Phänomenen relevante Variablen auszuwählen.

(2) Modelle verstehen sich als Darstellung dieser relevanten Variablen und

(3) Modelle beziehen sich auf die Organisation bzw. Zusammenhänge zwischen diesen Variablen" (Barkey 1976, 23 f.).

In der wissenschaftlichen Literatur werden Modelle beschrieben, die mehr oder weniger breite Konzepte umfassen. Sie werden bezeichnet als medizinisches Modell, verhaltensdiagnostisches Modell, "direktes" versus "indirektes" Modell, Defizitmodell, Differenzmodell, sozialwissenschaftliches Modell. Man kann auch grob unterscheiden zwischen "herkömmlichen" und "alternativen" Ansätzen (Bundschuh 1991, 47f.).

Die in den vergangenen Jahren entworfenen diagnostischen Konzepte beziehen in hohem Maße soziologisch-gesellschaftsspezifische Annahmen ein, oder sie orientieren sich an entwicklungspsychologischen sowie pädagogischen und didaktischen Überlegungen, wie z. B. die "Prozeßdiagnostik" oder der "strukturbezogene" bzw. "qualitative" Ansatz (Probst 1979, 113-135).

Hier beschränke ich mich darauf, die Grundzüge des *medizinischen* Modells und des traditionellen *psychodiagnostischen* Modells als Beispiele herkömmlicher Vorgehensweisen psychologisch-pädagogischer Diagnostik mit ihren problematischen Auswirkungen auf das sonderpädagogische Arbeitsfeld vorzustellen. Weiterhin wird das *verhaltensdiagnostische* Modell als ein weitgehend "direkter" Zugang zum Verhalten von Personen angeführt. Interessant erscheint ferner das *gesellschaftswissenschaftliche* Modell, bei dem die Wechselwirkung zwischen gesellschaftlicher Umwelt und dem Verhalten einer Person betont wird.

Schließlich werden die neueren pädagogisch-didaktisch orientierten Ansätze, wie die *strukturbezogene* oder *qualitative* Diagnostik, die *Lerndiagnostik* sowie die *Prozeßdiagnostik* vorgestellt.

Abschließend erfolgt eine Beschreibung des *epistemologischen Subjekt-Modells*. Dieser Ansatz erweist sich im Hinblick auf Menschen mit Behinderungen als hoffnungsvoll.

Die kritische Skizzierung dieser ausgewählten diagnostischen Ansätze erfolgt idealtypisch, d. h., in ihrer reinen Form sind sie in der diagnostischen Praxis nicht oder nur selten zu finden. Hinterfragt werden vor allem diese diagnostischen Ansätze unter dem Aspekt der Möglichkeiten und Grenzen unter besonderer Berücksichtigung des sonder- oder heilpädagogischen Arbeitsfeldes.

4.1 Problemhaftigkeit traditioneller Diagnostik im Hinblick auf sonder- oder heilpädagogische Fragestellungen

4.1.1 Die einseitige Sichtweise des medizinischen Modells klinischer Diagnostik

Das medizinische Modell der pädagogisch-psychologischen Diagnostik leitet sich ab aus dem Krankheitsmodell der Medizin bzw. Psychiatrie, das teilweise von der Psychologie und der Pädagogik übernommen wurde. Das medizinische Krankheits- und Diagnostikmodell liegt in einer Vielzahl von Variationen vor. Gemeinsam ist allen diesen Varianten, daß sie deutlich individualisierende und ontologisierende Tendenzen gegenüber Patienten, Klienten und Schülern zeigen. Während jedoch der Mediziner verschiedene Krankheitssymptome mit einem möglichen Verursacher dieser Symptome in Zusammenhang bringt (z. B. einem Magengeschwür oder einem defizienten Blutzuckerhaushalt), kann der Psychologe bei einer Verhaltensstörung zwar auffällige Reaktions- bzw. Verhaltensformen erkennen, er kann jedoch das Problemverhalten nicht eindeutig operationalisieren, da es zwischen einem bestimmten Verhalten und dessen Ursachen keine eindeutige monokausale Verbindung gibt. Unter besonderer Berücksichtigung des Beispiels Geisteskrankheit halten die verschiedenen Formen des medizinischen Modells an folgenden Annahmen fest:

"(1) Das Individuum als Träger von gestörtem oder angemessenem Verhalten ist *krank* - d. h. es zeigt Anzeichen einer Geisteskrankheit (mental illness).

(2) Die Symptome dieser Geisteskrankheit lassen sich wie die Symptome einer körperlichen Krankheit beobachten und kategorisieren.

(3) Die Krankheit entspricht bestimmten zugrundeliegenden Agentien oder Prozessen, die innerhalb des Patienten gegeben sind.

(4) Das gestörte oder unangepaßte Verhalten ergibt sich aus Erfahrungen oder Prozessen, die nicht mit denen bei unauffälligen Individuen vergleichbar sind.

(5) Derartige individuelle Krankheit hat eine mehr oder weniger spezifische Ätiologie, und zwar sehr wahrscheinlich als Folge emotionaler Störungen in der frühen Kindheit.

(6) Ist die Krankheit richtig diagnostiziert und die Ätiologie erst einmal erkannt, so kann die Therapie beginnen, die zur Heilung oder Besserung führt." (Goldenberg 1973, zit. n. Barkey 1976, 44).

Auch die sonderpädagogische Diagnostik orientierte sich lange Zeit ausschließlich am "Medizinischen Modell", bedingt durch die traditionelle Verbundenheit der Sonderpädagogik mit der Medizin und Psychiatrie. Hier knüpft die Kritik am diagnostischen Vorgehen in der Hilfs- bzw. Sonderschule an. "Die Hilfsschule - das war die Meinung - sei eine Schule für schwachsinnige Kinder. Wenn man feststellen konnte, wer schwachsinnig war, dann wußte man auch, wer in die Hilfsschule gehörte. In dieser Richtung haben dann *Binet* und *Simon* die Antwort gesucht. Der Unterricht interessierte diagnostisch nicht mehr. In der Tradition von *Jean Itard* versuchten sie von allen kulturellen Einflüssen abzusehen und eine Prüfmethode zu konstruieren, welche die Intelligenz des Kindes ermitteln sollte. Diese Überlegung enthielt ein Gift, das die junge Hilfsschule im Kern traf. Die Hilfsschule hat das Gift dieser Überlegung tief eingesogen. Sie war empfänglich dafür, weil die Testmethoden standespolitische Vorteile hatten. Die

Fiktion von einer meßbaren Intelligenz der Kinder kam den standespolitischen Interessen der Hilfsschullehrer entgegen" (Möckel 1980, 126 f.).

Die am medizinischen Modell orientierte Denkweise führte und führt noch heute in der Sonderpädagogik dazu, daß auch auffällige nicht-körperliche Symptome, z. B. "auffälliges Verhalten", auf "krankhafte" Zustände innerhalb der Person zurückgeführt werden. Sind weder die Symptome noch die vermuteten Ursachen somatisch oder organisch, so bleibt als verantwortlicher Ort der Beeinträchtigungen (krankhaften Verläufe) die Psyche. Nachdem wir es bei Verhaltensauffälligkeiten, Lernstörungen und schwachen Lernleistungen nicht mit Krankheiten im eigentlichen Sinne zu tun haben, werden diese Phänomene in die Nähe der psychischen Krankheit gebracht, also analog zur psychischen Krankheit gesehen.

Aufgabe der Diagnostik im Verständnis dieses Modells ist es, Persönlichkeitsmerkmale (z. B. Ängstlichkeit, Aggression u.ä.) quantitativ als mögliche Verursacher von Verhaltensauffälligkeiten zu erfassen. Als Ergebnis einer am Medizinischen Modell orientierten Diagnostik wird die Erstellung eines umfassenden Persönlichkeitsbildes eines "Probanden" angestrebt. Mittels dieses Persönlichkeitsabbildes wird dann auffälliges Verhalten bzw. Schulversagen unter Einbezug der erfaßten Persönlichkeitsmerkmale, also mit Hilfe von Bedingungen im "Probanden", erklärt.

Als typisch für diese Denkweise erweist sich das MCD-Modell, die Vorstellung vieler Mediziner und Psychiater, es gebe im Gehirn "Minimale Cerebrale Dysfunktionen" oder leichte hirnorganische Schäden, die dann z. B. zu Teilleistungsstörungen im Bereich der Wahrnehmung, Sprache, Motorik und des Sozialverhaltens führen könnten, die wiederum Probleme in der Schule (Erstlesen, Erwerb der Schriftsprache, Mathematik, Kulturtechniken überhaupt) und im Bereich des Verhaltens (Hyperkinesie, motorische Unruhe, emotionale Labilität, Konzentrationsstörungen, ...) mit sich brächten.

Auf der Basis dieses an sich faszinierenden Denkansatzes wird meines Erachtens der Blick speziell auf Verursachungsmomente im Bereich des Schülers, also nur auf das Gehirn verengt, die sozialen Einwirkungen negativer Art wie z. B. Reizarmut, sozio-kulturelle Deprivation, Erziehungsfehler werden nicht wahrgenommen, mitbedacht oder diagnostiziert.

Als Folge einer traditionell medizinisch orientierten Denkweise kann man auch die häufige Verschreibung von Psychopharmaka für Kinder und Jugendliche sehen. Über 15% der Kinder, die es wagen, im Altersbereich von sechs bis zehn Jahren ein individuelles Schlaf-, Eß- oder Bewegungsverhalten zu äußern, die zappelig sind oder den Leistungsvorstellungen ihrer Eltern oder Lehrer nicht entsprechen, werden mit Psychopharmaka behandelt (Voß 1984, 7f.)

Die einzuleitenden sonderpädagogischen Maßnahmen implizieren folglich nicht das Umfeld der betroffenen Person (z. B. Schule, Familie, Gesellschaft schlechthin), das bei einem anderen Denkansatz ebenfalls als (mit-)verursachend angesehen werden könnte, orientieren sich vielmehr an Persönlichkeitsmerkmalen im Individuum (Dysfunktionen), die als Verursacher für auffälliges Verhalten bzw. Lernstörungen erachtet werden. Die auf dieser Grundlage eingeleiteten "Maßnahmen" bleiben immer dann unzureichend, wenn Symptome, wie Verhaltensauffälligkeiten (Sozialbereich, Motorik, Sprache, ...) Lernstörungen und Schulversagen, als das Ergebnis einer Wechselwirkung zwischen dem "Probanden" und einwirkenden Ereignissen und Prozessen in der Umwelt in Frage kommen. Die einseitige medizinische Denkweise traditioneller Art hatte und hat noch negative Auswirkungen auf Schüler mit Lern- oder Verhaltensproblemen. Insgesamt gesehen führt dieses Modell zu einer einseitigen Sichtweise und läßt nicht mehr die ganze Breite wissenschaftlicher Reflexion zu.

4.1.2 Bedrohung des Subjekts durch Einordnung und Vergleich normorientierten statistischen Denkens

Das traditionelle Vorgehen in der Persönlichkeitsdiagnostik zielt primär auf ein Erkunden der dem Individuum zugrundeliegenden Persönlichkeitsmerkmale und -eigenschaften ab, um auf diesem Weg Verhalten vorherzusagen. Die Erfassung der Persönlichkeitsmerkmale und Eigenschaften erfolgt nach diesem Modell durch eine Konfrontation des Probanden mit einer standardisierten Situation in Form eines psychometrischen Tests. In dieser Situation wird der Proband aufgefordert, in einer bestimmten Weise auf den gegebenen Reiz zu reagieren. Das gezeigte Verhalten wird nach bestimmten Kriterien bewertet und mit den Bewertungen einer repräsentativen Bezugsgruppe verglichen. Die Position des Probanden bezüglich eines gemessenen Merkmals im Vergleich mit dieser Gruppe ergibt sich unter dem Gesichtspunkt der relativen Abweichung vom Mittelwert dieser Gruppe.

Das Ziel eines solchen diagnostischen Vorgehens ist die Erfassung von situationsunabhängigen, über die Zeit relativ stabilen Unterschieden bezüglich bestimmter Persönlichkeitsmerkmale und Eigenschaften von Gruppenmitgliedern bzw."Individuen", d. h. Personen sollen bezüglich der Ausprägung eines oder mehrerer Persönlichkeitsmerkmale voneinander unterschieden werden.

Für ein solches diagnostisches Vorgehen werden Tests vorausgesetzt, die den Testgütekriterien Objektivität, Reliabilität und Gültigkeit genügen und über eine Normierung verfügen.

Die Anwendung dieses diagnostischen Modells in der Praxis führt in erster Linie zu einer Klassifikation von Personen nach einem oder verschiedenen Merkmalen und damit auch häufig zu einer Selektion.

Im pädagogischen und speziell im sonder- oder heilpädagogischen Bereich hat dieses diagnostische Vorgehen aufgrund seiner Klassifikationsfunktion bei der Zuweisung von Schülern zu bestimmten Schulformen besondere Bedeutung erlangt. Schon *Alfred Binet* konstruierte seine Testaufgaben in dem Bemühen, ein "Instrument" für eine "gerechte und objektive Selektion von Hilfsschülern" aus der Grundschule zu schaffen. Auch die heute üblichen Verfahren bei der "Überweisung" eines Schülers von der Regelschule in eine Sonderschule orientieren sich an dem dargestellten traditionellen Modell pädagogisch-psychologischer Diagnostik. Der eigentliche Anstoß für eine "Auslese" von Schülern liegt jedoch im jeweiligen Schulsystem mit seinen Vorstellungen und Normen, aber auch im Bereich einzelner Schulen und Lehrer hinsichtlich zu erbringender Leistungen.

Seit Beginn der siebziger Jahre wird dieses diagnostische Vorgehen im pädagogischen, speziell im sonder- oder heilpädagogischen Arbeitsfeld aufgrund seiner Selektions- und Klassifikationsfunktion und des Fehlens von Informationen über Fördermaßnahmen, die aus den Testergebnissen direkt ableitbar wären, heftig kritisiert. "Die traditionelle Testmethodik kann so gesehen durchaus zu einem Testinstrumentarium werden, das über die Selektion zur Konservierung bestehender Unterschiede beiträgt" (Eggert 1979, 394).

Bei einem Vergleich des Medizinischen Modells mit dem "traditionellen" psychologisch-diagnostischen Modell fallen eher die Gemeinsamkeiten als die Unterschiede ins Gewicht. Es ist deutlich geworden, daß die Ursachen für körperliche Beschwerden in krankhaften Veränderungen des Körpers, analog dazu die Ursachen für auffälliges Verhalten in der "Seele", irgendwo (im Individuum), möglicherweise im zerebralen Bereich zu suchen und zu finden seien. Damit wird im Medizinischen Modell der soziale Bezugsrahmen nicht gesehen, demnach ist nur das "kranke" Individuum Objekt der Diagnose, in ihm wird nach Krankheitsgründen gesucht. Dies bringt Konsequenzen für die Diagnose und Therapie im praktischen Bereich mit sich. Die auf den "Kranken" einwirkenden Faktoren der sozialen Umwelt werden eliminiert, z. B. führt "MCD" zu Teilleistungsstörungen. Nicht die bisherigen sozialen Bezüge, nicht die Patient-Therapeut- bzw. Lehrer-Schüler- und Schüler-Schüler-Interaktionen werden z. B. in die Diagnose einbezogen, sondern lediglich das "Individuum" interessiert. Die Folgen sind die "Isolierung" des Kranken und die "Isolierung" des Schülers mit Auffälligkeiten. Das Therapieziel wird in der Anpassung des Patienten/Schülers an die Forderungen des "Fachmannes"(Therapeut, Lehrer, ...) gesehen, wobei die Normen objektiv erscheinen, in Wirklichkeit ziemlich willkürlich von außen gesetzt werden.

Auch im Rahmen des traditionellen psychologisch-diagnostischen Modells geht man mit Maßstäben bzw. Normen von außen an den "Probanden" heran. Es wird gefragt nach Übereinstimmungen bzw. Abweichungen vom Durchschnitt einer Gruppe, zu der ein Proband an sich keine unmittelbare Verbindung hat. Keine Rolle spielen die sozialen Bezüge, die möglicherweise zu Abweichungen ("Defiziten") geführt haben. Es besteht also wenig Interesse am Probanden selbst in seinem sozialen Feld und möglichen Veränderungen im Sinne von Verbesserungen dieser Bezüge, d. h. behindernder Bedingungen, vielmehr wird ein Ist-Zustand festgestellt ("Statusdiagnostik").

Eine solche Diagnostik geht von der Annahme aus, daß entweder das diagnostische Ergebnis, der Befund, hohe Stabilität besitzt "oder die spätere Entwicklung statistisch so bestimmt, daß eine den Status gleichförmig fortschreibende Prognose zulässig und hinreichend ist. Statusdiagnostik (und die in ihr implizite Stabilitätsannahme) ist die Voraussetzung für Interventionen vom Typ '*Selektionsstrategie*' " (Pawlik 1976, 24). Es wird deutlich, daß sich auf der Basis der hier angesprochenen Modelle kaum Gedanken an eine effektive Förderung entwickeln können. Vielmehr werden im Zusammenhang mit diesen Modellen z. B. Schulversagen, Verhaltensauffälligkeiten, Schülerprobleme eher "festgeschrieben" als beseitigt, die Fragestellung nach den tatsächlichen Verursachungsmomenten wird geradezu verhindert.

4.1.3 Determiniertes Verhalten: der ge- und verplante Mensch

Während es das Ziel der traditionellen psychologischen Diagnostik ist, sogenannte "stabile Persönlichkeitsmerkmale" zu erfassen, die einen wissenschaftlich begründeten Schluß auf das Verhalten eines Individuums in einer bestimmten Situation erlauben, ist es das Ziel der verhaltensorientierten Diagnostik, das konkrete Verhalten eines Individuums in einer bestimmten Situation zu erfassen. "Statt bestimmte zugrundeliegende Konstrukte (Instinkte, Bedürfnisse etc.) zu hypostasieren, die als motivationale Determinanten des Verhaltens fungieren sollen, wird in diesem Ansatz also in erster Linie die individuelle Reaktion auf spezifische Aspekte der Umgebung berücksichtigt" (Goldfried/Kent 1976, 8).

Dabei wird das menschliche Verhalten angesehen als determiniert durch die soziale Lerngeschichte eines Individuums und durch die aktuellen situativen Bedingungen und/oder die Konsequenzen des betreffenden Verhaltens. Das traditionelle diagnostische Modell, das über das Verhalten in einer bestimmten Teststituation auf die dieses Verhalten verursachenden Persönlichkeitsmerkmale zu schließen versucht (vgl. 4.1.2), wird auch als *indirektes* diagnostisches Modell bezeichnet und steht damit dem *direkten*, verhaltensorientierten Modell gegenüber, das im diagnostischen Prozeß lediglich beobachtbares Verhalten einer Person erfassen möchte.

Das methodische Vorgehen der verhaltensorientierten Diagnostik stützt sich hauptsächlich auf die Verhaltensbeobachtung (Fremd- und Selbstbeobachtung) in standardisierten oder natürlichen Situationen und auf Verhaltensberichte. Dabei gilt, streng genommen, das Interesse des Diagnostikers ausschließlich der registrierten beobachtbaren Häufigkeit bzw. Intensität des Verhaltens, das nicht mit dahinterliegenden Dispositionen oder Ursachen in Verbindung gebracht wird.

Die Klassifikation der Häufigkeit oder Intensität eines Verhaltens als auffällig oder unauffällig bzw. erwünscht oder unerwünscht ist nach diesem Modell nicht das Ergebnis eines Vergleichs einer Person mit einer Bezugsgruppe im diagnostischen Prozeß, sondern das Resultat eines sozialen Etikettierungsprozesses (vgl. Keupp 1974, 143; Belschner 1973, 44 ff.). Die an eine verhaltensorientierte Diagnostik anschließende Intervention versucht die Häufigkeit bzw. Intensität eines "unangemessenen", veränderungsbedürftigen Verhaltens in einer spezifischen Situation direkt zu verändern. Die Interventionsstrategien sind abgeleitet aus den Lerngesetzen, die zur Erklärung der Entstehung des unerwünschten modifikationsbedürftigen Verhaltens, aber auch zur Erklärung des Aufbaus von erwünschtem Verhalten herangezogen werden.

Die Betonung der Situationsabhängigkeit des Verhaltens ist das besondere Verdienst dieses diagnostischen Modells. Deren diagnostische Erfassung gibt gleichzeitig direkte Hinweise auf Änderungsdimensionen und -möglichkeiten. Ein Problem der verhaltensorientierten Diagnostik im Rahmen der Pädagogik, speziell im Bereich der Sonderpädagogik, ist das Fehlen von Kriterien für Auffälligkeit bzw. unangemessenes Verhalten. So gibt dieser Ansatz dem Pädagogen auf die Frage, welche Häufigkeit bzw. Intensität ein Verhalten nun als veränderungsbedürftig anzeigen, genausowenig eine Antwort wie auf die Frage, bei welcher Intensität und Häufigkeit ein Verhaltensziel erreicht, ein Verhalten nicht mehr als auffällig zu bezeichnen sei. Es stellt sich die Frage, welches Menschenbild einem solchen Ansatz zugrunde liegt.

Kann es der Erzieher verantworten, für ein Kind, das vielleicht aufgrund einer Behinderung zu Selbstbeobachtung und Selbststeuerung zunächst nur bedingt fähig ist, die Identifikation von veränderungsbedürftigem Verhalten und das Setzen von Verhaltenszielen zu übernehmen und einen Modifikationsprozeß so lange in Gang zu halten, bis das Verhaltensziel erreicht ist?

Von den bisher aufgezeigten diagnostischen Modellen hebt sich deutlich *Kaminskis* Ansatz ab. Ausgehend von der üblichen Struktur des Arbeitsablaufes in der psychologischen Beratungspraxis wird ein äußerst differenziertes "anderes Strukturschema klinisch-psychologischer Arbeit" (1970, 35) entworfen. Dieses Strukturmodell stellt eine Vorgehensweise der Diagnostik dar, die sich am Individuum in seiner spezifischen Situation und an dessen Problemen orientiert.

Man kann den wesentlichen Unterschied zu bisherigen Ansätzen darin sehen, daß ein und dieselbe Entscheidungsprozedur nicht mehr in gleicher Weise auf eine mehr oder weniger große Anzahl von Menschen angewandt, vielmehr individuell gehandelt wird. Diagnose und Therapie gelten als Einheit. Der Diagnostiker ist auch Praktiker, er trägt die Verantwortung für die Informationsgewinnung und -auswertung sowie für die Umsetzung der gewonnenen Erkenntnisse in eine entsprechende Therapie. Dieses Modell orientiert sich an kybernetischen Prinzipien. Der diagnostische Prozeß wird als Flußdiagramm dargestellt, in dem die Informationsgewinnungs-Schleifen mehrfach durchlaufen werden können (ebd., 487).

Diese Diagnostik fragt nicht wie die traditionelle Diagnostik nach Umschulung, sondern versucht, alle Ursachen und Bedingungsfaktoren - z. B. im Zusammenhang mit dem momentanen Zustand des Schülers -, die der Erreichung des Zielzustandes im Wege stehen, zu klären, um so genügend Informationen für die sich anschließende praktisch-therapeutische Phase zu erhalten.

Die Konzeption *Kaminskis* gab nach 1970 auch der sonderpädagogischen Diagnostik deutliche Impulse. So kann man in Ausführungen zu Schulleistungsproblemen, speziell zu Fragen der Aufnahme in Sonderschulen, immer wieder in mehr oder weniger erweiterter Form das genannte Modell erkennen (Kautter/Munz 1974, 329f.; Kornmann 1979, 38 - 45). Aus dieser Konzeption ergibt sich die Forderung nach einer engen Verbindung zwischen Diagnose und Therapie (bzw. Unterricht) und nach der Anwendung in der täglichen unterrichtlichen und therapeutischen Praxis. *Kaminskis* Modell erweist sich für die klinisch-psychologische Praxis als "Idealmodell ..., das von der Wirklichkeit relativ selten erfüllt werden kann" (1970, 459). Die konsequente Umsetzung dieses Modells erfordert ein differenziertes wissenschaftstheoretisches bzw. psychologisches Hintergrundwissen, das nur durch eine gründliche und breite Ausbildung zu vermitteln ist.

Das Prinzip des Flußdiagramms im Sinne *Kaminskis* wurde später teils erweitert, teils verlassen, denn die Antwortmöglichkeiten "Ja /Nein" erwiesen sich im Hinblick auf die Fragestellungen als zu eng. Hervorzuheben ist, daß *Kaminski* mit seinem Beitrag einen wichtigen Schritt zu einem neuen Diagnostik-Verständnis in Richtung Erfassung der Komplexität psychischer Probleme unternommen hat und damit auch deutliche Impulse für eine förderungsorientierte Diagnostik gab.

Die verhaltensorientierten Ansätze stellen insofern einen Fortschritt gegenüber dem medizinischen Modell dar, als sie aus der nur auf das Individuum verengten Sichtweise heraustreten. Gezeigtes Verhalten gilt als gelernt. Eine besondere Problematik stellt die Kriterienfrage dar, z B. im Hinblick auf "auffälliges Verhalten". Im Gegensatz zu früheren Modellen von Diagnostik als Messung wird insbesondere in dem Ansatz von *Kaminski* Diagnostik als Einbringen von Informationen für und über Behandlung verstanden. Wenngleich die Frage nach den Vorstellungen des Probanden bereits eine gewisse Rolle spielt, wird auch im Rahmen dieses Ansatzes "behandelt".

Insgesamt gesehen bleibt das Problem der Setzung der Veränderungsziele auch nach der "kognitiven Wende" (Kanfer 1977) erhalten.

Gerade im Hinblick auf Kinder mit Behinderungen, speziell bei Kindern mit Verhaltensauffälligkeiten sowie bei Geistigbehinderten, fragt man sich, wie mit Hilfe einer Verhaltensformel, dieses an sich stark verhaltenstechnologischen Ansatzes, die Bedingungen und Voraussetzungen für das aktuelle

Verhalten, der Erfahrungsbereich, die Genese des Verhaltens in einer bestimmten Situation erfaßt und erklärt werden sollen. Es wird hier einseitig der - beobachtbare - Verhaltensaspekt betont. Verhalten gilt als unmittelbar beobachtbare und erschließbare "Erlebnisweise". Als eine Art technologischer Ersatz für erzieherisches Handeln oder gar als Möglichkeit und Zugang zu einem Verstehen des So-Seins einer Person kommt diese Vorstellung über Menschen in dieser isolierten Form ohne den Einbezug interpretationsbedürftiger Bedingungen nicht in Frage. Der Aspekt der Tiefe wird in dieser Sichtweise von Verhalten in seiner Bedeutung und Wirkweise nicht hinreichend beachtet, nahezu negiert.

Häufig stellen Pädagogen und Psychologen im praktischen Arbeitsfeld nicht die Frage: "Willst du dich ändern?", sondern vertreten die Meinung: "Ich will dich ändern", "ich will, daß du dich änderst", "wir wollen dich ändern", "ich will, daß du dich änderst, weil es der Lehrplan so will" ... Verhaltensänderungen und -ziele werden dann relativ häufig mit Hilfe verhaltensmodifikatorischer Methoden angestrebt.

4.2 Neuere diagnostische Ansätze pädagogisch-psychologischer Diagnostik

Probleme bei der Anwendung im pädagogischen Bereich werden insbesondere beim Vorgehen nach dem medizinischen und nach dem psychologischen Modell deutlich. Als sehr umstritten gilt beim medizinischen Modell die Verengung der Sichtweise vor allem auf sogenannte "Zustände" innerhalb einer Person. Persönlichkeitsspezifische Phänomene, wie z. B. Verhaltensauffälligkeiten, werden mit Hilfe von Bedingungen *in* der Person erklärt.

Beim traditionell psychologisch-diagnostischen Modell erweist sich im Zusammenhang mit sonderpädagogischen Fragestellungen der jeweilige Vergleich eines "gemessenen" Merkmals mit den Bewertungen einer sogenannten repräsentativen Bezugsgruppe als problematisch. Orientiert man sich an diesem Modell, werden Aussagen über Kinder mit Beeinträchtigungen jeweils Defizitbeschreibungen, Personen werden zum Objekt gemacht. Im Bereich dieses Denkansatzes ergeben sich kaum Möglichkeiten für die Ableitung von Fördermaßnahmen.

Beim verhaltensorientierten oder verhaltensdiagnostischen Modell kann als positiv das Einbeziehen des sozialen Aspektes gewertet werden. Im Rahmen des ursprünglichen verhaltensorientierten Modells spielt die Frage nach der Ätiologie eines Verhaltens im Hinblick auf frühe Kindheit kaum eine Rolle. Als problematisch erweist sich die Setzung der Ziele, z. B. die Frage, welche Ziele angestrebt werden sollen, wer diese Ziele bestimmt. Auch im Zusammenhang mit diesem Ansatz wird weniger nach dem Subjekt, also nach den Bedürfnissen einer Person gefragt.

Während bei den hier kurz vorgestellten diagnostischen Modellen der pädagogische Bezug nicht oder nur in Ansätzen sichtbar wird (ausgenommen Kaminski 1970), kann den nun folgenden Ansätzen die pädagogische Intention nicht abgesprochen werden, d. h. ein Zusammenhang zwischen Diagnostik im Sinne von Informationsgewinnung über eine Person zwecks Förderung und Umsetzung in Fördermaßnahmen wird erkennbar. Diese Ansätze berücksichtigen jedoch noch nicht die ganze in einen umfassenden Förderungsansatz einzubeziehende pädagogische Breite, d. h. sie beschäftigen sich primär mit Teilaspekten der Förderung. Teilweise wird einseitig das Moment der Umweltbeeinflussung, teilweise die Sachlogik von Lerngegenständen in Verbindung mit der Entwicklung kognitiver Strukturen betont. Kaum berührt werden Fragen wie: Welche Bedürfnisse hat eigentlich ein Kind? Was will das Kind? Kann man es verantworten, Lernvorgänge "gezielt" in Gang zu setzen, voranzutreiben ohne die Frage der Bedürfnisse und der Motivation des Subjektes einzubeziehen und zu berücksichtigen?

4.2.1 Das gesellschaftswissenschaftliche oder interaktionistische Modell

Während beim verhaltensorientierten Modell der Diagnostik die Häufigkeit bzw. Intensität des Verhaltens einer Person in einem bestimmten situativen Kontext im Mittelpunkt des diagnostischen Prozesses steht, wird im gesellschaftswissenschaftlichen oder interaktionistischen Modell der Diagnostik die Betonung auf die Wechselwirkung zwischen gesellschaftlicher Umwelt und Verhalten einer Person in dieser Umwelt gelegt. Die interaktionistische Sichtweise geht davon aus, daß bei der Entstehung von Beeinträchtigungen (Störungen, Schädigungen, Behinderungen) Zuschreibungsprozesse, das Schulsystem, die gesamte Umwelt eines Kindes berücksichtigt werden müssen. Die sozialen Bedingungen des Verhaltens werden "sowohl als Ursache als auch als Wirkung" (Watzlawick u.a. 1974) für das Auftreten von deviantem Verhalten bzw. Minderleistungen und für die Etikettierung von Abnormität angenommen. Auch Kinder in Notsituationen leben in Systemen (Institutionen, Organisationen) in Form von "strukturierten Zusammenhängen" (Speck 1991, 16), werden von ihnen gefördert, bedrängt, manchmal auch behindert.

Es gehört somit zur Aufgabe des Diagnostikers, dieses gesamte Bedingungsgefüge in seine Beobachtungen einzubeziehen und es ggf. im Sinne einer besseren Förderung eines Kindes zu modifizieren. Eine an diesem Modell orientierte Diagnostik versucht die Interaktion einer Person mit gesellschaftlichen Institutionen und Gruppen, in denen sie sich bewegt (z. B. Familie, Schule, Kirche, Altersgruppe usw.), zu analysieren. Ziel dieser Analyse ist es, innerhalb dieser Gruppen bzw. Institutionen Prozesse zu identifizieren, von denen wissenschaftlich begründet angenommen werden kann, daß sie Verhaltensauffälligkeiten und Leistungsschwierigkeiten begünstigen bzw. mitverursachen, d. h. eigentlich Behinderungen (mit-) bedingen. Auf die Situation der Gegenwart übertragen, aber auch für die Zukunft, bedeutet dies die Notwendigkeit einer gründlichen Diagnose behindernder Bedingungen (vgl. 6.3.1).

Sogenannte Interventionsstrategien, die sich aus diesem diagnostischen Modell ableiten lassen, setzen bevorzugt an den ungünstigen Umweltbedingungen an, deren Beseitigung bzw. Veränderung eine Reduzierung des "devianten Verhaltens" bzw. der Leistungsstörung erwarten lassen. Persönlichkeitsmerkmale oder Verhaltensweisen einer Person und deren Veränderung spielen in diesem Förderungsansatz demnach eine relativ geringe Rolle. So versucht man z. B. Lernstörungen nach dem entsprechenden Diagnose- und Interventionsmodell durch die Analyse und Veränderung der Lernsituation, also der Umweltsituation im weiten Sinne zu beheben. Es muß allerdings vermerkt werden, daß eine solche Organisation der Lernumwelt nur optimal gestaltet werden kann, wenn gleichzeitig die besonderen Lern- und Leistungsprobleme bzw. -möglichkeiten eines Kindes, die gegenwärtig häufig mit dem diskussionsbedürftigen Begriff "Teilleistungsstörungen" belegt werden, genau untersucht sind. Als vorteilhaft erweist sich im pädagogisch-didaktischen Verständnis die Suche nach "inselhaften Begabungen" (Baier 1980, 124), also die Anknüpfung an besondere Möglichkeiten eines Kindes.

Erfolge auf der Basis dieses Modells hängen also in hohem Maß von Veränderungsmöglichkeiten der Umwelt ab. So existieren Behinderungen an sich nicht, sie sind zu sehen als ein "psycho-soziales" Phänomen (vgl. Kobi 1980, 79). Insofern wird zurecht "Gesellschaftserziehung bei Sozialrückständigkeit" gefordert, d. h., daß durch Initiierung gesellschaftlicher Lernprozesse mehr Integrationsfähigkeit und -bereitschaft sowie ein höheres Maß an Chancengerechtigkeit erreicht werden soll (Bach 1989, 53-57).

4.2.2 Strukturbezogene oder qualitative Diagnostik

Das didaktisch-diagnostische Bezugssystem zur Anleitung von Lernprozessen liegt hierbei "in der Sachlogik eines Lerngegenstandes oder in der Entwicklungslogik einer kognitiven Struktur" (Probst 1979, 113). In den Ansatz der strukturbezogenen oder qualitativen Diagnostik gehen Theorien der Entwicklungspsychologie, der Lernpsychologie sowie fachdidaktische und fachwissenschaftliche Überlegungen ein. Beim "Probanden" sollen der jeweilige Entwicklungsstand, die entsprechenden bisherigen Einsichten und damit die Voraussetzungen zum Erwerb neuen Wissens diagnostiziert werden. Dieser "psychischen Repräsentationsstufe" auf der Seite des Kindes entspricht eine ganz bestimmte "Sachstruktur des Lerngegenstandes", die bezüglich ihrer Lernelemente nach kleinsten Schritten analysiert werden muß. Die strukturbezogene Betrachtungsweise geht davon aus, "daß der

Untersuchung subjektiver kognitiver Strukturen die Analyse des entsprechenden Gegenstandes vorausgehen muß" (ebd., 119).

Den Sachstrukturen liegt die Annahme zugrunde, daß ein gegebenes Lernniveau die früheren, elementaren Stufen als Ausgangsbasis und Fundament voraussetzt. Es wird also eine Lernhierarchie angenommen, d. h., daß das Erreichen (die Aneignung) einer Lernstufe eine wichtige Voraussetzung für den Erwerb der folgenden Lernstufe sei. Die Folge einer Diagnose auf dieser Basis ist die Unterweisung des Probanden in seiner Zone der nächsten Entwicklung. Die Möglichkeit der Weiterentwicklung gibt es immer. Dies gilt für jeden Menschen (Galperin 1967; Leontjew 1977; Probst 1979, 113). Die Voraussetzung für eine solche Vorgehensweise ist die Klärung der Frage: wie kommt man vom Einfachen zum Komplexen? Welche Zwischenschritte werden benötigt? Wie kann man messend eruieren, was als einfach und was als komplex gilt? Es interessiert also das Charakteristikum der Lerngegenstände, nämlich ihre Beschaffenheit, ihre Struktur und der Bezug zum Schüler.

Als Voraussetzung für diesen Ansatz gilt, daß es für alle Kinder so etwas wie eine "gemeinsame Folie" der allgemeinen Entwicklung gibt. Entsprechend könnten strukturbezogene Aufgabenstellungen für alle Fächer gegeben werden, wie z. B. in Mathematik (Zahlbegriff), im Zusammenhang mit Lesen, Sprache, speziell "Oberbegriffbildung" (Probst 1981). Auch z. B. in der Musik oder Geographie müßten sich jeweils solche logisch-historische Strukturen finden und analysieren lassen.

Für die Diagnostik ergeben sich primär drei Untersuchungsschwerpunkte:

- Wie weit wird der Lerngegenstand beherrscht; also eine Beschreibung der Elemente einer Sachstruktur, um den Stand der aktuellen Leistung zu eruieren mit dem Ziel, die nächste Entwicklungsstufe zu finden.
- Analyse der Bedürfnisstruktur als Ausgangspunkt für motivierendes Handeln. Gestellt wird die Frage nach dem Bezug des Probanden zum Lerngegenstand.
- Ingangsetzung von Aneignungsprozessen, ausgehend vom entsprechenden Entwicklungsstand.

Zweifellos orientiert sich die strukturbezogene Diagnostik am jeweiligen Individuum mit seinen Lernproblemen. Der Milieuaspekt wird offensichtlich nicht explizit thematisiert. Es läßt sich nicht in ausreichendem Maße erklären, wie es zur Kreativität kommen kann, wenn bereits *alles* in der Sachlogik eines Gegenstandes vorgegeben ist. Die Belange des Subjektes als erkennende Instanz, das sich selbst, "seine Wirklichkeit", "seine Welt" durch Assimilation und Akkommodation (Piaget) konstruiert, werden hier nicht hinreichend hinterfragt. Jede kognitive Erfahrung bezieht den Erkennenden wegen seiner biologisch verwurzelten und autonomen Eigenstruktur in sehr persönlicher Weise ein, so daß sich "Gewißheit" als ein individuelles Phänomen erweist, das gegenüber der kognitiven Handlung eines anderen blind ist (Maturana/Varela 1987). Die "reine Logik" in der Sache begründet kann nicht alles sein.

Der Ansatz der strukturbezogenen oder qualitativen Diagnostik ist nicht neu. Zwei Schwerpunkte sind bei der strukturbezogenen Diagnostik hervorzuheben: von entwicklungspsychologischer Seite die Entwicklungshöhe des Individuums, bezogen auf den Lerngegenstand und die Analyse, bzw. die didaktische Aufteilung des Lerngegenstandes in kleinste Lernelemente. In diesem Aspekt der Entwicklungshöhe des Individuums könnte bis zu einem gewissen Grade das Subjekt als erkennende Instanz aufgehoben sein.

4.2.3 Lerndiagnostik

Auch der Gedanke an eine Lerndiagnostik hat sich mit dem Versuch der Abkehr von den Prinzipien der klassischen Testtheorie entwickelt.

Im Zusammenhang mit der generellen Zielsetzung wird von einer lernbegleitenden Diagnose ausgegangen, wobei ein lernorientiertes Persönlichkeitsmodell zugrunde liegt. Ein Bezug zum Curriculum kann mehr oder weniger direkt bestehen. Nicht die Prognose von Lernleistungen, vielmehr deren Veränderbarkeit steht im Vordergrund der Überlegungen. Man erwartet auf der Basis dieser Zielsetzung eine bessere Erfassung und Beobachtung der Lern- und Aufgabenlösungsprozesse, um somit über eine Grundlage für abzuleitende Fördermaßnahmen zu verfügen. Als Voraussetzung einer Lerndiagnose gilt die lern- und kognitionstheoretische Fundierung.

Wenn der Lernende über kognitive Fähigkeiten verfügen muß, um einen bestimmten inneren Handlungsablauf zu vollziehen, kann man den Stand dieser Fähigkeiten bis zu einem gewissen Grad diagnostizieren und gleichzeitig Möglichkeiten zur weiteren Entwicklung des Handlungsprogrammes, also zur Erweiterung oder Förderung der Persönlichkeit, eruieren bzw. in Gang setzen.

Für die Lerndiagnostik ergibt sich daraus im Prinzip folgendes Vorgehen: "Zunächst muß anhand des Lernziels bestimmt worden sein, welches Aktionsprogramm zur Lösung der gestellten Aufgabe erforderlich ist. Ausgehend von diesem Programm ist dann für jeden Probanden festzustellen, welche der einzelnen Unterprogramme bereits so leicht und sicher bereitgestellt und aktiviert werden können, daß man bei den betreffenden Vollzügen von 'elementaren Operationen' sprechen kann" (Schnotz 1979, 105). Eine Lerndiagnose unter handlungstheoretischem Aspekt schließt demnach die Aufgabe ein, zu eruieren, wieweit der Aufbau eines intendierten Handlungsprogramms fortgeschritten ist, d. h., es muß bestimmt werden, über welche der zu diesem Handlungsprogramm gehörenden Unterprogramme der Lernende bereits verfügt und wie er sie miteinander verknüpft hat. Ferner gehört dazu die Frage, welche Programm-Bestandteile noch fehlen und schließlich ggf., welche inadäquaten Vollzüge bzw. Programm-Bestandteile versehentlich angeeignet wurden. Auf der Basis "handlungsregulationstheoretischer Kategorien" reduziert sich die Aufgabe der Lerndiagnostik auf die Beantwortung zweier Grundfragen:

- "Welche, der in dem geforderten Aktionsprogramm enthaltenen Operationen sind für den Probanden elementar und wie komplex sind diese Operationen?
- Vollzieht der Proband Operationen, die für die Aufgabenlösung nicht erforderlich sind und - wenn ja - welche sind dies?" (Schnotz 1979,106).

Einige Probleme der hier aufgezeigten Lerndiagnostik liegen in der zweifellos mangelnden Ökonomie der Entwicklung solcher Verfahren, wenn man vor allem den Zeitaufwand in Rechnung stellt. Sie werden wohl auch nur dann realisierbar, wenn der Lösungsverlauf von Aufgabenstellungen sich entäußert, also transparent wird. Zudem wird ein streng logischer Lösungsverlauf vorausgesetzt. Auch darf die Reihe der Lösungsschritte nicht zu lang sein. Es bleibt ferner die Frage bestehen, ob auch komplexe Aufgabenstellungen in eine solche Lerndiagnostik einbezogen werden können. Auch *Schnotz* gesteht ein, "daß bei manchen Schülern Lernprobleme vorkommen, die dem Anschein nach kognitiv bedingt sind, faktisch jedoch primär nichtkognitive Ursachen haben" (1979, 196). Schließlich lassen sich kognitive Prozesse eines Lernenden nicht lückenlos von außen her beobachten und auch nie unter Berücksichtigung von Emotionalität und Motivation total beeinflussen (vgl. Bundschuh 1992, 149ff.). Das spricht für die nicht gänzliche Kalkulierbarkeit kognitiver Prozesse, auch wenn die Vertreter der Lerndiagnostik Lernvorgänge als prinzipiell kalkulierbar im Sinne von berechenbar betrachten. Im Zusammenhang mit diesen Überlegungen sind Lehrerinnen und Lehrer mit erhöhter Sensibilität für die Lernmöglichkeiten des einzelnen Kindes, für die Vermittlung eines Lerngegenstandes (kognitiver Aspekt) unter Einbezug emotionaler, ganzheitlicher Prozesse gefordert. Neuere Forschungen und Erkenntnisse zur Metakognition im Rahmen kognitiver Prozesse (Hasselhorn/Mähler 1990, 3ff.), speziell in Problemlösesituationen stellen eine sinnvolle Ergänzung zu Fragen der Lerndiagnostik dar.

4.2.4 Lernprozeßorientierte Diagnostik und die Situation des Kindes

Diese Variante von Diagnostik, die primär die Förderung von Schülern betont, unterscheidet sich nicht so deutlich von der strukturbezogenen Diagnostik und von der Lerndiagnostik, wenn man vom theoretischen Bezugsrahmen absieht. Ausgangsbasis und Intention dieses Ansatzes pädagogischer Diagnostik beziehen sich auf "die Faktoren der Schule als Lernsituation, der Klasse als Unterrichtssituation, des Lehrers als Lernkoordinator und auf die komplexen Prozesse zwischen Schüler und Material (Curriculum), ... die zu definierten Verhaltensänderungen führen sollen" (Barkey 1975a, 26).

Im Zusammenhang mit diesem Ansatz ist zu betonen, daß Lernen im Unterricht sich nicht nur begrenzt auf die lerntheoretischen Paradigma reduzieren läßt, vielmehr soll die gezielte Intervention die jeweiligen Inhalte und sozialen Interaktionen berücksichtigen.

Schulische Probleme (Schulleistungen, Lern- und Leistungsstörungen, Verhaltensauffälligkeiten, Wahrnehmung, Motivation, ...) legen eine prozeßorientierte Vorgehensweise unter Einbezug situativer und umweltbedingter Faktoren nahe. Es geht hierbei deutlich um eine in der pädagogischen Praxis wirksame und bedeutsame Diagnostik, d. h. um eine praxisbegleitende Diagnostik. Allgemein dargestellt versteht man unter Prozeßdiagnostik "Längsschnittanalysen über mehrere Zeitpunkte hinweg bei gleichzeitiger Beeinflussung des zu erfassenden Verhaltens" (Schwarzer 1979, 19).

Ein Aspekt dieser Diagnostik impliziert, daß Schülern in bestimmten Zeitabständen im Verlauf einer Unterrichtseinheit curriculumbezogene Tests vorgegeben werden, um Informationen über Förderung und Differenzierung zu erhalten. Ein weiterer Aspekt läge in der Ausarbeitung von Testaufgaben, die es aufgrund ihrer Konstruktion dem Lehrer ermöglichen, bei falschen Lösungen gleichzeitig die spezifischen Lerndefizite der Schüler zu erkennen.

Ein sonder- oder heilpädagogisch relevanter Aspekt einer prozeß- und behandlungsorientierten Diagnostik ist die unmittelbare und stetige Beobachtung schulischen Lern- und Leistungsverhaltens sowie sozialen Verhaltens und die Umsetzung dieser Beobachtungen in differenzierende, helfende und fördernde Maßnahmen didaktischer, pädagogischer und sozialer Art. Eine systematische Ausarbeitung eines solchen Ansatzes könnte für Kinder mit unterschiedlichen Beeinträchtigungsarten gewinnbringend im Sinne der Möglichkeit eines Neuanfanges, der Initiierung entscheidender weiterführender Lernprozesse sein.

Allerdings liegen auch gegenwärtig immer noch Probleme im Zusammenhang mit der Veränderungsmessung vor, die nur in Ansätzen gelöst sind. Prozeßdiagnostik scheint so viele Schwierigkeiten zu implizieren, "daß daran ihre Realisierung häufig noch scheitern muß" (Schwarzer 1979, 21). Ich bin der Auffassung, daß die wissenschaftliche Erforschung von Lernvorgängen und Überlegungen zum Ablauf von Lernprozessen dringend erforderlich sind, daß man sich jedoch von diesem künstlichen Zwang der absoluten Kalkulierbarkeit von Lernvorgängen befreien sollte. Das Kind, der Mensch generell ist eben weder eine Lernmaschine noch ein Computer. Es handelt sich um ein "Wesen", das nicht einfach funktioniert. Im Bereich des Zwischenhirnes (Thalamus) geschieht unter Einbezug emotionaler Prozesse im Hinblick auf Wahrnehmung und Lernen so Vieles und Komplexes, daß eine völlige logische wissenschaftliche Erfassung und Analyse vernetzter, komplexer kongitiver Prozesse (Lernvorgänge) unmöglich sein dürfte (vgl. Bundschuh 1992, 149-155).

Eine Gefahr fertiger Beobachtungssysteme sehe ich auch in einer vorzeitigen Festlegung des Interventionszieles, unabhängig von den Anforderungen des Curriculums sowie in der ungenügenden Berücksichtigung der Beobachtungsbreite. Tatsächlich wirksame und bedeutsame Verhaltensbedingungen könnten dabei möglicherweise außer acht gelassen werden. In der unreflektierten Übernahme von Beobachtungskategorien kann nicht das neue Heil der pädagogischen Diagnostik gesehen werden. Im Interesse der Schüler erweist es sich als besser, solche Verfahren im Interventionsprozeß flexibel, variabel und unter Beachtung der gegenseitigen Verständigung mit den einbezogenen Kindern zu entwickeln.

Unter dem Aspekt der Quantität wird manchmal die höhere Effizienz einer integrativen schulischen Unterrichtung im Unterschied zum Unterricht in der Schule zur individuellen Lernförderung gesehen. Mag sein, daß sich die gemessenen Leistungen unterscheiden, als wirklich bedeutsam erweist es sich, wie sich die *Persönlichkeit* eines Kindes entwickelt, wie offen sie für zukünftiges Lernen, für das Leben in einer komplexen Welt sein wird. Unter dem Aspekt der Quantität von Leistungsfortschritten werden wir bei verschiedenen Ansätzen wie z. B. *Montessori, Steiner, Peter-Petersen*, bei der Unterrichtung nach der Methode des "Prototypischen Unterrichts" (Westphal) oder eines mehr handlungsorientierten Unterrichtes (Nestle, Mann, Mühl) meist zu unterschiedlichen Ergebnissen kommen. Wesentlich dürfte sein, was sich in der Person des Kindes im Rahmen erzieherischer und schulischer Prozesse bezogen auf Lernvorgänge, aber auch im Hinblick auf Gefahren (Alkohol, Drogen, Kriminalität, ...) oder auf die psychosomatische Befindlichkeit wirklich prozeßhaft ereignet, und wie gut ein Kind mit seinem gegenwärtigen und zukünftigen Leben zurechtkommt.

Es ist in der Tat fraglich, ob sich im pädagogischen Bereich immer eine messende Erfassung von Entwicklungs- und damit auch Lernfortschritten als sinnvoll erweist oder ob es nicht wichtiger ist, daß überhaupt eine positive Erweiterung der Persönlichkeit stattgefunden hat, auch wenn sie sich nicht mittels einer quantitativen Aussage bestätigen läßt. Wenngleich bei den Ansätzen der Lerndiagnostik und der lernprozeßorientierten Diagnostik der direkte Bezug zu Inhalten und Struktur der pädagogischen Situation betont wird, fehlt die Berücksichtigung der außerschulischen Bedingungen für das Lernen wie die soziale Umwelt, die Beschaffenheit der Familie, Sprache, kulturelle Anregungen, ökonomische Situation, Wohnungsgröße und -beschaffenheit, Wohngegend, ggf. Heim.

Durch hierarchische Schulsysteme hervorgerufene schulische Probleme, die Kinder in Notsituationen bringen können, legen eine erweiterte, *offene prozeßorientierte Vorgehensweise* im Sinne einer *praxisbegleitenden Diagnose* nahe. Die Durchführung curriculumbezogener formeller und informeller Tests mit dem Ziel der Informationsgewinnung über Förderungsmöglichkeiten didaktischer, pädagogischer und sozialer Art, geht einher mit unmittelbarer Beobachtung schulischen Lern- und Leistungsverhaltens sowie des sozialen und emotionalen Verhaltens. Die Notwendigkeit prozeß- und handlungsorientierten Vorgehens besteht vor allem in der Schule für Geistigbehinderte, im Rahmen des Unterrichts in den Diagnose- und Förderklassen und der Schule zur individuellen Lernförderung, in integrativ unterrichtenden Schulen und Schulklassen, an sich immer im Kontext mit der Erziehungswirklichkeit von Kindern, die sich in Notsituationen und speziellen Bedürfnissituationen (special needs) und damit in besonderer Weise (heraus-) fordernden Erziehungssituationen befinden zwecks Erstellung, Realisierung und Evaluation von Förderplänen und -prozessen.

Prozeßdiagnostik ist die flexible, variable, individuumorientierte Anwendung diagnostischer Verfahren oder Methoden über einen längeren Zeitraum hinweg mit dem Ziel der Analyse und Beseitigung die geistige, emotionale und soziale Entwicklung der Persönlichkeit behindernder Bedingungen, die sowohl in der sozialen und materialen Umwelt als auch in der Person des Kindes (Lernhemmungen, psychische Schwierigkeiten) zu suchen sind.

4.2.5. Der Mensch als aktiver Träger von Erkenntnisprozessen - das epistemologische Subjekt-Modell

Es wird hierbei von der Annahme ausgegangen, daß der Mensch grundsätzlich Herr über sein Tun und Denken sein kann. Er wird als "aktiver Träger von Erkenntnisfähigkeit und Erkenntnisfunktionen" gesehen (Groeben/Scheele 1977). Die Humanwissenschaften, vor allem die Psychologie, fragen in diesem Zusammenhang nach den Bedingungen, die es ermöglichen und die es verhindern, daß jeder Mensch ein wissenschaftlich denkender und handelnder Mensch werden kann (Klaus/Buhr 1972, 1049). Wenn die Anforderungen und Angebote nicht den Lernbedürfnissen und Lernvoraussetzungen eines Schülers entsprechen, kann er sich - aus seiner Sichtweise - nicht sinnvoll betätigen, er kann oder will sich nicht mit dem angebotenen "Lerngegenstand" auseinandersetzen, ihm fehlen die Möglichkeiten der freien (subjektiven) Persönlichkeitsentfaltung.

Wenn jeder Mensch "aktiver Träger von Erkenntnisfähigkeiten und Erkenntnisfunktionen" ist, wäre er so etwas wie ein potentieller Wissenschaftler. Gilt dies etwa auch für Menschen mit Behinderungen, speziell für Menschen mit geistiger Behinderung? Man kann diese Frage nicht verneinen. Jedes Kind mit einer geistigen Behinderung wird die Welt, in der es lebt, in einer ganz bestimmten subjektiven Weise erfahren, wahrnehmen und auch erkennen, schließlich wird es sein Leben in dieser Welt in der ihm eigenen Weise bewältigen. Menschen mit geistiger Behinderung können ihre Mitmenschen mit sehr tiefsinnigen Fragen, Aussagen und Antworten in höchstes Erstaunen versetzen, ja in "Verlegenheit" bringen. Wenn wir darüberhinaus schrittweise orientiert an den individuellen Möglichkeiten eines Menschen mit geistiger Behinderung, in die Prinzipien wissenschaftlichen Denkens und Handelns einführen würden, wäre er vielleicht über sein Alltagsdenken und -handeln hinaus fähig, auch zu wissenschaftlichen Erkenntnissen zu gelangen.

Pädagogisches Ziel ist es, jedem Menschen solche Kompetenzen zu vermitteln, die er benötigt, um zunehmend *Einfluß auf seine Lebensgestaltung* und seine soziale und dingliche Umwelt zu nehmen. Wissenschaftler und Praktiker, die an diesen Zielen orientiert Wissen vermitteln, tragen zur Verringerung von Machtunterschieden bei.

Auf der Basis des epistemologischen Ansatzes wird auch die "Selbstreferenz" in dem Sinne deutlich, wie der Mensch mit seinem ganz persönlichen Eigenleben und einer bestimmten Umwelt (Familie, Schule, Schulklasse, ...) umgeht. Der Mensch mit oder ohne Behinderung stellt ein *autonomes System* dar, er nimmt nur wahr, was er möchte und wie er es möchte, d. h. jeder Mensch nimmt selektiv entsprechend seiner subjektiven Befindlichkeit wahr, die immer auch Wertungen einschließt, hat am Erkenntnisprozeß teil, ist Teil von Erkenntnisprozessen. Wir sollten Menschen mit Behinderungen ermutigen, Fragen und Antworten selbst zu generieren, d. h. weniger von außen her bestimmen im Sinne von "ich weiß, was für Dich gut ist". Wenn Förderdiagnostik dies leistet, trägt sie zur Findung einer vertieften Sinnfrage bei.

Der Verfasser geht davon aus, daß jedes Kind - ausdrücklich einbezogen das Kind mit schwerer Schädigung und daraus resultierender schwersten Behinderung - Prozesse körperliche, geistiger, emotionaler und sozialer Entwicklung lebt und durch den Einfluß der Erziehung weiter entwickelt.

Die ursprünglichste Möglichkeit der Erkenntnisgewinnung liegt in dem mehr oder weniger großen Ungleichgewicht und damit in den Austauschprozessen zwischen Subjekt und Objekt begründet. Bereits das Neugeborene, der Säugling, erst recht das Kleinkind nehmen an dieser basalen Art der "subjektiven Erkenntnisgewinnung" teil und sind Teil dieser basalen Erkenntnisprozesse. Diese Vorgänge beginnen mit den sehr sensiblen emotionalen, sozialen und taktilen Prozessen zwischen Mutter und Kind, zwischen Kind und anderen Personen und setzen sich fort im Handeln mit Objekten (z. B. Spielmaterialien), wie dies *Piaget* beschrieben hat.

Die Frage nach dem Unterschied zwischen den Erkenntnismöglichkeiten eines Wissenschaftlers, eines Philosophen und den Möglichkeiten eines Kindes oder eines Menschen mit schwerer geistiger Behinderung stellt sich hier weniger. Doch gibt es auch im Hinblick auf Erkenntnis eine Gemeinsamkeit, die aus den Grenzen der Erkenntnismöglichkeit hervorgeht. Mensch sein heißt Mängelwesen sein und auf geistige Prozesse bezogen bedeutet dies, eben doch nicht alles erkennen können, Grenzen der Erkenntnis eingestehen, sich ins Bewußtsein rücken. Seit *Platon* ist das Erkenntnisproblem Ausdruck der Endlichkeit und Begrenztheit des Menschen. Wäre der Mensch ein Gott, so würde das Erkenntnisproblem für ihn nicht existieren. Diese Grenzen werden z. B. deutlich bei der Frage nach dem Wesen

des Menschen, erst recht bei der Frage nach Gott, die sich doch in mehr oder weniger existentieller Weise wohl bei allen Menschen stellt.
Es wird hier mehrfach das Kind mit schwerer geistiger Behinderung beispielhaft angeführt. Was für es gilt, trifft für Kinder mit nur leichten Entwicklungsverzögerungen und für nichtbehinderte Kinder gleichermaßen zu.
Das Kind mit schwerer geistiger Behinderung oder mit schwerer Mehrfachbehinderung hat teil am Leben und ist Teil des Lebens, nimmt teil an Austauschprozessen vielfältiger Art, hat Gefühle, Sehnsüchte, spürt den Menschen, der sich ihm liebevoll nähert, der seine Haut berührt; es empfindet und nimmt wahr. Ablehnung und Zurückweisung wirken sich in negativer Weise auf die Persönlichkeitsentwicklung aus. In diesen scheinbar sehr einfachen Prozessen liegt also die Möglichkeit für ganz subjektive Erkenntnisse begründet. Es sind die subjektiven Voraussetzungen, die theoretischen oder nichttheoretischen Möglichkeiten, d. h. auch die primär emotionalen Prozesse wie Fühlen, Erfühlen, Werterkennen, die zur Eigen- und Daseinserkenntnis, also zur Wahrnehmung der Realität der Außenwelt führen. Die Fundierung für Erkenntnisgewinnung liegt im Subjekt begründet.
Die *konstruktivistischen Entwicklungstheorien* gehen davon aus, daß der Mensch in aktivem Austausch mit seiner Umwelt gesehen wird, auf die er handelnd einwirkt, deren Anregungen und Herausforderungen seine Entwicklung beeinflussen, aber nicht mechanisch-direkt, sondern stets vermittelt durch seine Sicht der Umwelt, also durch die Art und Weise, wie er seine Umweltverhältnisse wahrnimmt, empfindet, erkennt und interpretiert. Man kann in diesem Sinne, unter besonderer Berücksichtigung von Handlung und Kognition, Entwicklung im allgemeinen und Erkenntnisentwicklung im besonderen als einen Prozeß fortschreitender Selbstkonstruktion der Um-Welt bezeichnen. Die Umwelt wird durch den empfindenden und erkennenden Organismus quasi als inneres Modell konstruiert und "abgebildet" (Montada 1982, 27). Abbildung und Widerspiegelung der Umwelt müssen prozeßhaft begriffen werden. Die Widerspiegelung ist die Aktivität des Subjekts, die sich auf die außerhalb des Subjekts herrschende Realität bezieht und diese in die psychischen Strukturen des Subjekts einbindet. *Piaget* als Repräsentant dieser Theorie (später auch Gagnè, Bruner, Leontjew) sieht primär das Individuum in einer aktiven Rolle. Hier setzt Förderdiagnostik an, indem sie Aktivitäten von Kindern beobachtet und im Förderungsprozeß erweitert oder bei vorliegender schwerer geistiger Behinderung und Mehrfachbehinderung sich auf die Suche nach den Aktivitäten des Subjekts begibt. Bleiben wir beim Beispiel schwere geistige Behinderung. Wenn die Hauptprobleme der Erziehung von Menschen mit schwerer geistiger Behinderung in den Schwierigkeiten liegen, sich mitteilen, wahrnehmen, kommunizieren zu können, Mitteilungen wahrzunehmen, zu decodieren, zu verstehen im Bereich der Erziehungspersonen und in der Herstellung von Aktivitäten zwischen dem Menschen mit schwerer Behinde-

rung und anderen Personen bzw. Dingen aus der Umwelt, dann sollte diagnostisches Bemühen an diesen Stellen ansetzen.
Förderdiagnostik leistet einen Beitrag zur Erhellung dieser Erziehungswirklichkeit. Aber wo ergeben sich bei Vorliegen schwerer und schwerster geistiger Behinderung Anknüpfungspunkte, die von Erziehern gesehen werden müssen? Die besondere Problematik bei diesen Kindern und Jugendlichen liegt darin, daß die Anknüpfungspunkte für eine systematische Erziehung und Unterrichtung nicht einfach zu erkennen sind und damit (systematisch) gesucht werden müssen (vgl. 6.4; 6.7.6).
Kinder mit leichten Entwicklungsverzögerungen und Kinder mit schwersten Behinderungen befinden sich - vergleichbar mit nichtbehinderten Kindern - unter Berücksichtigung der "Grenzen", die in irgendeiner Weise für alle Menschen gelten, auf dem Wege zur Eigenerkenntnis und zur Erkenntnis der Welt.
Förderdiagnostik gibt den Impetus zur Öffnung von Erkenntnismöglichkeiten, Hilfen, das Subjekt zum Sprechen und Handeln zu bringen, auch wenn solche Prozesse von der im pädagogischen Arbeitsfeld ständigen Möglichkeit des "Scheiterns" (vgl. 6.2.2) begleitet sind.

4.3 Zusammenfassung

Im Zusammenhang mit der Absicht, in erster Linie "Entwicklungen" im Bereich pädagogisch-psychologischer Diagnostik zu skizzieren und damit zum gegenwärtigen Diskussionsstand dieser Problematik zu führen, wurden in akzentuierter Form einige wesentliche Momente dieses Prozesses aufgezeigt und kritisch erläutert.

Ein Rückblick auf diese Entwicklungen zeigt, daß es eine Reihe von Ansätzen gibt, die zahlreichen Probleme einer traditionellen Diagnostik, die sich weitgehend als statische Diagnostik, Selektionsdiagnostik, Merkmals- und Eigenschaftsdiagnostik erwiesen hat und somit eher Festschreibungen und defizitäre Beschreibungen im Zusammenhang mit sonder- oder heilpädagogischen Problemstellungen lieferte (anstelle von Förderungsimpulsen), zu überwinden.

Insbesondere Personen mit Lern- und Entwicklungshemmnissen, generell also Kinder in Notsituationen, Personen mit speziellen Erziehungsbedürfnissen wird durch diese herkömmliche Art von Diagnostik nicht geholfen, eher werden "Defizite" verdeutlicht, "Negativabstände" zur sogenannten "Normalität" festgeschrieben und verfestigt. Ein statisches Persönlichkeitskonzept führte zu den entsprechenden, viel zu linearen Verfahren, umgekehrt wurde durch die Verfahren (Tests) dieses Konzept bestätigt. Am Wert der lange Zeit offensichtlich unumstrittenen Gütekriterien der klassischen Testtheorie - Objektivität, Zuverlässigkeit, Gültigkeit und Normierung - entstanden immer mehr Zweifel, ja deren starre Applikation verhinderte geradezu das Kennen- und Verstehenlernen von Personen in Notsituationen (vgl. Bundschuh 1991, 94ff.).

Die neueren Entwicklungen führen weg von der statischen, indirekten Vorgehensweise über den Einbezug behavioristischer, sozialwissenschaftlicher, entwicklungspsychologischer und anthropologischer Einflüsse im weiten Sinne hin zu einer lernorientierten, "direkten" Diagnostik. Häufig bestand nur Interesse an dem, was "*ist*" im weitgehend statischen Sinn (Persönlichkeitsmerkmale und -eigenschaften). Dieser Aspekt erweitert sich nun in Richtung was "*soll*", und wie kann dieses "*Soll*" erreicht werden. Der Schwerpunkt der neueren Ansätze liegt auf dem Moment der Information zwecks Behandlung und Förderung, d. h., intendiert wird primär der Fortschritt der Persönlichkeit durch Erweiterung der Handlungskompetenz.

Als positiv erweisen sich bei einigen Modellvorstellungen der Diagnostik im Hinblick auf Kinder mit Behinderungen Ansätze in der Richtung, daß nicht mehr die sozialen und leistungsmäßigen Bezugsnormen dominieren, vielmehr gilt als Basis die individuelle bzw. intraindividuelle "Norm", d. h. das einzelne Kind ist Träger des "Maßstabes", der eigentliche Ausgangs-, Bezugs- und Wertungspunkt schlechthin. Damit wird Diagnostik bei Kindern mit speziellen Entwicklungs- und Erziehungsbedürfnissen (special educational needs; vgl. Warnock Report 1978) nicht mehr Defizitdiagnostik sein. Es bahnt sich ansatzweise eine Abkehr vom normorientierten Denken der "klassischen Testtheorie" an. Aus der Diagnostik der "negativen Abstände" traditioneller Denkweise geht die Entwicklung in Richtung Diagnostik der Möglichkeiten eines Kindes in der Notsituation.

Eine besondere Affinität entwickelt Diagnostik im pädagogisch-heilpädagogischen Arbeitsfeld jetzt zur Didaktik, in Erweiterung auch zu therapeutischen Ansätzen. Im Hinblick auf die didaktische Frage steht vor allem der Lerngegenstand in seiner besonderen Struktur im Mittelpunkt der Überlegungen. Lerngegenstand und mögliche Lernprozesse gilt es zu erkennen, zu analysieren und didaktisch aufzubereiten. Wenn sich Didaktik mit Zielen, Inhalten und Methoden des Unterrichts sowie deren wechselseitigen Beziehung (Klafki 1961) befaßt, sind damit auch die Schüler mit unterschiedlichen Biographien (größter Heterogenität) und Lernvoraussetzungen tangiert.

Schüler mit geistiger Behinderung, Kinder mit Wahrnehmungs- und Integrationsstörungen, Kinder aus ungünstigem Milieu (Lernumwelt) sind in besonderem Maße darauf angewiesen, daß ihnen jemand das Lernmaterial so analysiert, in kleinste Einheiten zerlegt und didaktisch aufbereitet, daß sie selbst leichter lernen können, unabhängiger werden, sich besser und selbständiger weiterentwickeln, die Welt erschließen können. Hieraus ergibt sich, daß Diagnostik im heilpädagogischen Arbeitsfeld zunächst primär individuumzentriert, also am einzelnen Kind orientiert, ansetzt, denn vor allem aus der Kenntnis der Lernbiographie eines Kindes - sei es bezogen auf einen einzelnen Lernbereich oder stärker auf die Entwicklung und das Lernen des ganzen Kindes bis zum Hic-et-nunc-Stand - lassen sich die weiteren Lernschritte ableiten. Auch die Evaluierung, also die Beobachtung der Lernfortschritte im Gefolge der Fördermaßnahmen und -prozesse, läßt sich am ehesten individuumorientiert realisieren.

Eine wichtige wissenschaftliche Basis für diese am Lernen orientierte Diagnostik stellt die Entwicklungspsychologie in ihrer Verbindung zur Lernpsychologie dar, denn nur aus der Kenntnis verschiedenartiger, aufeinander aufbauender Entwicklungs - und Lernprozesse (Bausteine der Entwicklung und des Lernens) wie sie in der Phasenlehre von *Piaget* und in Fortführung dann auch von *Leontjew*, *Galperin* und *Bruner* erforscht und aufgezeigt wurden, lassen sich auf der Basis eines lern- und prozeßorientierten Ansatzes neue Lernschritte ableiten und finden, allgemein gesehen also Zonen der nächsten Entwicklung (vgl. Bundschuh 1992, 43-49, 157-161).

Die am Kind und seinen Möglichkeiten orientierte Diagnostik ist zwangsläufig zeitintensiv und vordergründig betrachtet wenig ökonomisch. Die in Theorie und Forschung eruierten Erkenntnisse entsprechen noch nicht ganz den Möglichkeiten und Notwendigkeiten der Praxis, wurden aber von Praktikern im Bereich der Sonder- und Heilpädagogik aufgegriffen und ansatzweise in die Arbeit z. B. der Schule zur individuellen Lernförderung und in Diagnose- und Förderklassen integriert. Vor allem die Prozeßdiagnostik hat Eingang in Überlegungen und Handlungen im sonder- oder heilpädagogischen Arbeitsfeld gefunden. Ein Ringen um ein möglichst dichtes Heranrücken oder Annähern, um die adäquate Wahrnehmung des kindlichen Lernprozesses hat in den achtziger Jahren eingesetzt.

Die gegenwärtige Diskussion der Problematik Diagnostik im Bereich des pädagogisch-heilpädagogischen Arbeitsfeldes reicht von der Forderung nach Abschaffung jedweder Art von Diagnose - es ergebe sich kein Gewinn für den Betroffenen, ja diagnostizieren sei schädlich - bis hin zu der Auffassung, Diagnostik sei ein notwendiger integraler Bestandteil jeglichen pädagogischen Handelns, wenn sie in "rechter Weise" realisiert werde. Mit dieser Auffassung von Diagnostik als integralem Bestandteil jeglichen Handelns im pädagogischen Arbeitsfeld ist - vorläufig ausgedrückt - die Beobachtung dieses sensiblen Zusammenspiels zwischen erziehlich-unterrichtlichem Angebot und der Reaktion des Kindes gemeint. Die lernorientierten, didaktischen Ansätze hinterfragen vor allem den Lerngegenstand im Zusammenhang mit den Möglichkeiten des Kindes, bezogen auf diesen Lerngegenstand. Das Kind "in seiner Ganzheit" bleibt im bisherigen Denken weitgehend unberücksichtigt. Es ergibt sich die Frage, wie z. B. Kreativität möglich werden kann, wenn man jeden Lerngegenstand in Gänze im Sinne der Vorprogrammierung erschließen möchte.

Ein Konsens besteht im Rahmen der neueren diagnostischen Ansätze mit didaktischer Zielrichtung, daß jedes pädagogische Handeln den Fortschritt, die Weiterentwicklung ("positive Entwicklung") eines Kindes und damit der Persönlichkeit des Kindes intendiert. Wenn diagnostisches Handeln im unmittelbaren pädagogischen Raum dieser Weiterentwicklung dient, verdient es auch bei kritischer Betrachtung Akzeptanz.

Es besteht kein Zweifel, daß mit der Unzufriedenheit über diagnostische Vorgehensweisen neues, innovatives Denken, Forschen und Handeln angeregt wurde, daß zumindest die Richtung dynamischer, prozeßorientierter, förderungsorientierter und damit sicherlich auch kind- und kinderorientierter wurde, als dies im Rahmen der traditionellen, früheren Diagnostik der Fall war. Wenn die meisten Kinder und Jugendlichen mit Behinderungen gegenwärtig in Sonderschulsystemen unterrichtet werden, haben die theoretisch und praktisch im Arbeitsfeld Sonder- oder Heilpädagogik Tätigen die Aufgabe, über eine optimale Förderung dieser Kinder mit speziellen Erziehungs- und Lernbedürfnissen im Sinne individueller Zielsetzung und Förderung nachzudenken.

Im Rahmen der bisherigen Ausführungen hat sich gezeigt, daß Diagnostik im sonderpädagogischen Aufgabenfeld sehr vielfältig ist. Man kann allerdings unter förderdiagnostischem Aspekt nicht zustimmen, wenn von der sonderpädagogischen Diagnostik und damit verbundenen Aufgaben gefordert wird: "Je nach Lage der Dinge muß sie sein: Statusdiagnostik oder Prozeßdiagnostik, normorientierte oder kriterienorientierte Diagnostik, Testen oder Inventarisieren, Messung oder Information" (Langfeld 1993, 281). Mit dieser Aussage gerät Diagnostik primär in die Dienste der großen, mächtigen Schul-Systeme, sie wäre und bliebe dann in der Tat Diagnostik im herkömmlichen Sinne. Soviel sei hierzu vorläufig gesagt: Normorientierte Diagnostik und Statusdiagnostik können jedenfalls dem Anspruch der Förderdiagnostik nicht genügen, denn diagnostische Meßverfahren erfassen nicht die Lebenswirklichkeit von Kindern mit Behinderungen. Sie diagnostizieren in der Regel nicht, was ein Kind bisher gelernt hat, wo es, wie es und warum es handelt. Spezielle diagnostische, normorientierte Meßverfahren implizieren die Gefahr, das Verhalten von Kindern mit Behinderungen auf Teil- bzw. Funktionsbereiche zu reduzieren, "Defizite" und "Normabweichungen" zu fokussieren und damit verstärkt zur Vorurteilsbildung und Stigmatisierung beizutragen. Die Problemhaftigkeit von Systemen, die Kinder und Eltern gleichermaßen unter Druck setzen können, wird im Rahmen normorientierter Verfahren nicht diagnostiziert. Der Blick für die impliziten und erzieherischen Möglichkeiten wird geradezu verstellt. Leben und Lebenlernen bei Kindern mit Behinderungen umfaßt weit mehr als das Hinaufsteigen einer Leistungstreppe in den funktionalen Bereichen.

Was versteht man unter dem Begriff "Förderdiagnostik"? Kann Förderdiagnostik unter Beachtung elementarer pädagogischer Prinzipien, die bestmögliche Entfaltung eines Kindes intendierend, als eine wesentliche Möglichkeit der Aktivierung ins Stocken geratener Prozesse im pädagogischen Arbeitsfeld akzeptiert werden? Wie läßt sich Förderdiagnostik theoretisch begründen, systematisch darstellen?

5 Förderdiagnostik in der Entwicklung

Begriff und Inhalt von Förderdiagnostik haben eine kurze Geschichte. Fragen zu dieser Problematik wurden wohl erstmals 1974 im Rahmen eines Symposions in Heidelberg gestellt. Erste Versuche zur Herstellung einer Verbindung zwischen Diagnose und Förderung wurden unternommen (Barkey 1975b; Langfeldt 1975; Munz/ Schoor 1975).

Akzentuiert und treffend thematisiert wurde der Begriff Förderdiagnostik in einer schematischen Gegenüberstellung von "Einweisungsdiagnostik" und "Förderdiagnostik" in Form von 28 Thesen (Kobi 1977a, 115-123). Diskutiert wurde die Problematik Förderdiagnostik im Zusammenhang mit einem Symposion in Heidelberg (1981). Die Einladung zu diesem wissenschaftlichen Gedankenaustausch enthielt zwei Aussagen, die vorläufig die Probleme verdeutlichen:

(1) "Das Konzept der Förderdiagnostik ist noch nicht so weit entwickelt, als daß es schon anwendungsreif mit breitem Geltungsanspruch formuliert werden könnte ...
Es ist sogar fraglich, ob überhaupt ein in sich geschlossenes Curriculum der Förderdiagnostik angestrebt werden sollte: möglicherweise widerspräche dies wichtigen Prinzipien der Förderdiagnostik ...
(2) Die Schwierigkeiten, die der Realisierung unter 'echten' Praxis-Bedingungen entgegenstehen, müssen erst noch erkundet werden."

5.1 Komplexität und Mehrdimensionalität

Um der Komplexität der Phänomene (Formen und Schweregrade der geistigen Behinderung, Lernbehinderungen, körperliche Beeinträchtigungen, psychische Störungen, Verhaltensprobleme, Autismus, ...) im sonder- oder heilpädagogischen Arbeitsfeld gerecht zu werden, muß Diagnostik in diesem Bereich "multi-methodal und multidimensional" (Hansen 1992, 10), hinsichtlich der methodischen Vorgehensweisen offen und vielfältig, im Zusammenhang mit einer ganz bestimmten vorliegenden Problematik auch kompetent und speziell sein. Der hier vorzustellende Ansatz, der verschiedene Dimensionen einschließt, versteht sich als "eklektische Vorgehensweise" mit pragmatischer Intention. Verschiedene theoretische Bezugssysteme insbesondere unter Einbezug anthropologischer und pädagogischer Problem- und Fragestellungen gehen in die Überlegungen ein, um vor allem die Belange, die tatsächlichen Interessen und Bedürfnisse des betroffenen Subjekts in hinreichendem Maße zu gewährleisten. Die nahezu totale Bestimmung durch Einordnung und Bewertung des betroffenen Subjektes auf der Basis früherer Diagnostik hat einseitig die Sichtweise auf die "objektiven Verfahren und Instrumentarien" verlagert, das Kind als Subjekt nahezu erdrückt. Akzeptabel scheint ein *pragmatisch-eklektischer Ansatz* zu sein, denn in der Tat befindet sich Diagnostik im sonder- oder heilpädagogischen Arbeitsfeld "mehr denn je in einem Netz verschiedener theoretischer Dilemmata verstrickt" (ebd., 11), die bei Personen, die mit theoretischen und praktischen Fragen unmittelbar konfrontiert sind, Verwirrung stiften könnten.

Eine Grundlage und Ausgangsbasis liegt in der pädagogisch orientierten *Neudefinition des Verhältnisses "Diagnostiker"* - der sich immer als ein im pädagogischen Feld Handelnder verstehen muß, wie könnte er sonst die Zielfrage wahrnehmen - und Kind. In diesem "Verhältnis" verdichten sich die Fragen nach der Kompetenz, der Einstellung zum Kind oder Orientierung am Kind in seiner Notsituation sowie die Problematik "Institutionen" und "Systeme", die - wie Erfahrungen zeigen - viel Druck ausüben können. Komplex wird die Dynamik dieses Verhältnisses, mit der sich auch "Personale Pädagogik" beschäftigt, dadurch, daß Erzieher und Kind gleichermaßen aus der Vergangenheit (jeweilige Biographie), in der Gegenwart (Existenz, Erziehungswirklichkeit) für eine subjektiv bedeutsame Zukunft (Sinngebung) leben. "Die Subjektivität von Kind und Erzieher ist die Klammer, welche in jedem 'Augenblick' Vergangenheit und Zukunft verbindet ... Beraubt man das menschliche Subjekt seiner Vergangenheit und seiner Zukunft, so wird seine Gegenwart und damit es unwesentlich. Ein Mensch, dessen Existenz keinen Sinn ergibt, fällt auf einen bloßen Objektstatus zurück, wird zu einem zwar noch zuhandenen, aber nicht mehr sinngebenden Gegenstand, zu einer 'massa carnis', wie weiland Luther sich über blödsinnige Kinder verlauten ließ" (Kobi 1977b, 282f.).

5.2   Ganzheitlichkeit

Förderdiagnostik muß sich im Rahmen dieser hier vorzustellenden Dimensionen und Prinzipien bewegen, wenn sie die Ganzheit und Einheit der kindlichen Persönlichkeit berücksichtigen will. Hiermit vertrete ich eine gegensätzliche Meinung zu *Langfeldt* mit seiner Darstellung: "Kontrollierte diagnostische Praxis zeigt ebenso wie das Theoriegebäude erfahrungswissenschaftlicher (empirischer) Psychologie, daß es eine Illusion ist, den 'Menschen an sich', 'als Ganzes' erkennen oder 'ganzheitlich verstehen' zu wollen. Es sind immer nur mehr oder weniger kleine Ausschnitte zu erfassen" (1988, 67-76).

Nur wenn der Mensch zuerst in seiner Ganzheit gesehen und thematisiert wird, erscheint eine Zuwendung oder Erfassung weniger kleiner Ausschnitte sinnvoll, auch wissenschaftlich vertretbar. Ganzheit bedeutet dabei mehr als eine reine Sachaussage. Damit ist ein Wertprädikat von hohem Rang angesprochen, d. h. Ganzheit und Unganzheit, Teil, Bruchstückhaftigkeit polarisieren sich. Tatsächlich gibt es beim Kind und beim Erwachsenen die "Teilleistung" oder auch ein "Teilverhalten" nicht. In jedem Verhalten, in jeder Leistung, besser in jeder Handlung ist der ganze Mensch aufgehoben, involviert, denn motorische, psychisch-emotionale, soziale und kognitive Prozesse partizipieren überall und integrieren sich in mehr oder weniger starkem Maße in jeder Handlung auf dem Wege der komplexen Entwicklung eines Kindes, aber auch in der aktuellen Handlung, die bereits im Vorgriff zukünftiger Prozesse oder Handlungen vollzogen wird. Dies bestätigen auch neuere Forschungen der Wahrnehmungspsychologie.

Der Begriff Ganzheit wird hier als Möglichkeit für beschreibende Aussagen vom Handeln in der Wirklichkeit verwendet, darüber hinaus für die theoretische Reflexion, also methodisch und nicht dogmatisch. Die Wahrheit der Ganzheit liegt in der Handlung selbst begründet, im Rahmen der vorliegenden Problematik in der Durchführung, Umsetzung, schlichtweg Fruchtbarmachung für eine radikalere Sicht von Förderdiagnostik.

Man kann Förderdiagnostik nicht akzeptieren und begreifen, wenn damit nicht gleichzeitig Fragen bedacht und zur Diskussion gestellt werden, die den Bereich der "reinen" Sachaussagen übersteigen. Es geht - neben einer empirischen Fragestellung - auch um eine "sinnverstehende" und sinnstiftende Methodik "zur lebensnahen Rekonstruktion faktischer Verhältnisse, Verläufe und Zusammenhänge" (Hansen 1992, 12f.) im Sinne einer echten Alternative zur quantitativen Diagnostik, die auf "objektive Messung" abzielt. "Ein pragmatisch-eklektisches Vorgehen legt die Fesseln einseitiger theorieimmanenter Beschränkungen ab und vertritt anstatt dessen die Überzeugung, daß unterschiedliche Denkweisen, Schulrichtungen mit verschiedenen theoretischen Implikationen und Methoden zur Lösung diagnostischer Fragestellungen beitragen" (ebd.). *Hansen* sieht darin "nichts anderes als eine phänomenologische Synthese der beiden konträren Erkenntniswege der Pädagogik, der hermeneutisch-verstehenden und damit dem holistischen Prinzip verpflichteten auf der einen und dem empirisch-analytischen auf der anderen Seite" (1992, 13f.). Prozeßdiagnostik könnte im praktischen Arbeitsfeld diesem Ansatz nahe kommen, indem im Hinblick auf Kinder in Notsituationen die ständige Herausforderung besteht, "neue Informationen zu assimilieren und zu integrieren, um präzise Deskriptionen und Prognosen zu erstellen und nicht ein überholtes Bild" (ebd.) vom betroffenen Kind zu zeichnen. Dieser Prozeß der sich bildenden diagnostischen Informationen, der wichtigen Erkenntnisse über die sozio-ökonomischen Bedingungen, hat systemischen Charakter.

Die systemische Grundstruktur des diagnostischen Prozesses zeigt sich in der Forderung nach Mehrdimensionalität der Erkenntnistätigkeit bzw. der Informationsgewinnung. Folgende Aspekte sind diagnostisch bedeutsam:

– "die Beschreibung der Lebenswirklichkeit (Analyse der Umwelt- und Mitweltbedingungen wie etwa Familie, Kindergarten, Heim, Schule, Wohnung, Eltern, Geschwister);

- die Beschreibung der Interaktions- und Handlungsbedingungen (etwa familiäre Handlungsstrukturen und -möglichkeiten, Erziehungsstile, Erziehungsziele);
- die Beschreibung der lernprozessualen Voraussetzungen (betrifft Analyse des Lernens unter Berücksichtigung intraindividueller Differenzen wie etwa Variablen der Leistungsmotivation, Ängstlichkeit, Aspekte des Selbstbildes)" (Rodenwaldt 1991, 164).

Diese drei Ebenen stehen nicht vereinzelt und isoliert nebeneinander, sondern beeinflussen sich wechselseitig.

Ich bin mir darüber im klaren, daß sich Ganzheitlichkeit unter streng wissenschaftlichem Aspekt als problematischer Begriff erweist. "Ganzheitlichkeit entzieht sich jeder Erfassung durch analytisch-wissenschaftliche Mittel. Insofern markiert diese Idee die Differenz von Theorie und Praxis. Ganzheitlichkeit ist ein Trennkriterium zwischen Wissenschaft und Lebenswelt" (Gröschke 1989, 32). Insofern kann "Ganzheitlichkeit allenfalls eine orientierungsstiftende Handlungsmaxime sein, aber kein Praxiskonzept mit genauen präskriptiven methodischen Implikationen" (ebd.). Schließlich liegt es im Wesen des Menschen begründet, wissenschaftlich nicht ganz erfaßbar zu sein.

Ganzheitlichkeit meint den Einbezug der engen Verbindung und Vernetzung unterschiedlicher Prozesse innerhalb und außerhalb des Individuums. Zum einen beeinflussen diese Prozesse das Verhalten des Individuums und damit das Subjekt, zum anderen wirkt das Individuum beeinflussend auf die Umwelt ein. Hierbei spielen Körpererfahrung, Bewegung, Wahrnehmung, Emotion und Komunikation eine Rolle, die in kognitive Verarbeitung, schließlich Kognition einmünden.

Umgeben wird das Kind von der sozialen und damit geistig-kulturellen sowie materiellen Welt, auf die es kraft seiner subjektiven, psychologischen Welt (Prozesse) einwirkt. Diese subjektive Welt ist angereichert mit Erfahrungen vermittelt durch die Wahrnehmung, begleitet von emotionalen Prozessen, kreativen Vorstellungen, vom Denken und Entwerfen im Sinne von innerem Handeln. Schließlich führen diese Verarbeitungsprozesse über die Bewegung zum äußeren Handeln. Es geht um komplexe Prozesse, die mit psychischem Befinden eng verbunden sind und aus der Möglichkeit der Entscheidung und Freiheit der Person generiert werden.

6   Prinzipien und Dimensionen der Förderdiagnostik

Es ergibt sich im Kontext der weiteren Ausführungen die Frage, ob man der pädagogischen Dimension nicht die anthropologische voranstellen soll. Im Zusammenhang mit der aktuellen Diskussionslage im Hinblick auf Neugeborene mit schwerer geistiger Behinderung ergibt sich dieses Problem verschärft. Aufgrund der einschlägigen Untersuchungen zum Thema der Anthropologie in der Pädagogik ist es unzweifelhaft, daß die pädagogische Fragestellung die anthropologische tangiert und involviert (Langeveld 1956, 1960; Derbolav 1959, 1964; Loch 1963; Bollnow 1968b; Roth 1971; Zdarzil 1978; König, Ramsenthaler 1980; Hamann 1982). Dieses Tangieren von Pädagogik und Anthropologie erweist sich in der einschlägigen Literatur auch als divergent, sowohl was das anthropologisch-theoretische Grundkonzept als auch was die Ergebnisse dieser Forschungsrichtung anbelangt. Dies wird im einzelnen, d. h. anhand dreier Autoren (Langeveld, Loch, Roth), aufzuzeigen sein.

Die anthropologische sowie die pädagogische Frage erweisen sich jedenfalls als zentral, sie umgreifen die übrigen hier zu diskutierenden Dimensionen, die als soziale, didaktische, therapeutische und funktionale versus ganzheitliche beschrieben werden. Schließlich werden die Probleme aufgezeigt, die sich im institutionellen Bereich hinsichtlich der Verwirklichung der förderdiagnostischen Grundidee ergeben.

Zwischen der pädagogischen, der anthropologischen einerseits und der didaktischen Dimension andererseits ergibt sich die Notwendigkeit des Einbezugs einer Dimension, die den Umweltbezug mit den auf statistischem Wege nicht faßbaren vielfältigen sozialen Prozessen intendiert, die bereits im pränatalen Stadium beginnen und sich bis in die aktuelle Gegenwart eines Kindes fortsetzen. Es geht um das soziale Moment, um soziale Prozesse im weiten Sinne, die von außen her das Werden eines Kindes entscheidend beeinflussen und prägen (vgl. Bundschuh 1992, 79-84). Die soziale Dimension kann weder im Zusammenhang mit Diagnose im Sinne der Analyse der Förderungsbedürftigkeit noch im Rahmen des eigentlichen Förderungsprozesses negiert werden, sie ist zwingend. Aus der pädagogischen Dimension ergibt sich, daß das Verstehen eines Kindes eine unabdingbare Voraussetzung für die Hilfe darstellt. Wie aber soll man ein Kind verstehen lernen, wenn man die Wirkung der zahlreichen Interaktionen im Verlauf seiner bisherigen Biographie nicht einschätzen kann?

Ähnlich verhält es sich, wenn man die Förderung als solche intendiert. Hier sollten - wenn irgendwie möglich - die Eltern, Geschwister und sonstige nähere Bezugspersonen berücksichtigt bzw. einbezogen werden.

Im Zusammenhang mit der didaktischen Dimension stellt sich die Frage, wie Diagnostik beschaffen sein muß, damit sie gleichzeitig Förderung impliziert und somit die enge Verbindung, ja Verzahnung zwischen Diagnose und Förderung im Sinne einer individuum- und problemorientierten Didaktik als Einheit zustandekommt. Konkret gesprochen geht es um die Frage: Wie hilft man einem Kind weiter, das in einer ganz bestimmten Phase seiner Entwicklung Probleme wie Verzögerungen, Lernhemmungen, Lernschwierigkeiten hat, bei dem, allgemein gesehen, Prozesse ins Stocken geraten sind, also Erziehungs- und Förderungsbedürftigkeit in spezieller Weise besteht? Eine Antwort auf diese Frage erweist sich als unmöglich, wenn man nicht die Entwicklung, den Lebensweg eines Kindes kennt, wenn man nicht die sozialen Umweltprozesse einbezieht sowie die Verhältnisse, in denen ein Kind in seiner Alltagswirklichkeit gelebt und gehandelt hat sowie weiterhin handeln wird.

Im Anschluß an die pädagogische, anthropologische, soziale und didaktische Fragestellung ergibt sich die Notwendigkeit, über die Aspekte funktional/ intentional und ganzheitlich zu reflektieren, die eigentlich in der didaktischen Frage aufgehoben sind, jedoch im Hinblick auf die immanenten dialektischen Momente einer besonderen Akzentuierung bedürfen.

Gerade bei Kindern mit Entwicklungsverzögerungen (Störungen, Behinderungen) drängt sich die Frage auf, inwieweit zunächst vor allem eine ganzheitliche Vorgehensweise angezeigt erscheint und wann die differenzierte, gezielte Arbeit und Förderung einsetzen kann. Die Rede vom "teilleistungsgestörten" Kind generiert geradezu die Frage nach der "gezielten", funktionalen Vorgehensweise im Hinblick auf Förderung. Aber kann das im Hinblick auf die Komplexität und Systemverhaftetheit des Menschen alles sein? Wenn *Fröhlich* (1992) "basale Stimulation" als einen wichtigen Zugang zum Kind mit schwerer (geistiger) Behinderung oder schwerer Mehrfachbehinderung sieht, muß doch die Frage nach der Beteiligung ganzheitlicher und funktionaler Prozesse gestellt werden. Ähnliche Fragen ergeben sich im Hinblick auf vorliegende Förderungskonzepte von *Frostig*, *Johnson & Myklebust*, *Affolter*, *Kephart*, *Ayres*, *Kiphard*, ...

Das Verhältnis von "funktional" und "ganzheitlich" wird sich dabei als komplex erweisen. Die Erörterung der Probleme bzw. die Frage nach der Setzung von Schwerpunkten in diesem Verhältnis dürfte für die Förderdiagnostik eine wichtige Rolle spielen.

Der Gedanke an Therapie ist im Rahmen von Überlegungen zur Förderdiagnostik nicht zwingend. An den Einbezug therapeutischer Unterstützung sollte jeweils gedacht werden, wenn die pädagogischen und didaktischen Möglichkeiten als Mittel der Erziehung und Entwicklungsförderung nicht mehr ausreichen. Therapie sollte aber nie ohne Beachtung elementarer pädagogischer Grundsätze erfolgen. *Krawitz* fordert "Pädagogik statt Therapie" (1992) und fokussiert damit diese Frage aus der Sichtweise "individualpädagogischen Sehens, Denkens und Handelns". Pädagogische und therapeutische Maßnahmen dürfen einander nicht widersprechen, sie sollten sich sinnvoll ergänzen, d. h. im Dienst der weiteren Entwicklung der kindlichen Persönlichkeit stehen.

Schließlich wird der Gedanke der "Institution" in das vorliegende Konzept einbezogen: Kindergärten, Schulen unterschiedlicher Art, das Sonderschulwesen, das Sozialwesen. Sie alle sind an der Erziehung und an den vielfältigen Lernprozessen von Kindern und Jugendlichen beteiligt. Zunächst könnte es scheinen, es bestehe kein Zusammenhang zwischen Förderdiagnostik und Institutionen. Geht man jedoch von der Entwicklung von Kindern aus, muß man feststellen, daß jedes Kind, sei es leicht entwicklungsverzögert, schwer behindert oder nichtbehindert, relativ früh mit Institutionen konfrontiert wird. Wie gut erzogen, gelernt, gefördert, bei vorliegenden Lebensbedrängnissen oder in Notsituationen geholfen wird, hängt nicht zuletzt von der Beschaffenheit, insbesondere vom "Geist" oder vom Menschenbild einer solchen Institution ab. Gedacht ist dabei an Institutionen wie z. B. Krankenhäuser, Institutionen, die sich mit Früherkennung und Frühförderung befassen, Kindergärten, vorschulische Einrichtungen, "Regel"- und "Sonder" - Schulen, an Heime unterschiedlichster Art. Von den Möglichkeiten und der Flexibilität, vom Menschenbild solcher Einrichtungen wird letztlich nicht unwesentlich die Hilfe für Kinder abhängen, wobei ausdrücklich Kinder einbezogen sind, deren Entwicklung und Persönlichkeitsentfaltung durch sozio-ökonomische Bedingungen behindert werden.

6.1   Die anthropologische Fragestellung

6.1.1 Die aktuelle Problematik

Die in der Gegenwart von utilitaristisch denkenden "Anthropologen" bisweilen gestellte Frage, ob jeder Mensch eine Person sei, wird hier nicht als Frage aufgeworfen oder gar diskutiert. Von Menschen Gezeugte sind Personen per se, sie tragen Menschenwürde in sich und haben somit Rechte wie alle Menschen. Wäre es nicht so, müßte man radikal die Frage nach der Funktionalität, besser "Funktionstüchtigkeit" einzelner oder aller Menschen vielleicht im Sinne des Maßes an der Beteiligung an der Vermehrung des Bruttosozialproduktes oder der wissenschaftlichen Leistungsfähigkeit und Produktivität stellen, dann wäre das Leben vieler Menschen unmittelbar bedroht. Man würde diese Frage im Zusammenhang mit alten Menschen, überhaupt bei vorliegender unheilbarer Krankheit stellen. Jeder durch Krankheit vom Tode Bedrohte müßte bangen, daß jemand darüber entscheidet, ob er getötet wird oder bis zu einem "natürlichen" Tode weiter am Leben bleiben "darf". Generell würde man auf der Basis dieser - irren - Gedankengänge fragen: Hat er/sie es "verdient", hat er/sie es "sich verdient", leben zu "dürfen". Wenn das Leben seinen Wert in der Leistungsfähigkeit oder im Ausblick auf Leistungspotenz hätte, wären wir alle gefährdet, bedroht, denn Mensch-Sein heißt auch gebrechlich, verwundbar, von physischer oder psychischer Krankheit, von Behinderung und schließlich vom Tod bedroht-sein. Diejenigen, die die Frage nach der Tötung schwerbehinderter Säuglinge stellen und diskutieren, haben die Vulnerabilität menschlichen Daseins nicht erkannt bzw. verstanden, man müßte vielleicht hinzufügen, "leider nicht erfahren"! Mensch-Sein heißt Leben, Mitmensch-Sein, erziehungsbedürftig-sein, auch hilfsbedürftig-sein, angewiesen-sein auf andere und liebebedürftig-sein. Erst diese Erfahrung, die hoffentlich auch zur Erkenntnis führt und nicht die Frage nach der Leistung oder Leistungsfähigkeit, macht das Leben auch lebenswert.

" – Erziehung und Bildung darf nicht vom unversehrten, vollkommenen menschlichen In-der-Welt-Sein als Voraussetzung und Zielsetzung ausgehen.
 – Jeder - in welcher Form und Schwere auch immer - behinderte Mensch ist in seinem So-Sein zu akzeptieren und zu achten ..." (Vernooij 1992, 294).

Zwischen Logik und Historik hindurch versucht die Allgemeine bzw. Philosophische Anthropologie - verstärkt seit Beginn des 20. Jahrhunderts - systematisch die Frage nach dem "Wesen des Menschen" zu beantworten: Erst in dem Augenblick, "wo der Glaube an die Vernunft als dem entscheidenden Wesenskern des Menschen hinfällig geworden war, entstand als Ausdruck dieser wirklichen Verlegenheit die Frage: Was ist der Mensch? Und diese Frage heißt darum genauer: Wodurch wird der Mensch in seinem Wesen bestimmt, wenn wir dieses nicht von der Vernunft her zu begreifen imstande sind?" (Bollnow 1968a, 13f.). Diese Frage ist ein Krisensymptom und zeigt das brüchig gewordene Selbstverständnis einer Epoche an. Als Basisphänomene des menschlichen Daseins, die in diesem Zusammenhang herausgearbeitet worden sind, gelten die "Weltoffenheit" (vgl. Portmann 1958; Gehlen 1962; Plessner 1975) und die "Sorge" (vgl. die Sorge in der Existentialontologie Heideggers 1976, 180-230).

Ähnlich vollzog sich im Rahmen der Pädagogik eine "anthropologische Wende". Die Klärung "pädagogischer Phänomene einerseits und die Begründung des erzieherischen Handelns andererseits machen eine genauere Sicht des Menschen erforderlich" (Hamann 1982, 9f.), die aber, von Autor zu Autor verschieden hinsichtlich Ortsbestimmung, Charakter, Thematik oder Gegenstand, Methode, Brauchbarkeit ..., die Pädagogische Anthropologie bestimmen.

Dabei spielt das Verhältnis von Pädagogischer Anthropologie und Allgemeiner bzw. Philosophischer Anthropologie eine besondere Rolle. Es stellt sich die Frage, ob das Verhältnis von Pädagogischer und Allgemeiner resp. Philosophischer Anthropologie als "partnerschaftlich", gegenseitig "befruchtend", angesehen werden kann. "Die Pädagogik kann zu einer Allgemeinen Anthropologie und damit zu einer allgemeinen Theorie des Menschseins einen Beitrag leisten, indem sie pädagogische Phänomene auf die in ihnen zum Ausdruck kommenden allgemein-menschlichen Wesenselemente hinterfragt und so zur Deutung des Menschseins aus ihrer Sicht beiträgt. Was umgekehrt die Einbeziehung anthropologischer Einsichten in die Pädagogik und ihre Theorie betrifft, kann man sagen: Anthropologische Befunde werden durch die Pädagogik aufgenommen, auf ihre Verwertbarkeit für die pädagogische Fragestellung und die Lösung pädagogischer Probleme hin untersucht und - sofern sie sich als pädagogisch ergiebig erweisen - ihrem Aussagensystem integriert" (ebd., 10). Welches sind nun die aufgrund bestimmter pädagogisch-anthropologischer Grundkonzepte gewonnenen Einsichten aus dem Bereich der Erziehung, die sich als "allgemein-menschliche Wesensmerkmale" unter eine Theorie des allgemeinen Menschseins subsumieren lassen *und* gleichzeitig und entscheidend für eine ganzheitliche Sicht der Förderdiagnostik von Gewinn sein könnten?

Die Pädagogische Anthropologie hat die Aufgabe, "alle Beiträge zur Anthropologie, aber auch die einzelnen Dimensionen, unter denen die regionalen Anthropologien den Menschen erforschen, unter der pädagogischen Fragestellung auf ihren Ertrag für die Erziehung zu befragen und durch ihre eigenen Forschungen zu einer einheitlichen Theorie vom Menschen als einem homo educandus zu erweitern" (Roth 1971, 103).

Dieser *integrative Ansatz* der Pädagogischen Anthropologie hat zum Ausgangspunkt eine bestimmte pädagogische Fragestellung, nämlich diejenige nach der "Wandlungsfähigkeit (Veränderungsmöglichkeit) der menschlichen Natur in Richtung auf Kultur (auf Erzogenheit, Bildung, menschliche und charakterliche Reife)".

6.1.2 Die prinzipielle Erziehungsbedürftigkeit aller Menschen von Anfang an

Im "Mittelpunkt (stehen) die Veränderungen, denen der Mensch während seiner Entwicklung und Entfaltung vom Kind zum Erwachsenen unter dem Einfluß der *Erziehung* nicht nur unterliegt, sondern deren er auch fähig ist" (Roth 1971, 19). Dies besagt: Es geht um die Wechselbeziehung zwischen der Frage nach der Bildsamkeit (Erziehungsbedürftigkeit, Erziehungsfähigkeit) und Bestimmung (Erziehungsziele, Persönlichkeitstheorien, empirische Gesichtspunkte bei ihrer Bestimmung) einerseits und der Entwicklung (genetisch versus umweltlich) und Erziehung (Vermittlungsbereich zwischen genetischen Vorgegebenheiten und umweltbedingten Prozessen) andererseits.

Folgende pädagogisch-anthropologische Einsichten ergeben sich sowohl für die Allgemeine bzw. Philosophische Anthropologie als auch für das zu inaugurierende förderdiagnostische Konzept:

- "An erster Stelle ist hier die prinzipielle *Erziehungsbedürftigkeit* des Menschen zu nennen."
- Der Mensch, so lautet die zweite Einsicht, beginnt beim Kinde: "Kindsein ist aber ein Modus des Menschseins."
- Ferner: Der Mensch hat auch als erziehbares Wesen Freiheit, d. h.: Bildsamkeit des Menschen zur Selbstentscheidung."

- Erziehbarkeit ist nicht alles, da es individuelle Unterschiede gibt. Der Mensch ist nicht nur rationales Wesen, sondern Ganzes, Person, d. h., er ist in der Lage, hat Bedürfnisse und die Fähigkeit, "Einsichten, Werte, Normen zu erleben und für sie sich entscheiden zu können" (ebd., 41-44).

Diese pädagogisch-anthropologische Einsichten gelten ohne jeglichen Abstrich für Säuglinge mit schwerer geistiger Behinderung gleichermaßen, sie sind per se Personen, wobei auch die "prinzipielle Erziehungsbedürftigkeit" - wie bei jedem Menschen - am Anfang des Lebens steht.

Der Mensch ist geschichtlich (auf Tradition und Zukunft orientiert) und gesellschaftlich bestimmt. Er steht in dem Spannungsverhältnis zwischen Einzel- und Mitmensch. Letztlich stellt sich der Mensch die Sinn-Frage, die Frage also nach transzendenten Bedingungen des Lebens.

Dennoch bedarf es der kritischen Hinterfragung dieses Begriffes der Bildsamkeit im Sinne eines Wechselspiels von Anlage und Umwelt, Entwicklung und Erziehung (vgl. Bundschuh 1992, 75-90) im Hinblick auf menschliche Reife und Mündigkeit. "In dem Maße aber, wie im Zuge dieses Prozesses (der Auflösung des Gegenstandes der Pädagogik, also der Erziehung, durch eine Theorie steuerbaren, programmierbaren Lernens; d. Verf.) die Lernfähigkeit des Menschen, als Inbegriff seiner Veränderbarkeit, verabsolutiert wird, geht der Blick für die Grenzen der menschlichen Lernfähigkeit verloren. Sie sind in den allgemeinmenschlichen und individuellen Anlagen, den biologischen Wachstumsphasen und den lebensaltersspezifischen Entwicklungsstadien, den lebensgeschichtlichen Faktizitäten und dem Selbstverständnis des Individuums als Ausdruck seiner Ängste und Hoffnungen, moralischen Überzeugungen und Lebensziele zu suchen" (Loch 1980,193f.).

Dieser *kritische Ansatz* der Pädagogischen Anthropologie sieht die pädagogische Fragestellung dadurch gegeben, daß Lernvorgänge zur "Technik" für alles und jedes degenerieren können, ohne Rücksicht auf die tatsächlichen Lerngrenzen, die dann als Lernhemmungen zutage treten und ein neues Interesse an der anthropologischen Betrachtungsweise inaugurieren.

Gefordert wird nun anstatt eines grenzenlosen Lernens qua Lernen und Wandlungsfähigkeit des Menschen ein Lernenkönnen, d. h.: Lernen und Können wieder zusammen zu denken und damit den Grad der Möglichkeit und der Freiheit zu erhöhen. "Als Fähigkeit ist Können Voraussetzung, als Fertigkeit ist es Ziel und Ergebnis des Lernens" (ebd., 212). Jedes Können muß folglich einem Nichtkönnen abgerungen werden. Alles Können ist ferner angewiesen auf Übung als einer Grundform menschlichen Lernens, der Erziehung und Selbstverwirklichung des Menschen.

Der Sinn des Übens liegt nicht nur in der Aneignung der Fertigkeiten, die man zum praktischen Leben benötigt, sondern auch in der Bildung des Menschen. Es geht also nicht nur um ein Lernen, das zum Können führt, sondern auch um das Können in seiner Bedeutung für das Lernen, nämlich als *Lernenkönnen*. Dieses ist nicht unbeschränkt, ja oft genug gehemmt, was begrifflich-anthropologisch zum Begriff der Lernhemmung führt. Lernhemmungen (Lernstörungen), Verhaltensstörungen und Formen abweichenden Verhaltens können insofern nicht einfach behoben werden, sondern sie sind die "unvermeidlichen Bedingungen des Lernenkönnens, die es (das Kind) im Lernprozeß als den Widerstand erfährt, der zu überwinden ist" (ebd., 215).

Die Essenz für die Allgemeine bzw. Philosophische Anthropologie und für das Anliegen der ganzheitlichen Förderdiagnostik wäre die Einsicht, daß Lernhemmungen nicht Störungen und Behinderungen sind, sondern *pädagogisierbare Phänomene*, die erst aus dem Lernen ein menschliches Lernen, nämlich ein Lernenkönnen machen. Diese Feststellung ist von weitreichender didaktischer und förderdiagnostischer Konsequenz, denn sie verweist auf die Relativität und Pädagogizität aller diagnostizierten Behinderungen, Störungen und Beeinträchtigungen des Lernens, insofern diese für das Lernen als Lernenkönnen Voraussetzung sind.

Neben den anthropologisch-pädagogischen Einzeluntersuchungen (vgl. Langeveld 1959, 1968) ist es besonders *Langevelds* "Einführung in die theoretische Pädagogik" (1969), die sich mit Anthropologie befaßt, so daß sie auch als "anthropologische Pädagogik" bezeichnet wird (Hamann 1982, 18). "Die Person und ihre Welt bilden sich aneinander in einem dialogischen Prozeß. Deshalb ist es selbstverständlich, daß der Mensch und das Menschenkind nicht 'ein Milieu haben' - so wie eine Zigarre in einem guten oder schlechten Etui steckt -, sondern daß Kind und Milieu eins *sind* und ebenfalls einander gegenüberstehen können" (Langeveld 1969, 24). Der Mensch entwickelt sich so als Person im Sinne eines Doppel-Prozesses (Personagenese) und nicht mechanisch oder kreativ-selbstentfaltend kraft eigener Setzung.

Diese pädagogisch-anthropologische Betrachtung läuft auf eine *Fundierung* der gesamten Pädagogik durch die Pädagogische Anthropologie (anthropologische Betrachtungsweise) hinaus.

Alle Stadien der "Personagenese" werden zuerst als Stadien des ganzen Menschen phänomenologisch beschrieben und interpretiert (zum Beispiel Kindheit und Jugend). Die pädagogische Fragestellung lautet in diesem Fundierungszusammenhang von Anthropologie und Pädagogik ganz allgemein, welchen Beitrag bei der "Personagenese" die Erziehung leisten kann. Die anthropologische Fundierung wird in vier Basissätzen, die "den Grund zu jeder möglichen Pädagogik legen" (ebd.) sollen, zum Ausdruck gebracht:

a) Es kommt darauf an, welche Wertbestimmung und welche Anschauung der Pädagoge vom Menschen hat, wobei dies nur impliziert, ob Erziehung möglich ist. Es gibt Anschauungen vom Menschen, die pädagogisch unfruchtbar sind, z. B. asoziale Vorstellungen.

b) "Unterdessen erweist es sich, daß die Pädagogik noch zwei Anforderungen an die Anschauung vom Menschen stellt, ... nämlich das Einheitsprinzip, das in der sittlichen Gleichwertigkeit der Menschheit liegt, und die Anerkennung des Bestehens individueller Unterschiede, die einen eigenen Wert repräsentieren."

c) Aus der Anerkennung der sittlichen Gleichwertigkeit der Menschheit (Menschheit ist das menschliche Wesen in seiner vollen Mannigfaltigkeit) - nicht der Gleichheit des tatsächlichen Niveaus! - erwächst, zusammen mit der Anerkennung des sozialen Charakters der Menschen, die Verantwortung; sie ist der soziale Aspekt sittlicher Selbständigkeit, die wiederum im Gewissen *ihre* individuelle Ausprägung hat.

d) "Jetzt sehen wir auch, worum es geht: um *die individuellen Unterschiede, soweit sie für das Personsein dieses Menschen bedeutsam sind.* Geben wir sie preis, dann geben wir diesen Menschen preis, was schwerlich eine Grundlage für seine Erziehung schaffen kann" (ebd., 63-69).

Diese anthropologischen Reflexionen laufen auf einen Fundierungszusammenhang für die Pädagogik allgemein hinaus, und zwar auf einen solchen mit normativ-ethischer Qualität. Dabei will man sich nicht von einem anderen Zweig der Wissenschaft, z. B. der philosophischen Pädagogik, leiten lassen, sondern die Pädagogik muß selbst die wesentliche Standortbestimmung der grundlegenden Phänomene im Ganzen des Sachgebietes (Erziehung) leisten (vgl. ebd., 173).

Sofern ganzheitliche Förderdiagnostik sich gerade bei Kindern in Notsituationen als wichtiger Prozeß im Rahmen pädagogischen Geschehens zu verstehen beginnt, muß ihr auch an einer normativ-ethischen Fundierung und an der Fundierung ihrer teleologischen Vorstellungen gelegen sein. Dies könnte, auf einem beschreibenden Niveau, Langevelds pädagogische Anthropologie leisten. Inwieweit sich hierbei auch Erkenntnisse ergeben für eine Allgemeine bzw. Philosophische Anthropologie, soll offen bleiben.

6.1.3 Schwere Behinderungen und Subjektivität

Förderdiagnostisches Vorgehen orientiert sich unmittelbar an den Bedürfnissen eines Kindes als Person in seiner Gesamtsituation. Damit ist ausgesagt, daß nicht in erster Linie von außen her bestimmt, nicht "behandelt" nicht "verwaltet" werden soll, vielmehr stehen die Möglichkeiten, die Entfaltung der Persönlichkeit im Vordergrund. "Personen werden nicht auf einen Objektstatus reduziert, sondern als Subjekte interpelliert: sowohl während der Situationsanalyse, wie auch während des Meinungsbildungsprozesses bzgl. des Interventionskonzepts" (Kobi 1977a, 119). Sicherlich ergeben sich hier große Probleme, wenn theoretische Ansprüche auf den Praxisbereich übertragen werden sollen, insbesondere bei förderdiagnostischen Interaktionen mit Behinderten, die sich vielleicht mit Hilfe der Sprache kaum artikulieren können, oder gar im Zusammenhang mit Schwerstbehinderten, deren Mimik und Gestik sich manchmal als vieldeutig erweisen. Aber auch hier werden das intensive Kennenlernen, die kindorientierte Verhaltensbeobachtung schließlich dazu führen, daß eine Interpretation der kindlichen Bedürfnislage bis zu einem gewissen Grad möglich wird.

Auf dieses Bemühen um das Subjekt, um die Hilfe zur Selbsterschließung einer Person kann nicht verzichtet werden. Dies wird in gleicher Weise bei Intensivbehinderten möglich sein. Die im Zusammenhang mit Geistigbehinderten beschriebenen Interaktionsmöglichkeiten, "eindrucksfähiges", "ausdrucksfähiges", "gewöhnungsfähiges" und "sozial handlungsfähiges Geistigbehindertsein", weisen darauf hin (Speck/Thalhammer 1974, 49-57).

Mit dem Beispiel der schwersten geistigen Behinderung sollte gezeigt werden, daß alle Probleme der Praxis in diesen Ansatz einbezogen werden, eingeschlossen die Probleme der Kinder, die sich bei Kindern mit autistischen Zügen sowie mit Verhaltensstörungen schweren Grades ergeben.

Hier wird Förderdiagnostik gesehen als Begegnung im Sinne der Herstellung von Kontakt und Kommunikation, auch wenn dies vielleicht "nur" zunächst über den körperlichen Bereich möglich ist. "Im Zentrum des Interesses stehen das Subjekt und seine existentiellen Bedürfnisse" (Kobi 1977a, 120). Als Methode gilt "die Vernehmlassung der Person (welcher damit die Möglichkeit zur subjektiven Selbstdarstellung und -interpretation geboten wird) sowie die Analyse konkreter subjektbetreffender Konfliktsituationen (Lernstörungen/Verhaltensschwierigkeiten) ... Subjektive Bezüge und die Eigenwelt der Personen werden in ihrer existentiellen Bedeutung ernst genommen. Die Maske der Objektivität wird fallen gelassen; an deren Stelle tritt eine unverhüllte und möglichst dichte Subjektivität (was auf seiten des Beurteilers Selbsterschließung und Transparenz des Bezugssystems zur Voraussetzung hat)" (ebd.; vgl. auch Bundschuh 1991, 94-96).

Objektivität würde den Aufbau von Barrieren, Distanz bedeuten. Allerdings ist auch zu fragen, inwiefern eine Person eine subjektive Vorgehensweise tatsächlich wünscht. Vom theoretischen und vor allem praktischen Aspekt her betrachtet sind die Grenzen zwischen Angebot im Sinne von Möglichkeit und Aufdringlichkeit bzw. Manipulation fließend.

Es bedarf einer Erweiterung des Blickes, indem nicht nur die Person als Subjekt gesehen, sondern auch das gesamte Bezugsfeld mit seiner ganzen Dynamik in die förderdiagnostischen Überlegungen einbezogen wird. Die Möglichkeit und Wahrscheinlichkeit des Zusammenbruchs ganzer pädagogischer Felder ist groß (vgl. Möckel 1982, 77-86). Demnach begibt sich Förderdiagnostik in den Lebens- und Erlebensraum der in Not geratenen Personen oder Konfliktpartner, sie versucht diesen auf den subjekthaften Realitätsebenen zu begegnen. "Subjekte werden in jener Umgebung, von der sie sich abheben, interpelliert und zur Selbstdarstellung eingeladen.

Das Selbstkonzept der Subjekte sowie deren gegenseitige Interpretation stehen im Zentrum" (Kobi 1977a, 120). Ein besseres Verständnis für die Probleme und das So-Sein einer Person ist nur auf dem Hintergrund der

Kenntnis des Lebensraumes, der täglichen Interaktionen, möglich; d. h., das gesamte personale und materiale Bezugsfeld wird einbezogen. Hier analysiert der förderungsorientiert arbeitende Pädagoge die Probleme und Möglichkeiten einer bedrängten Person, von hier aus werden dann auch gemeinsam Überlegungen bezüglich Verbesserungen und Änderungen angestellt.

Dieses Aufzeigen von Möglichkeiten und Alternativen kommt im förderdiagnostischen Prozeß zum Ausdruck. Förderdiagnostik (FD) "sieht in ihrem Probanden einen Schüler (im weitesten Sinne), d. h. ein in einem Auszeugungsprozeß befindliches Subjekt, mit dem zusammen Lernperspektiven zu entwerfen sind. - Dieses werdende Subjekt ist der FD vieldeutig. Was sie vornimmt, ist eine Art 'Spektralanalyse', d. h. ein Aufweisen verschiedener Ziele und Wege, zwischen denen das Subjekt im Extremfall nach einem analogen (fließenden, nahtlosen) Entscheidungssystem sich frei bewegen kann. FD befaßt sich nicht mit einem Ab-Checken ontologisierter 'Eigenschaften', sondern mit der Analyse von Zuständen und Kommunikationssystemen. Die Aufgabe der FD kann sich nicht darin erschöpfen, festzustellen, was ein sozialer Organismus (von der Mindestgröße einer Dyade) als objektivierte und damit - tote -Entität von irgend einem - als objektiv - definierten Außerkriterium her besehen ist; sie hat vielmehr einsichtig zu machen, wie ein dyadisches oder multipel-dyadisches System sich erlebt. Nicht ex-akte Daten, sondern inter-akte Be-Deutungen sind von Interesse. Die Sorge der FD gilt dementsprechend der subjektiven Bedeutungshaltigkeit ihrer Botschaft sowie der Subjektivierung zunächst bloß objektiver Daten" (Kobi 1977a, 121).

Es wird hiermit den Modellen herkömmlicher Diagnostik, wie z. B. dem traditionell medizinisch-psychologischen Ansatz, eine deutliche Absage erteilt. Bezugspunkte können nicht über repräsentative Stichproben gefundene Normen sein, ebensowenig von außen gesetzte Lernziele (Verhaltensmodifikation ursprünglicher Prägung), vielmehr wird vom Subjekt in seinem Kommunikationssystem (Familie, Heim, Schule, ...) ausgegangen. Bei diesem Ansatz läuft auch das intensivbehinderte Kind nicht mehr Gefahr, einer primär defizitären Beschreibung ausgeliefert zu sein. Förderdiagnostik kann sich nicht der Frage nach dem Wesen des Menschen, nach der Anschauung und Auffassung vom Menschen entziehen, denn sie möchte eine Hilfe zur Entfaltung und *Mensch-Werdung* geben. Im Vordergrund steht das *Recht auf Menschsein* im Sinne von "*sein, was ich bin*", auf Leben und Entfaltung.

In der Hilfsbedürftigkeit des Neugeborenen drückt sich Erziehungsbedürftigkeit aus. Kinder warten darauf, daß Eltern, Bezugspersonen etwas "abgeben", an sie "weitergeben", etwas "vermitteln", daß diese Erzieher sie weiterbringen, Hilfen zur Weiterentwicklung geben. Hierin bewegt sich auch immer das Moment der Freiheit zur Selbstentscheidung und -entfaltung. Kinder *können* etwas annehmen, akzeptieren, aber auch ablehnen, sich ganz anders verhalten. Prinzipiell gilt, daß das Lernwesen Mensch auf Lehrende und damit gleichzeitig auf Erziehende angewiesen ist. Diese sollten sich zunächst als *Mit-Menschen* verstehen. Lernen, Lernprozesse schließen auch das Moment der Überwindung von Schwierigkeiten ein, so wird aus dem Lernen ein Können.

Ergeben sich Probleme beim Lernen, die zunächst als nicht überwindbar erscheinen, sollte man diese nicht als "Störungen" und "Behinderungen", vielmehr als Anreiz zu neuen, besseren und kindorientierten Angeboten verstehen. Lernprobleme gelten als "pädagogisierbare Möglichkeiten" und nicht als absolute Grenzen. Dies trifft für Kinder mit schwersten Behinderungen und für nichtbehinderte Kinder gleichermaßen zu.

Man kann auch den Eindruck des Menschseins "vermitteln", indem man eine Hand hält, streichelt, den Menschen "anspricht". So kann sich in der *Pflege* ein Höchstmaß an förderdiagnositischer Intention verwirklichen; dort realisiert sich *Begegnung*. "Der Mensch wird am Du zum Ich" (Buber 1984). Einen schwer behinderten Menschen zu pflegen, ist Kommunikation, Antwort auf den persönlichen Anruf dieses Menschen, kann die Befriedigung seiner spezifischen Bedürfnisse nach menschlichem Kontakt, eine Hilfe zur Ich-Entwicklung, Identitätsfindung, ein Ausdruck der Anerkennung des Du als gleichwertigen Partner bedeuten. Die unaufdringliche Begegnung mit einem Menschen in einer Notlage ist die Vermittlung der Wahrheit, nicht allein zu sein. Erschwernisse im Zusammenhang mit Entwicklung, Entfaltung und Selbstverwirklichung fordern gleichzeitig ein Mehr an Zuwendung, vielleicht auch ein Mehr an (intentionalen) qualitativ vertieften Förderungs- und Erziehungsbemühungen.

6.2 Pädagogische Grundüberlegungen

Allgemeinpädagogik und Sonder- oder Heilpädagogik geben zumeist keine direkten Hinweise für unmittelbar erzieherisches Handeln. Reflexionen, Diskussionen und Aussagen bleiben häufig allgemein gehalten, eben theoretisch-abstrakt. Für den, der wirklich erziehen will und soll (Lehrer, Eltern, Alleinerziehende, ...) sind rein pädagogische Abhandlungen bisweilen auch ärgerlich. Kann es sich die Pädagogik als Wissenschaft in einer höchst komplexen Wirklichkeit, die häufig mit "Chaos" in Verbindung gebracht wird, will sie "ernst" genommen werden, noch leisten, an den wirklichen Erziehungsproblemen der Gegenwart, an den Notsituationen von Kindern und Erziehenden vorbeizugehen, sie zu negieren und sich primär in Aufarbeitung der Geschichte der Erziehung zu erschöpfen. Pädagogik als Wissenschaft ohne Bezug zur Praxis, zu Fragen und Problemen der Gegenwart (Erziehungsprobleme, Zusammenleben von Kindern, Jugendlichen und Eltern, Bewertung von Schule und Unterricht, Zunahme radikalen, extremen Denkens, Fühlens und Handelns, Eskalierung von Verhaltensproblemen wie

Aggressionen bis hin zur Gewalt) erweist sich als in hohem Maße provokativ.

Den Kritikern an der Diagnostik im pädagogischen Arbeitsfeld mit der Argumentation, sie sei unwissenschaftlich, ja schädlich, sei gesagt, daß Diagnostik entscheidend dazu beiträgt, das *Kind in einer Notsituation ernst zu nehmen,* Probleme zu erkennen, vorliegende behindernde Bedingungen zu analysieren, daß Diagnostik im Sinne von Beobachtung im Bereich Unterricht und Erziehung häufig den Anfang pädagogisch-didaktischen Handelns darstellt und den Fortgang pädagogischer Prozesse begleitet (Prozeßdiagnostik). Die pädagogische Dimension hat eine Schutz- und Wächterfunktion gegenüber diagnostischem Handeln, sollte darüberhinaus aufrütteln und antreiben, wenn bei einem Kind in einer Notsituation zu wenig oder gar nichts geschieht, auch im Zusammenhang mit der Anonymität und Mächtigkeit von Institutionen. Mag sich die Pädagogik vielleicht auch nicht als Handlungswissenschaft verstehen, ist es ihr doch aufgegeben, daß sie zumindest Anstöße zum erzieherischen Handeln, zur Verbesserung einer Situation gibt, zumindest darüber reflektiert, wie man erzieherische Situationen hinsichtlich der Ausgangslage und Zielfrage - besser - bewerten kann.

Es kann im Rahmen dieser Überlegungen nicht darum gehen, gängige Wissenschaftler aus dem Bereich Allgemeinpädagogik zu rezipieren. Zu oft gehen theorieorientierte "Experten" geradezu am Kind mit seinen von außen induzierten und inneren Problemen vorbei. Allgemeinpädagogen argumentieren häufig, sie seien für "diese Kinder mit Behinderungen" nicht zuständig, sie bringen zum Ausdruck, sie seien auch keine Fachleute für diesen Bereich. Die sogenannte "reine" Theorie führt hier nicht weiter, Kinder in Notsituationen fordern einfach zum Sehen und Handeln heraus.

Anthropologische Überlegungen werden im Zusammenhang mit der vorliegenden Problematik als fundamental angesehen, die pädagogische Frage erweist sich jedoch im Vergleich zur anthropologischen als naheliegend, denn Förderdiagnostik wird hier als ein von pädagogischem Denken unmittelbar beeinflußter und durchdrungener Bereich verstanden, insofern als die Wertmaßstäbe aus dem Fundus pädagogischer Reflexion abgeleitet werden. Demnach wirken sich die pädagogischen Überlegungen durchgängig auf die übrigen Fragen- und Problembereiche der Förderdiagnostik aus.

Die traditionelle pädagogische Fragestellung kann heuristisch unter ihrem anthropologischen Aspekt (was ist der Mensch?), ihrem teleologischen Aspekt (was soll der Mensch werden?) und ihrem methodischen Aspekt (wie kann Erziehung dem Menschen dabei helfen?) behandelt werden. Mit der Vorläufigkeit und Unbestimmbarkeit des eigentlich Pädagogischen hat sie den Vorzug - noch vor einer Definition von Pädagogik mit ihrer bekannten Schwierigkeit der Trennung in Erziehungshandeln, Theorie der Erziehung und Metatheorie und der sie begleitenden Diskussion -, mit dem Anspruch auf Ganzheitlichkeit einer Förderdiagnose in der Pädagogik allgemein und der Sonder- oder Heilpädagogik im besonderen ernst machen zu können. Die drei genannten Aspekte innerhalb der pädagogischen Fragestellung müssen bei allen förderdiagnostischen Problemen berücksichtigt werden. So fragt auch die Förderdiagnostik nach den Erkenntnissen der pädagogisch-anthropologischen Forschungen im Hinblick auf das Wesen des Menschen. Ferner kann es keine pädagogische Diagnostik ohne Zielfrage geben. Die intendierte Förderung hat sich an einem aus der ganzheitlichen Betrachtungsweise der Pädagogik abzuleitenden Ziel zu orientieren (Funktionalität versus Ganzheitlichkeit; vgl. 6.4.9). Letztlich ist auch in der Pädagogik zu fragen, mit welchen Methoden die aus den menschlichen Bedürfnissen und Entfaltungsmöglichkeiten abgeleiteten Ziele erreicht werden können. Diese Fragestellung verweist auf die didaktische bzw. therapeutische Dimension der Förderdiagnostik. Ich meine ferner, daß ein Konzept der Diagnose und Förderung (Förderdiagnostik), das sich aus der Pädagogik als Einheit von Theorie und Praxis versteht, interaktionistisch-kommunikative (soziale) und institutionelle Dimensionen als den Gesamtprozeß wesentlich mitbestimmend reflektieren muß.

6.2.1 Verstehen

Durch Hospitalismus hervorgerufene Verhaltensweisen wie z. B. Stereotypien und selbstverletzendes (autoaggressives), autistisches Verhalten, das So-Sein von Menschen mit schwerer und schwerster geistiger Behinderung gehören zu den schwierigsten und am meisten belastenden Situationen des Erziehungs-, Unterrichts- oder Therapiealltags. Auf lebensweltlichem Verstehenshintergrund darf man diese Phänomene jedoch nicht einfach als objektive Manifestation krankhaften Geschehens werten und ihnen mit medizinisch-therapeutischen Einstellungen begegnen; vielmehr ergibt sich die Aufgabe, sich verstehend darum zu bemühen, sie vor allem als "intentionale, bedeutungs- und sinnhafte Lebensäußerungen einer ansonsten hilf- und wehrlosen Person in ihrer erlebten Situation zu deuten" (Gröschke 1989, 92).

Die bereits angesprochene enge Verflechtung von Theorie und Praxis sowie die Bedeutung für sonder- oder heilpädagogische Fragestellungen bedarf der Weiterentwicklung im Hinblick auf ihre Bedeutung für die Förderdiagnostik. Gerade die in jüngster Zeit immer wieder verstärkt aufgeworfene Frage nach der bestmöglichen Erziehung und Förderung in Not geratener Kinder provoziert.

"Theorie und Praxis haben einander zu ergänzen; und es gibt nichts Praktischeres als eine gute Theorie. Aber sowohl in der Theorie als auch in der Praxis haben wir uns einerseits an die Tatsachen zu halten als an die Bedingungen, an die wir gebunden bleiben; sowohl in der Theorie als auch in der Praxis geht es uns andererseits um das, was grundsätzlich das Rechte ist, mögen die Bedingungen noch so ungünstige sein" (Moor 1974, 259).

Kein Zweifel, im Rahmen heilpädagogischer Fragestellungen haben wir es in der Regel mit ungünstigen Bedingungen, mit mehr oder weniger gravierenden Erschwernissen der Erziehung und Förderung zu tun: extreme Verhaltensprobleme wie Aggressivität und Passivität, schwerste Störungen der Persönlichkeitsentfaltung, autistische Verhaltensweisen, schwere und schwerste Formen geistiger Behinderung, Integrationsstörungen (Ayres), Störungen einzelner Prozesse wie Wahrnehmung, Motorik, Sprache, häufig auch als "Teilleistungsstörungen" bezeichnet.

Die heilpädagogische Praxis *Paul Moors* nennt drei Grundsätze (ebd.), die eine wichtige Basis für Diagnose und Förderung im sonder- oder heilpädagogischen Arbeitsfeld darstellen:

1. "*Wir müssen das Kind verstehen, bevor wir es erziehen.* - Daraus ergibt sich die Grundfrage: Wie lernen wir das entwicklungsgehemmte Kind verstehen? Es ist die Frage nach einer dem heilpädagogischen Gegenstand angemessenen Psychologie."

Anstelle des Ausdrucks "entwicklungsgehemmt" könnte man gegenwärtig den Terminus "entwicklungsverzögert" verwenden. Der Verstehensbegriff impliziert einige Schwierigkeiten. Welches Verstehen könnte intendiert sein? Praktisch gesehen kann damit nicht völlige Kongruenz mit dem in einer Notsituation befindlichen Kind gemeint sein, vielleicht der Versuch einer möglichst großen Annäherung an seine Situation, an seine Welt.

2. "*Wo immer ein Kind versagt, haben wir nicht nur zu fragen: Was tut man dagegen? - Pädagogisch wichtiger ist die Frage: Was tut man dafür? ... Nämlich für das, was werden sollte, soweit es werden kann.* Das ist die Frage nach einer dem heilpädagogischen Gegenstand angemessene Pädagogik."

Diese Zielfrage erzieherischen Handelns läßt sich angesichts häufiger "Sprachlosigkeit" von Kindern mit Behinderungen (schwere geistige Behinderung, Autismus, psychische Probleme) nicht durchgängig, niemals endgültig beantworten. Die Gefahr der Manipulation, des zum Objekt-Machens ist in jedem erzieherischen Bemühen impliziert, bei Kindern mit schweren Behinderungen wesentlich vergrößert, weil sie sich nicht so leicht gegen Einflüsse von außen wehren können.

3. "*Wir haben nie nur das entwicklungsgehemmte Kind als solches zu erziehen, sondern immer auch seine Umgebung.* Sie leidet am Leiden des Kindes und kommt damit meistens nicht zurecht; wodurch das Leiden des Kindes noch vergrößert wird. - Daraus ergibt sich die Frage nach der Erziehung des Erziehers, ..."

Global ausgedrückt gehört zum Verständnis förderdiagnostischer Prozesse, daß zunächst versucht werden soll, Kinder mit Lern-, Leistungs- und Verhaltensstörungen, generell mit Entwicklungsverzögerungen zu verstehen, d. h., deren bisherigen Weg nachzuvollziehen und sie in ihrem So-Sein anzunehmen. Dabei wird mit "Verstehen" eine Denk- und

Handlungskategorie angesprochen, die in den psychologischen Lehrbüchern zu wenig Raum einnimmt. Es geht um eine Einstellung, die das kindliche Verhalten und So-Sein achtet und akzeptiert, schlichtweg immer vertiefter zu verstehen sucht, es geht um die Beachtung der Subjektivität eines Kindes. Diese Intersubjektivität impliziert, daß das Ich (des Pädagogen, des Heilpädagogen oder auch des Psychologen) die Welt des Anderen (des Du) in Not versteht, zumindest bemüht ist, in den Prozeß des Verstehenwollens und -lernens einzutreten. Vom Kind her gesehen erscheint jede eigene Handlung, jede Art von Verhalten als sinnvoll. Die Befindlichkeit des Anderen, des Kindes in einer Notsituation, des Schülers mit Problemen erfordert demnach Fremdverstehen (vgl. Bundschuh 1992, 59ff.).

Als ebenfalls in höchstem Maße für förderdiagnostische Fragestellungen relevant erweist sich, daß es nicht in erster Linie darum gehen kann, ein Kind zu modifizieren und zu manipulieren, vielmehr sollen Wege, Möglichkeiten, Angebote aufgezeigt werden, die das Kind mit einer Behinderung wahrnehmen kann.

Einer ganz besonderen Fokussierung bedarf die Umwelt, in der ein Kind lebt, in der es erzogen wurde und wird. Hier gibt die Heilpädagogik in Verbindung mit der Soziologie und Sozialpsychologie wichtige Impulse für die Analyse sozialer Prozesse. Ohne Einbezug dieser unmittelbaren Umwelt kann keine sinnvolle Förderung erfolgen.

Die Aufgabe der Förderdiagnostik unterscheidet sich bezüglich der zentralen Fragestellung überhaupt nicht von den Hauptaufgaben der Pädagogik oder Heilpädagogik. Die Hauptaufgabe der Förderdiagnostik impliziert neben der Hilfe bei Lern- und Entwicklungsproblemen leichter Art die Notwendigkeit, "nach den Möglichkeiten der Erziehung zu suchen, wo Unheilbares vorliegt" (Moor 1974, 259f.). In ähnlicher Weise besteht auch der Beitrag einer förderungsorientierten Diagnostik in der Mithilfe zu einer angemessenen Erziehung dort, wo *erschwerende Bedingungen* im pädagogischen Arbeitsfeld vorliegen. Förderdiagnostik bezieht stets pädagogisch-heilpädagogische Überlegungen ein, versucht sie zu beachten:

"(1) Heilpädagogik ist diejenige Pädagogik, welche vor die Gesamtheit der über das Durchschnittsmaß hinausgehenden Erziehungsschwierigkeiten gestellt ist. Es muß also gefragt werden nach einer vertieften Pädagogik, welche der heilpädagogischen Situation gerecht zu werden vermag.

(2) Wenn wir dem entwicklungsgehemmten Kinde trotz seiner beschränkten Möglichkeiten zu einem erfüllten Leben verhelfen wollen, dann müssen wir fragen, wie das, was im Kinde entstehen soll, psychologisch verstanden werden könne, d. h. verstanden werden nicht nur nach seinem Sinn und seinem Recht, sondern verstanden auch in seinem Werden und in den Bedingungen seines Werdens.

(3) Als Erzieher orientieren wir uns in allem nach dem, was werden soll. Von daher fällt ein besonderes Licht auch auf das Gegebene. Unter al-

lem, was vorliegt und was durch psychologische Forschung erhellt worden ist und weiter erhellt werden kann, gibt es für die Erziehung Wichtiges und weniger Wichtiges. Es erhebt sich die Frage nach einem heilpädagogischen Verstehen auch der Gegebenheiten.

(4) Soll die wissenschaftliche Heilpädagogik immer und überall hinlenken auf das pädagogisch Bedeutsame, dann muß der Gegenstand ihrer Begriffsbildung identisch sein mit dem Gegenstand der Erziehung" (ebd.).

6.2.2 Förderdiagnostik und Grenzerfahrung - "Scheitern" als Offenheit

Förderdiagnostik hat es im sonder- oder heilpädagogischen Arbeitsfeld in der Regel mit Erziehungs- und Entwicklungsschwierigkeiten zu tun, die weit über das Durchschnittsmaß üblicher Erziehungs- und Entwicklungsprobleme hinausgehen. Sie muß versuchen, über die Biographie eines Kindes (Anamnese) unter Einbezug der Umwelteinflüsse das Werden zu analysieren, um das Kind besser zu verstehen, als dies bisher im Zusammenhang mit anderen Bezugspersonen der Fall war. Auf der Basis des Gegebenen ist im Hinblick auf Erziehungsziele die eminent bedeutsame Frage nach dem Wichtigen zu diskutieren und zumindest vorläufig zu beantworten.

Der förderungsorientiert arbeitende Diagnostiker findet sich häufig in der Situation wie sie von *Moor* beschrieben wird. Er steht bei manchen Kindern vor "unlösbaren" Aufgaben, Grenzen werden deutlich, die es "dennoch" zu überschreiten gilt. In diesem "dennoch" stellt sich die Frage nach den Förderungszielen, beginnt das Nachdenken über Möglichkeiten zur Erreichung dieser Ziele. Der Sonder- oder Heilpädagoge begibt sich zunächst gedanklich und vorstellungsmäßig mit dem Kind auf den Weg, wobei stets die Bereitschaft zur Hinterfragung der Ziele bestehen bleibt, Offenheit gefordert wird.

"Wir haben es in der heilpädagogischen Arbeit mit Kinder zu tun, welche die *Alltagserziehung* vor unlösbare Aufgaben stellen, Kinder, für welche die *gewohnten* Mittel und Wege nicht mehr ausreichen und mit welchen die *üblichen* Ziele nicht mehr erreicht werden können. Schon hier gilt es, mit dem Grundsatz ernst zu machen, daß für die Erziehung nicht das Gegebene, sondern das Aufgegebene das Wesentlichere ist. Auch der Grund für das Scheitern der Erziehungsversuche bei solchen benachteiligten Kindern soll nicht nur in den gegebenen Mängeln gesucht werden, sondern ebenso, ja zuerst, in der versuchten Erziehung selber.

Könnte es nicht sein, daß unsere Erziehung etwas zu erreichen versucht, was der Eigenart dieser Kinder gar nicht angemessen ist? Und sind wir so sicher, daß unsere Vorstellung von dem, um was es in der Erziehung geht, auch die rechte ist? Wir stoßen uns daran, daß die üblichen Ziele nicht erreicht werden können. Je mehr wir aber bestimmte Ziele erreichen wollen, um so mehr legen wir uns fest auf Voraussetzungen, die dazu erfüllt sein müssen. Dadurch aber verschulden wir selber, daß alle Kinder, welche diese Voraussetzungen nicht mitbringen, aus dem Rahmen fallen, daß ihre erzieherische Betreuung vom Boden der geltenden Erziehung aus als sinnlos oder in ihrem Sinn doch geschmälert erscheint. Gerade für diese aus dem Rahmen fallenden und dann oft einfach übergangenen Kinder aber will nun die Heilpädagogik da sein. Heilpädagogik kann also als Pädagogik nur bestehen, wenn sie sich nicht schrecken läßt durch die Unmöglichkeit, ein geltendes Erziehungsziel zu erreichen. Der Heilpädagoge bleibt nur so lange wirklich Pädagoge, als er vor unüberwindlichen Schwierigkeiten nicht sagt: Hier ist nichts zu machen - sondern sich immer aufs neue wieder fragt: Was ist an meinem bisherigen Wissen von Sinn und Ziel der Erziehung noch immer zu eng, daß es hier den Sinn nicht zu sehen und nicht zu finden vermag? In der heilpädagogischen Arbeit kann uns keine Pädagogik genügen, die an einem festen Standpunkt unverrückbar festhält, die aus einer festgehaltenen weltanschaulichen, aus einem ein für alle Male festgelegten -ismus, aus einer Ideologie, bloß die Folgerungen zieht angesichts der allgemeinmenschlichen Situation (und dabei dann womöglich erst noch diese menschliche Situation durch die Brille einer wiederum einseitig orientierten Psychologie sieht). Als Heilpädagogen müssen wir uns offen halten für alle Möglichkeiten eines menschlichen Sonderschicksals und bereit sein, den von uns persönlich bevorzugten Standpunkt immer wieder in Frage stellen zu lassen durch die besondere Not, die es zu wenden gilt. - Ist es überhaupt möglich, eine Pädagogik aufzustellen, die kein festes und von vornherein faßbares Ziel besitzt? Ich weiß die Antwort nicht, ich glaube nur, auf dem Wege zu ihr zu sein. Ich meine aber, nicht nur aus der Not eine Tugend zu machen, wenn mir dieses 'Auf-dem-Wege-Sein' wichtiger ist als das Wissen um das Ziel, sondern ich glaube, daß in diesem 'Auf-dem-Wege-Sein', im status viatoris, schon das Wesentliche der gesuchten Pädagogik zum Ausdruck kommt" (Moor 1974, 260f.).

Dem Heilpädagogen entsprechend wird der förderdiagnostisch Tätige auf der Basis seines Wissens und seiner Erfahrung stets in der Lage sein, sich selbst, seine Ziele und die Mittel, mit deren Hilfe er die Ziele erreichen möchte, in Frage zu stellen. Eine absolut "sichere Antwort" auf die Frage nach dem "richtigen Förderungsziel" dürfte gerade bei Kindern mit Behinderungen, speziell bei Kindern mit geistiger Behinderung oder bei Kindern und Jugendlichen mit Verhaltensstörungen kaum in befriedigender Weise zu finden sein.

Insofern werden von der Sonder- oder Heilpädagogik Flexibilität und Kreativität, vor allem die Möglichkeit zum Um- und Neudenken gefordert, weil eben doch die Wege gängiger Pädagogik und Erziehung, Didaktik und Unterrichtung im Zusammenhang mit derart erschwerten Situationen und Prozessen nicht begehbar sind. Es erweist sich z. B. nicht als pädagogisch richtig und sinnvoll, Schülerinnen und Schüler, für die im Zusammenhang mit Lernhemmungen, Lern- und Verhaltensstörungen aufgrund dieser Notsituation Verstehen, Hilfestellung und Förderung angezeigt sind, primär als "Behinderte" zu sehen, zu klassifizieren und sie in besondere Schulen aufzunehmen. Heilpädagogik muß in der Lage sein, ernsthaft einen Wandel zu vollziehen von einer Pädagogik der "Behinderten", die man aufgrund ihrer "besonderen Seinsweise" (Bleidick 1970, 452) in speziellen Einrichtungen erziehen zu müssen glaubt, zu einer Pädagogik der "Kinder in 'besonderen Lebenslagen', welche flexibel in der Wahl ihrer Mittel mit einem Minimum an institutionell vermittelten Stigmatisierungen auskommt" (Bittner 1975, 12).

6.2.3 Zum Verhältnis Allgemeine Pädagogik und Sonder- oder Heilpädagogik

Im Zusammenhang mit der mehrfach angesprochenen Problematik zum Verhältnis Pädagogik - Sonderpädagogik sensibilisiert die Fragestellung: "Was ist das 'Sonderbare' der Sonderpädagogik?" (Legowski 1982, 411-420). Kann man die Auffassung, Pädagogik und Sonderpädagogik würden sich gar nicht unterscheiden, als "ideal" bezeichnen? (ebd.). Ich möchte die These aufstellen, daß weder ernsthafte bzw. ernstzunehmende Sonderpädagogen noch ernsthafte Allgemeinpädagogen Pädagogik und Sonderpädagogik an sich prinzipiell unterscheiden. Die Grundfrage der Pädagogik, nämlich die Frage nach der Erziehung stellt sich für die Sonder- oder Heilpädagogik und die Allgemeinpädagogik gleichermaßen. Sonder- oder Heilpädagogen haben diese Frage prinzipiell aufgegriffen und als Herausforderung im Sinne des betroffenen Kindes begriffen, während Allgemeinpädagogen sich im Großen und Ganzen leider nicht oder viel zu selten mit solchen Fragen beschäftigten. "Die allgemeine Pädagogik befaßt sich mit dem für alle pädagogischen Spezifizierungen Gültigen. Sonderpädagogik ist eine Spezifikation der allgemeinen Pädagogik. Sie steht neben der Regelpädagogik als einer anderen Spezifizierung der allgemeinen Pädagogik" (Bach 1989, 17). Man muß auch bedenken, daß es nicht "*die* Pädagogik" schlechthin gibt, sondern "Pädagogiken". Man sollte ferner in Betracht ziehen, daß es - spricht man von wesentlichen Unterschieden zwischen Pädagogik und Sonderpädagogik - im Verlauf der Geschichte dieser "Pädagogiken" Um- und Irrwege gegeben hat und sicherlich noch geben wird.

Die Richtigkeit der Forderung *Legowskis*, neben dem Studium der sonderpädagogischen Diagnostik, Didaktik und Methodenlehre müsse dem allgemeinpädagogischen Basisstudium breiter Raum gegeben werden, dies gelte vor allem im Hinblick auf Bildungstheorie, Erziehungsphilosophie, Anthropologie und pädagogische Ziellehre, steht nicht in Frage. Spricht man vom "Postulat einer Verkoppelung der Sonderpädagogik mit der Allgemeinen Pädagogik" (Legowski 1982 417), sollte dies kein Postulat, vielmehr eine Realität sein. Dennoch gibt es so etwas wie Schwerpunkte, die von der Komplexität des pädagogisch-heilpädagogischen Arbeitsfeldes ausgehen.

Die Forderung nach "Zusammenführung der Sonderschüler und Behinderten mit 'Regel'-Schülern und 'Normal'-Kindern" (Legowski 1982, 418) ist an sich bekannt, wird seit mehreren Jahren im Hinblick auf Realisierungsprobleme diskutiert und weiter vorangetrieben (vgl. Galliani 1982, 339-352; De Vries 1982, 324-331; Grosch 1982, 333-338; Wocken u.a. 1988).

Die Ermahnung: "denn auch in der Sonderpädagogik darf Erziehung nicht Einebnung bedeuten, sondern Entfaltung von Interessen und Zielsetzungen, mögen diese im Einzelfall auch noch so verschüttet sein oder scheinen" (ebd., 1982, 418), erweist sich als pauschal, ja unverständlich. Hierbei wurde z. B. die Geschichte der Sonder- oder Heilpädagogik völlig vernachlässigt. Taubstummen-, Blinden- und Hilfsschullehrer waren die ersten und rund 100 Jahre lang die einzigen pädagogischen Berufe mit einer speziellen Ausbildung für Kinder und Jugendliche mit Behinderungen. "Sie waren deren erste Anwälte, als es darum ging, diese aus ihrer menschlichen und sozialen Verelendung herauszuführen und ihnen durch spezielle pädagogische Methoden ein halbwegs menschenwürdiges Leben zu ermöglichen, wenn auch nur inselhaft innerhalb einer ansonsten sozial distanzierten Gesellschaft" (Speck 1982, 75; vgl. auch Flitner 1966,8 ff.; Möckel 1988).

Sonderpädagogik ist sicherlich entstanden im Zusammenhang mit Notsituationen von Kindern. "Die Aussonderung jener Fälle, mit denen sich eine zukünftige Beschäftigung nicht zu lohnen scheint, wurde und wird traditionellerweise von den Platzhirschen der jeweils etablierten Pädagogik vorgenommen: sei dies durch expliziten Ausschluß oder sei dies durch automatische Ausfilterung im Seiher der Schlechthinigkeit eines phantasierten Normalkindes. - Die große Mehrzahl pädagogischer Lehrbücher erwähnt bis auf den heutigen Tag verwiesene (und so auch behinderte) Kinder mit keinem Wort ... Es entspricht somit nicht den historischen Tatsachen, wenn gelegentlich der Sonderpädagogik und den Sonderpädagogen zum Vorwurf gemacht wird, sie würden Kinder aussondern und damit aktiv die Schuld für Desintegration und Diskriminierung, Etikettierung und Abstempelung auf sich laden: Sonderpädagogik ist als Ausgesondertenpädagogik entstanden für jene Restmenge von Kindern, die sich zwischen Medizin und Pädagogik nicht mehr aufdividieren ließen und denen ein inzwischen aufgeklärtes Zeitalter auch nicht mehr nur ein naiv-gläubiges 'Gott befohlen!' auf den Lebensweg zu geben vermochte" (Kobi 1984, 27f.)

Vielleicht liegen die *Schwierigkeiten* einer Integration von Allgemeiner Pädagogik und Sonderpädagogik - die ich im Prinzip, vom "Gegenstand" her nicht sehe - darin, daß es zu *viele Richtungen der Pädagogik* gibt, daß das spezifische Problem der Pädagogik im Kontext der Frage nach der Interdisziplinarität geradezu darin besteht, "daß der disziplinäre Charakter der Pädagogik, mit anderen Worten: ihr Wissenschaftscharakter, seit ihren Anfängen bis heute reichlich ungeklärt, zumindest sehr umstritten ist, und dieser ihr desolater Zugang als Wissenschaft gerade darauf zurückzuführen sei, daß innerhalb dieser Disziplin die disziplinäre Klärung einer möglichen epistemologischen Verknüpfung von technischen und praktischen Fragen, von Mitteln und Zwecken, nicht zu einem befriedigenden Konsens gelangt" (Böhm 1982b, 48f.), daß man nicht von der Pädagogik, sondern eben von *"Pädagogiken"* spricht (Loch 1982, 20-24).

Die Notwendigkeit, in die Behandlung förderdiagnostischer Fragen die Problematik Sonderpädagogik - Allgemeine Pädagogik einzubeziehen, ergibt sich auch insofern, als Lern- und Erziehungsprobleme allgemein zu den Problemstellungen der Allgemeinpädagogen gehören sollten. "Die besonderen Aufgaben der Erziehung, die sich aus angeborenen oder erworbenen, milieu- oder altersbedingten Beschränkungen der Lernfähigkeit ergeben, mit der allgemeinen Aufgabe der Erziehung, die in der Ermöglichung von Bildung und Mündigkeit für jedermann besteht, zu vereinbaren, ist das Problem, das im Verhältnis von Differenzierung und Integration praktische Lösungen fordert, über die selbstverständlich nachgedacht werden muß. Es betrifft jedoch keineswegs nur die sonderpädagogischen Disziplinen, sondern alle speziellen Pädagogiken. Und deshalb ist es zugleich eine Herausforderung ersten Ranges für die Allgemeine Pädagogik. Denn zu deren wichtigsten Aufgaben gehört doch wohl, sich immer wieder um Integration der speziellen Pädagogiken zu bemühen" (ebd., 21). Zum einen werden die "besonderen Aufgaben der Erziehung" angesprochen, zum anderen wird die Forderung nach praktischen "Lösungen" erhoben. Es dürfte eine Herausforderung für die Allgemeinpädagogik sein, sich um die Integration der speziellen Pädagogiken - die Sonderpädagogik gehört zweifellos dazu - zu bemühen.

Die allgemeinen Probleme bezüglich des Verhältnisses Pädagogik - Sonderpädagogik bestehen nicht in erster Linie im Verhältnis, also im Zwischenstück, in der Dynamik, Verzahnung, in der Verbindung, ja ich möchte sagen Kongruenz, vielmehr in den Problemen, die Vertreter der Allgemeinen Pädagogik mit der Allgemeinen Pädagogik und Vertreter der Sonderpädagogik mit der Sonderpädagogik haben. Die Vermutung liegt nahe, daß diese Probleme im Prinzip nur theoretischer Natur sein können, praktisch nicht vorhanden sind - oder besser - nicht existieren dürften. Wenn Vertreter der Allgemeinen Pädagogik und der Sonderpädagogik ganz konkret mit der praktischen Problematik eines Kindes im Sinne einer Lernhemmung, Entwicklungs- und Lernproblematik konfrontiert werden, dürften die Diskrepanzen über Erziehungsziele und Vorgehensweisen weitgehend neutralisierbar sein. Hier wird doch ein hohes Maß an Übereinstimmung angesichts der Notsituation eines bestimmten Kindes bezüglich Abbau behindernder Bedingungen und Förderungsangebot erwartet.

Die Probleme im Verhältnis Allgemeiner Pädagogik und Sonderpädagogik liegen vielleicht auch im "gegenwärtigen Zustand" der Allgemeinen Pädagogik begründet, der sich grob dahingehend kennzeichnen läßt, "daß auf der Ebene der Allgemeinen Pädagogik die Erziehungswissenschaftler viel zu sehr mit sich selbst, d. h. mit metatheoretischen Erörterungen beschäftigt sind, als daß sie in der Lage wären, die Probleme systematisch zu verarbeiten, die die Erzieher in ihren verschiedenen Rollen und Professionen mit ihren Klientelen haben, geschweige denn die Probleme, die jene verschiedenen Gruppen von Edukanden, einschließlich der sogenannten Behinderten, mit ihren Erziehern und überhaupt mit ihren Mitmenschen, aber auch mit sich selber haben. Bei ihrem Bemühen um Modernität um jeden Preis haben sich die Repräsentanten der Allgemeinen Pädagogik so weitgehend von deren Traditionen gelöst, daß sie unfähig geworden sind, die Rolle des anderen, der erzogen werden soll, als Grundform des pädagogischen Denkens zu übernehmen und in den 'einheimischen Begriffen' einer Bildungstheorie zu reflektieren" (ebd., 21).

Vielleicht ist diese Art Ohnmacht gegenüber Erziehungsfragen in der Praxis auch ein wichtiger Grund für die Entstehung der extremen Verhaltensprobleme (Aggressivität, Brutalität, mangelndes soziales Einfühlungsvermögen, Egoismus) der Kinder- und Jugendlichen der anfänglichen neunziger Jahre, die Autorität auch durch polizeiliches Eingreifen provozieren, um Eltern und Lehrern in Familie und Schule gleichermaßen noch ein Zusammenleben, besser das "Überleben" zu ermöglichen. Der Verfasser neigt dazu, bezüglich der Problematik Allgemeine Pädagogik - Sonderpädagogik zwar im Zusammenhang mit der Komplexität Unterschiede hinsichtlich der Schwerpunkte, aber keine wesentlichen Unterschiede bezüglich des gemeinsamen "Gegenstandes" (Erziehung, Kind) zu sehen.

Die Unterschiede liegen also nicht in den zentralen Fragestellungen, sondern in der Spezifikation. "Sonderpädagogik als Korrektiverziehung ist ... nicht durch *Eingeschränktheit*, sondern durch *Unregelhaftigkeit* der pädagogischen Aufgabe gekennzeichnet" (Bach 1989,8). Diese Spezifikation läßt sich eher aus der historischen Entwicklung ableiten als aus dem eigentlichen Gegenstand dieses Wissenschaftsbereiches. Wenn sich die Pädagogik von ihren Grenzen her verstehen lernt, könnten sich die manchmal beschriebenen Probleme im Verhältnis von Pädagogik und Sonderpädagogik weitgehend neutralisieren.

Die pädagogische Tradition, wo sie von der Praxis her urteilt und spricht, bietet Ansatzpunkte für ein Verständnis von Förderdiagnostik. Dies betrifft insbesondere die reformpädagogische Bewegung mit ihrem Protagonisten *Hermann Nohl*: "War bis dahin (bis zur reformpädagogischen Bewegung; d. Verf.) das Kind das willenlose Geschöpf, das sich der älteren Generation und ihren Zwecken anzupassen hatte und dem die objektiven Formen eingeprägt wurden, so wird es jetzt in seinem eigenen spontanen produktiven Leben gesehen, hat seinen Zweck in ihm selber, und der Pädagoge muß seine Aufgabe, ehe er sie im Namen der objektiven Ziele nimmt, im Namen des Kindes verstehen" (1961, 126f.). *Nohl* spricht in diesem Zusammenhang vom "Geheimnis des pädagogischen Verhaltens" und davon, daß hier seine ureigenste Verantwortung, sein Ethos liege. Was immer im Bildungsprozeß an das Kind herangetragen wird: Es muß sich eine Umformung gefallen lassen, die "aus der Frage hervorgeht: welchen Sinn bekommt diese Forderung im Zusammenhang des Lebens dieses Kindes für seinen Aufbau und die Steigerung seiner Kräfte, und welche Mittel hat dieses Kind, um sie zu bewältigen? Insofern ist also jede Pädagogik Individualpädagogik" (ebd.). Pädagogische Begriffe wie Entwicklung der Individualität, Selbsttätigkeit und Selbstverwaltung, der Selbstwert jedes Moments im Zusammenhang des fortschreitenden Lebens, die Ausbildung des *ganzen* Menschen, sind erst seither verständlich.

Individuelles Beachten ist aber nur die eine Seite des Bildungsprozesses, gleichberechtigt steht daneben das Objektive, das sich in Didaktik und Methodik kleidet, weil alle Erziehung "Doppelendigkeit" (Fröbel) besitzt. Der Erzieher ist Sachwalter des Subjekts in seiner individuellen Eigenart, er ist aber auch dem *pädagogischen Bezug* verpflichtet, d. h. der personalen Formung der Begabung und zwar "nicht aus der Sache alleine, sondern aus den persönlichen Kräften, zu denen dann allerdings auch die Sachlichkeit gehört" (Nohl 1961, 133; vgl. Flitner 1968, 70-86).

Orientiert sich Förderdiagnostik an einer ganzheitlichen Sichtweise der Pädagogik, so ist für den Erzieher die im förderdiagnostischen Prozeß übernommene Verantwortung genauso unteilbar wie es die pädagogische im Bildungsprozeß allgemein ist, auch wenn gewisse, klar umschriebene Aufträge an einzelne Personen abgegeben werden (z. B. Mediziner, Sprachheilpädagogen).

Die Erfüllung und Durchführung eines Auftrages kann nicht von der Verantwortung für die gesamte Problematik losgelöst werden, d. h. dem betroffenen Kind, seinen Eltern (bzw. Bezugspersonen), Lehrern und evtl. Behörden werden nicht nur Entscheidungssituationen und die damit verbundenen möglichen Konsequenzen deutlich gemacht, vielmehr werden im Idealfall alle Beteiligten in den Prozeß der Förderdiagnostik unmittelbar einbezogen. Von ihnen wird ein eigenverantwortliches Handeln zur Bewältigung der Gesamtproblematik erwartet.

6.2.4 Förderdiagnostik, Pädagogik, Sonder- oder Heilpädagogik

Wenngleich im Zusammenhang mit der pädagogischen Dimension förderdiagnostischer Prozesse nicht die Gesamtheit aller tangierenden pädagogischen Fragestellungen angesprochen werden konnte, wird deutlich, daß die Pädagogik zwar die wesentlichen Fragen zur Erziehung an sich aller Kinder aufgreift und problematisiert, jedoch keine "Rezepte" gibt, sich kaum festlegt, vielmehr in wichtigen Aussagen, z. B. über Erziehungsziele, -methoden, -haltungen, ziemlich offen und unverbindlich bleibt. Insofern stellt der Einbezug und die Reflexion speziell pädagogischer Fragestellungen im Rahmen der vorliegenden Überlegungen zur Förderdiagnostik keine Erleichterung, eher eine Erschwernis, wohl aber eine Erweiterung und Vertiefung dar. Als förderdiagnostisch relevant erweisen sich vor allem die Betonung des ganzheitlichen Momentes, die Beachtung der kindlichen Persönlichkeit in ihrer Ganzheit, die Orientierung am Kind und seinen Bedürfnissen. Als Desiderate bleiben zahlreiche Fragen offen z. B. nach der Konkretisierung von Erziehungszielen, Wertvorstellungen, schlechthin Handeln durch die Pädagogik als "praktische Wissenschaft", in der "Theorie und Praxis unlösbar verbunden sind" (Böhm 1982, 401). Hier erweist sich Förderdiagnostik im Vergleich zur Allgemeinpädagogik als "ungeduldiger". Sie will, muß und kann etwas tun angesichts vorliegender Notsituationen von Kindern. Zumindest wird sie in aller Schärfe ihren diagnostischen Blick auf die Wunde der häufig durch gesellschaftliche und institutionelle (systemische) Gegebenheiten hervorgerufenen behindernden Bedingungen richten.

Insbesondere die Heilpädagogik - die im Grunde genommen nichts anderes als Pädagogik ist - hebt hervor, man müsse ein Kind erst verstehen, ehe man die Frage der Erziehung ansprechen könne. Förderdiagnostik begibt sich im Kontext heilpädagogischen Bemühens auf die *Suche nach Möglichkeiten* der Förderung, der Hilfe zur Selbsthilfe, zur Entfaltung der kindlichen Persönlichkeit und damit auch der Erziehung, wo erschwerende Bedingungen, erziehliche Notsituationen, vielleicht auch "Unheilbares", vorliegt. In dieser Notlage, in die in mehr oder weniger gravierender Form auch etwa 20 Prozent der "Regelschüler", aber auch Realschüler und Schüler der Gymnasien im Zusammenhang mit Lernproblemen und psychophysischen Schwierigkeiten geraten (vgl. Bundschuh 1992, 37-42), bietet Förderdiagnostik Hilfestellung durch die Suche nach einem neuen Anfang und neuen Lern- und Erziehungswegen an. Es darf kein Zurückweichen vor Erziehungs- und Förderungsfragen und -problemen und kein Zurückweisen eines in Not geratenen Kindes geben. Pädagogische Verantwortung, vielleicht auch das Gewissen als sensible "Wahrnehmungsinstanz", haben neben der Einstellung, neben Wissen und Erfahrung ein starkes Gewicht. Die wesentliche förderdiagnostische Aufgabe liegt darin, sich mit Kindern in Notsituationen in sensibler Weise auf den Weg zu begeben, Angebote zu reflektieren, ohne diesen Weg festzulegen oder festzuschreiben.

6.3   Die soziale Dimension - Förderdiagnostik als Analyse behindernder Bedingungen

Das Leben, die Entwicklung eines Kindes kann von behindernden Prozessen begleitet werden (sekundäre Behinderung, Sozialrückständigkeit der Gesellschaft). Der sozialen Dimension kommt schwerpunktmäßig die Aufgabe zu, das So-Sein des Kindes aus seiner Biographie und den sie begleitenden sozialen Prozessen zu verstehen. Förderdiagnostik beginnt mit dem Blick nach rückwärts in Richtung bisheriger Bedingungen, die Behinderungen auslösten, verfestigten oder verstärkten. Somit nimmt auch Förderung ihren Anfang mit der Diagnose vergangener und gegenwärtig behindernder Bedingungen. Mögliche zukünftige Erschwernisse sollten mit in die Diagnose einbezogen werden. Hierzu gehören z. B. Bedingungen in der Familie oder im Heim, im Bereich der Schule sowie in der Gesellschaft allgemein.

6.3.1 Diagnose und Analyse behindernder Bedingungen und Verhältnisse

Behindernde Bedingungen und Verhältnisse sowie das soziale Vorfeld solcher Bedingungen sind zunächst Schwerpunkte des diagnostischen Prozesses. Die soziale Dimension intendiert im Gefolge der Analyse vergangener und gegenwärtiger Verhältnisse und Bedingungen die Erhellung zukünftiger - sozialer - Prozesse im Sinne der Beseitigung bzw. Neutralisierung behindernder Einflüsse, die das Leben und die weitere Entwicklung erschweren könnten. Diese möglicherweise negativen Umweltkräfte und -prozesse können sich auf ein Kind und seine Entwicklung in verschiedener Weise ungünstig auswirken. Von hier aus bietet es sich an, im Rahmen von Förderdiagnostik den Blick für ein Kind im Sinne des Verstehens seines So-Seins zu öffnen. Nicht die Gesellschaft oder eine bestimmte Schule ist die eigentliche Norm, sondern das betroffene Kind mit seinen Problemen und Nöten, das in einer Gesellschaft mit ihren verschiedenen, höchst komplexen Systemen zurechtkommen muß. Es handelt sich dabei um eine Gesellschaft, die sich nicht in hinreichendem Maße auf eine echte Integration, schlichtweg auf das Leben von Menschen mit Behinderungen eingestellt hat. Diagnostik heißt hier auch Diagnostik der Lebensbedingungen, die unsere oder eine Gesellschaft Kindern mit oder ohne Behinderungen als Lebenswirklichkeit anbietet mit der Frage, ob diese Bedingungen unter dem Aspekt von Kindern ein Leben als sinnvoll, d. h. lebenswert erscheinen lassen, oder ob diese Bedingungen (z. B. Wohnungen, Kindergärten, Schulen, Behörden, Spielplätze, bedrohte Natur, übertriebene Leistungsanforderungen, Technisierung, ...) auf Kinder und Familien wie eine drückende oder gar erdrückende Last wirken.

Insofern steht Förderdiagnostik auch im Dienste der Integration von Kindern mit Behinderungen, indem diagnostiziert und analysiert werden sollte, welche Gegebenheiten einer Integration von Menschen mit Behinderungen im Wege stehen.

Diagnostik im sonder- oder heilpädagogischen Arbeitsfeld stellt sich stets die Frage nach der *Orientierung am Kind*, seinen speziellen Bedürfnissen und Problemen (vgl. 9.2). Diese Diagnostik betont nicht Defizite, Mängel, negative Abweichungen, stellt vielmehr *Möglichkeiten* und *Können* in den Vordergrund ihrer Betrachtungsweise.

Es besteht gegenwärtig die Gefahr, daß gerade soziale Probleme, die häufig auch zur "Sonderschulbedürftigkeit" führen können, durch eine Überbetonung von Teilleistungsstörungen bzw. Integrationsstörungen auf der Basis sogen. "Minimaler Cerebraler Dysfunktionen" als medizinische Probleme gesehen werden und somit negative soziale Prozesse, ökonomische und ökologische Bedingungen als Verursachungsfaktoren für Lern- und Verhaltensprobleme von Kindern verdeckt und damit verharmlost werden. Politisch, speziell schulpolitisch betrachtet stellt diese Sichtweise eine starke Vereinfachung von Problemen dar. Man hat das Kind bzw. die Person selbst als Verursacher bzw. "Träger" der Störung oder Behinderung wieder entdeckt (vgl. 4.1).

Auch wenn dies Schulpolitiker vielleicht nicht wahrhaben wollen, im Zusammenhang mit der Einrichtung und der - schulpolitisch bedingten - "Notwendigkeit" eines Besuchs von Diagnose- und Förderklassen, der Schule zur individuellen Lernförderung, aber auch der Schule für Geistigbehinderte haben gegenwärtige sozio-kulturelle sowie sozio-ökonomische Bedingungen und Einflüsse eine große Bedeutung. Die Überlegungen zur soziokulturellen Benachteiligung im Zusammenhang mit Sonderschulen (Begemann 1970) haben ihre Aktualität behalten, sind eher zu erweitern in Richtung neue Armut und zusätzliche Störfaktoren der Erziehung wie Medien, funktionalistische und technisierte Betrachtungs- und Einschätzungsweisen des Menschen auch in gegenwärtigen Schulen.

Nicht das Kind, nicht eine Person kann für sich allein betrachtet werden, vielmehr entwickelt sich jeder Mensch von Geburt an in einem sozialen Bezugsrahmen, d. h. in einem komplexen, sozial-dynamischen Feld mehr oder weniger liebevoller Beziehungen, aber auch - mächtiger - Systeme. Bereits der Säugling spürt vom ersten Lebenstag an die Gefühle seiner Umwelt, vor allem seiner Mutter: Ob sie ihn zum Beispiel sicher im Arm hält oder ob sie Angst hat, ihn anzufassen, ihn ablehnt oder liebevoll annimmt. So erleben Babys bereits spannungsreiche, aber auch harmonische Situationen ihrer Eltern mit. "Säuglinge können vom Kummer ihrer Mutter richtig krank werden, zum Beispiel eine Erkältung bekommen, für die es sonst keine Gründe gibt ... Der Säugling, können wir etwas vereinfacht sagen, wird in seiner Entwicklung von zwei Grundkräften entscheidend beeinflußt: von Liebe und Nicht-Liebe, das heißt genauer: Selbstverliebtheit des Erwachsenen, mit dem wissenschaftlichen Fachausdruck 'Narzismus' genannt" (Bittner 1979b, 8).

Hinzu kommen in neuerer Zeit die Ängste von Müttern, Vätern oder Familien vor einer bedrohlichen Zukunft, die geprägt ist von Fortschritts- und Leistungsdenken und Umweltproblemen. Wartezeiten bei Kinder-, Zahnärzten und Orthopäden, der Kampf um Kindergartenplätze, um Wohnungen, insbesondere Auseinandersetzungen mit Schulen (Hausaufgaben, Leistungen, Erziehungsfragen) prägen die Atmosphäre in den Familien.

Wie schlimm und tragisch müssen sich Nicht-Liebe, ja totale Ablehnung von seiten der Eltern auf Kinder mit Behinderungen auswirken, wie man dies relativ oft bei Kindern in Heimen für Geistigbehinderte erfahren kann.

Tuckermann hat eine solch verheerende Einstellung und deren Folgen in: "Down-Kind Andreas" (1981) aufgezeigt.

Förderdiagnostische Fragestellungen beziehen die jeweiligen Erziehungsfelder ein, denn es geht darum, "den Prozeß als ganzen zu begreifen, der das Aufwachsen des Kindes in unserer Gesellschaft so nachhaltig zu verändern beginnt. Begreifen heißt für den Psychoanalytiker: die treibenden Kräfte im Hintergrund, die unbewußten Motive, den Wandel der Objektbeziehungen zwischen Erwachsenen und Kindern zu verstehen, ..." (Bittner 1979b, 106).

Jeder Entwicklungsprozeß stellt einen Sozialisationsprozeß dar. Förderdiagnostische Aufgabenstellungen berücksichtigen und analysieren den sozialen Bezugsrahmen, wobei ein Kind mit Lern- und Verhaltensproblemen als "integrierendes Unterganzes eines Kommunikationssystems" gesehen wird (Kobi 1977a, 119). Hier entwickelt eine Person das für ihren Werdegang so entscheidende Selbstkonzept. Dieses Selbstkonzept und seine Interpretation stellt ein wichtiges Moment förderdiagnostischer Prozesse dar, denn es müssen vielleicht Hilfestellungen zu einer neuen Selbsteinschätzung oder zur Aufnahme neuer Inhalte in dieses Selbstkonzept, also in Richtung größere Flexibilität, positive oder zumindest positivere Einschätzung als bisher gegeben werden. Bezogen auf die Schule besteht der Gegenstand förderungsspezifischer Diagnostik nicht primär aus den Merkmalen des Kindes, sondern das gesamte Bedingungsfeld des schulischen Erfolgs oder Mißerfolgs geht in die Überlegungen ein.

6.3.2 Behinderung als kreisförmiger Interaktionsprozeß

Förderdiagnostik ist "Lifespace (Lebensraum)-Diagnostik". Sie findet an jenem Ort und unter jenen Umständen statt, wo ein Kind angeblich versagt hat oder sich bewähren sollte. Gegenstand der Förderdiagnostik sind nicht Störungen, Behinderungen als solche, auch nicht behinderte Kinder, sondern beeinträchtigte Erziehungsverhältnisse sowohl im einzelnen wie im Gesellschaftsganzen. Als wichtig erweist sich die Diagnostik behindernder Bedingungen. Dies bedeutet, daß förderungsorientiertes Vorgehen weit über das einzelne Kind hinausreicht.

- "Es gibt keine Behinderung 'an sich' - im ahistorischen, unpolitischen, beziehungslosen Raum. Behinderungen erschließen sich ... als psychosoziales Funktionsnetz, nicht als 'Gegenstand'.
- ... Behinderungszustände (Defektivität) werden in kreisförmigen Interaktionsprozessen erzeugt, Abnormität wird via Normierungen, Definitionen, Zuschreibungen *gesetzt* (sog. labeling approach). Zwischen der praktischen Intervention und deren intendiertem Subjekt besteht daher eine konstitutive Beziehung von der Art, daß das Interventionsobjekt durch den Eingriff erzeugt wird.

- ... Kinder sind einem labeling approach ziemlich wehrlos ausgeliefert: Im Kampf um die Definition 'Erziehungsuntüchtige Eltern' versus 'Verhaltensgestörtes Kind' legen die Eltern, in jenem zwischen 'Lehrbehinderter Lehrer' versus 'Lernbehinderter Schüler' legt die Lehrerschaft die Indizes fest ..." (Kobi 1980, 79f.).
- Interaktionen sind nicht linear, sondern kreisförmig. "In dieser Beziehungsform ist kein Verhalten Ursache des anderen: jedes Verhalten ist vielmehr sowohl Ursache als auch Wirkung" (Watzlawick u.a. 1974).
- Die Ausgangsbedingungen stehen nicht in einem fixen Kausalzusammenhang zu Endzuständen. " ... Verschiedene Anfangszustände können zu denselben Endzuständen und gleiche Ausgangspositionen zu unterschiedlichen Ergebnissen führen. In Interaktionssystemen gibt es keine strengen Wenn-Dann-Gesetzlichkeiten.
- Behinderung in einem weiten Sinne ist durch ihre erwartungswidrigen Kommunikationsformen charakterisiert, welche eine soziale Homöostase erschüttern. 'Der Behinderte', das ist eine Rollenzuschreibung auf diejenige Person, an welcher ein Defekt abgelesen (oder vermutet)" wird, "den man in einen Kausalzusammenhang bringen zu können glaubt mit der Systemstörung" (Kobi 1980, 79f.).

Diese äußerst komplexen Prozesse und Sachverhalte muß eine förderdiagnostische Vorgehensweise beachten. Sie kann die Möglichkeiten, Verflechtungen und Tiefen der zahlreichen Beziehungen und Interaktionen einer Person nicht negieren, muß vielmehr damit rechnen, sich stets um deren Erhellung bemühen, auch wenn dies vielleicht nicht bis zur Gänze nachvollziehbar ist.

Insbesondere in Familien mit behinderten Kindern entstehen im Zusammenhang mit wirklichen und antizipierten Belastungsprozessen Probleme. Es besteht infolge gesellschaftlicher Isolierung, Abgrenzung und Überbelastung im Hinblick auf soziale Prozesse die Gefahr der Entstehung negativer Zirkel. Hier wird eine "systemische (Familien)-Diagnostik" (Jantzen 1990, 184f.) nötig, d. h. eine Diagnose der Interaktionsstrukturen in den betroffenen und unter dieser Situation leidenden Familien. Krankheiten und Behinderungen können Familienprozesse verändern. "Wesen des gestörten familiären Prozesses ist es, daß emotionale Konflikte nicht ausgetragen werden. Nicht ausgetragene Konflikte führen durch Transformation über bestimmte Interaktionsstrukturen (Verstrickung, Überfürsorglichkeit, Rigidität, fehlende Bereitschaft bzw. Unfähigkeit zur Konfliktlösung, wechselseitige Nutzung der Familienmitglieder als Bündnispartner, ...) zu psychischen und somatischen Folgeerscheinungen" (ebd.), auf dem Wege innerer Reproduktionsmechanismen zur Isolation.

Für die Diagnose der Interaktionen in Familien erweisen sich drei überlagernde Ebenen als bedeutend, die im Hinblick auf vorliegende Daten der Interpretation und der vernetzten Betrachtung bedürfen:

1. Eigenschaften der Familienkommunikation wie z. B. Klarheit, Situations- angemessenheit, Widersprüchlichkeit, Strukturiertheit;
2. Beziehungen zwischen den Familienmitgliedern: Koalitionen, Dominanzverhältnisse, Rollenbeziehungen und -zuschreibungen;
3. Mechanismen oder Regeln, die die Interaktion steuern: Dies sind u.a. Problemlösungsstrategien, Auseinandersetzungs- und Konfliktmuster, Familienideologien im Sinne gemeinsamer Vorstellungen, was erwünscht und was verpönt ist, und schließlich Belohnungs- und Bestrafungsmuster (Kruse 1984, 105; zit. n. Jantzen 1990, 185).

Mit Hilfe von Erhebungsverfahren werden Familienprozesse in ihrer Systemstruktur und Systemdynamik rekonstruierbar, eine Möglichkeit, die zur Aufweichung bereits erstarrter, stabiler - pathologischer - Strukturen führen kann.

6.3.3 Offenheit

Die von der betroffenen Person her gesehenen zahlreichen Möglichkeiten, die förderungsorientiertes Arbeiten einschließt, bringen es mit sich, daß man nicht mit einem vorbereiteten sogenannten wissenschaftlichen und damit unangreifbaren Modell "aktiv wird", vielmehr wird das oberste Prinzip in der *Offenheit* für die jeweilige Problematik gesehen.

Mit dieser Offenheit sind vor allem drei Momente angesprochen: Die Offenheit bezüglich der Phase des Kennen- und Verstehenlernens (erste Informationsgespräche, Anamnese), die Offenheit bezüglich aller Personen, die irgendwie an der Förderung beteiligt sind unter Einbezug der engeren und weiteren Erziehungspersonen, und schließlich die Offenheit bezüglich der Hilfe, der helfenden Vorgehensweise (kein verbindliches Vorgehen im Sinne von unbedingtem "Festhalten an einem Konzept"). Hiermit ist die Verbindung zu den Bereichen "Didaktik" und "Therapie" (vgl. 6.4; 6.5) angesprochen.

Der Aspekt der Offenheit während der Phase des Kennen- und Verstehenlernens meint, daß der förderdiagnostisch arbeitende Pädagoge dem Kind mit Vorurteilslosigkeit, mit völliger Unvoreingenommenheit begegnet. Er sollte auch auf der Basis der Anamnese weniger etwas suchen, beobachten oder bestätigen, was andere - "Fachleute", Erziehungspersonen - bereits sahen oder vermuteten, sondern versuchen, Möglichkeiten, Anknüpfungspunkte, Perspektiven für das betroffene Kind und die Eltern zu sehen und zu entdecken, die bisher verborgen waren, nicht wahrgenommen wurden.

Der zweite Aspekt spricht die Offenheit bzw. die Offenlegung der "diagnostischen Situation" an. Kind, Eltern, Lehrern und weiteren mit der Förderung tangierten Personen wird nach Möglichkeit - wenn immer pädagogisch vertretbar - der förderdiagnostische Prozeß einsehbar (transparent) gemacht. Es wird vermieden, daß zwischen den Beteiligten so etwas wie ein Arzt-Geheimnis Platz greift. 'Offene Akten'!" werden gefordert (Kobi

1977a, 121). Wenngleich sich in der Realität diese Forderung wohl nicht immer ganz verwirklichen läßt, z. B. weil Informationen diagnostischer Art von Eltern vielleicht falsch interpretiert werden und damit keine fördernde, sondern belastende, vielleicht sogar schädliche Wirkung evtl. im Hinblick auf den Förderungsprozeß haben könnten. Keinesfalls dürfen die "Geheimnisse" bestehen bleiben, die im Rahmen traditioneller Diagnostik, vor allem im Zusammenhang mit der Aufnahme in Sonderschulen, üblich waren. Möglichkeiten integrativer Erziehung und Unterrichtung sowie das System der Diagnose- und Förderklassen bringen es auf natürliche Weise mit sich, die Eltern durch offene Informationen in eine echte Entscheidung einzubeziehen.

Der dritte Aspekt bezieht sich auf die Hilfe, die eigentliche Förderung. Die Überlegungen zum Interaktionsmodell (vgl. 6.3.2) sowie Erfahrungen mit in verschiedener Weise behinderten Kindern sprechen dafür, daß man förderdiagnostische Prozesse, die pädagogisch-didaktischen Angebote nicht gänzlich festlegen, programmieren kann und darf, denn zu unterschiedlich sind die Lernbiographien, die Bedürfnisse und die Lernmodi von Kindern, als daß sich hier etwas in Schemata, in Programme einordnen ließe.

Insofern ist der Gedanke einer differenzierten, individuellen Lernförderung in der Klassengemeinschaft oder auf dem Wege einer kurzfristigen Einzeldifferenzierung zu begrüßen. "Wenn zwei Kinder dasselbe tun, so ist es nicht dasselbe; und wenn von zwei Kindern dasselbe erzählt wird, so ist es nicht sicher, daß sie auch dasselbe getan haben, noch daß sie auf dieselbe Weise dazu gekommen sind. Wenn mich darum jemand fragt: Mein Kind näßt noch immer das Bett, was kann man dagegen tun? Oder: Mein Kind will immer zu Kameraden, deren Umgang nicht gut für es ist; was soll ich da tun? - dann kann ich nur antworten: Das weiß ich nicht, erzählen Sie mir aber von ihrem Kind. Nicht nur von seinem Bettnässen, sondern von allem, was sich überhaupt erzählen läßt. Erzählen sie mir von seinen Kameraden und von ihm selber, was Sie überhaupt wissen, ob es die besondere Frage angeht oder nicht; und erzählen Sie mir von sich selber und von den Eltern der Kameraden und von ihrem eigenen Verhältnis zu den Eltern dieser unerwünschten Kameraden. Wenn ich das dann alles weiß, dann kann ich Ihnen vielleicht etwas sagen, was Sie tun können oder tun sollten. Aber allgemeine Rezepte, die auf ein bestimmtes äußerlich gekennzeichnetes Verhalten paßten, gibt es nicht. Will ich dem Kinde helfen, so muß ich wissen, was überhaupt vorliegt. Ich muß mich zuerst einmal darin bemühen, die Tatsachen festzustellen und sie zu interpretieren; ich muß versuchen, mir auf Grund der geprüften und geklärten Tatsachen ein Bild zu machen von der inneren Verfassung des Kindes" (Moor 1974, 16). Diese Überlegungen gehen in die Nähe einer hypothesengeleiteten Vorgehensweise, indem von Erfahrungen und - soweit die Informationsträger zuverlässig sind - von Tatsachen ausgegangen wird. Zumindest vom Ansatz her wird in den Diagnose- und Förderklassen, in den pädagogischen Förderzentren und in den

Schulen zur individuellen Lernförderung ähnlich gedacht. Leider mangelt es hier in der Regel am entsprechenden Personal zur Umsetzung und Verwirklichung an sich vom Ansatz her akezptabler Konzeptionen.

6.3.4 Zum Problem der "Teilleistungsstörung"

Im Zusammenhang mit der Betrachtung sozialer Prozesse im Rahmen der Förderdiagnostik ist Kritik an dem sogenannten "Teilleistungsmodell" notwendig. Ausgegangen wird hierbei von einer relativ isolierten Beeinträchtigung, häufig "minimale cerebrale Dysfunktion" genannt, die sich dann im Bereich einzelner "Funktionen" in Form von (leichten Funktions-) Störungen auch auswirke. Die Problematik dieser Vorstellung drückt sich vor allem in der begrifflichen Vielfalt und einer mangelnden definitorischen Einheitlichkeit aus (vgl. Berger 1980). Eine ziemlich breite, aber doch übersichtliche definitorische Darstellung findet sich bei *Kirk/Kirk*: "Kinder mit spezifischen oder speziellen Lernstörungen weisen eine Störung in einem oder in mehreren grundlegenden psychischen Prozessen auf, so daß sie bei der Aufnahme oder bei Gebrauch gesprochener oder geschriebener Sprache behindert sind. Störungen des Hörens, Denkens, Sprechens, Lesens, Buchstabierens, Schreibens oder Rechnens zeigen dies an. Hierzu zählen Zustände, wie sie auf Wahrnehmungsstörungen, Hirnverletzungen, geringe Hirndysfunktionen, Legasthenie oder der sekundären Aphasie zurückgeführt werden können. Nicht hierzu werden diejenigen Lernstörungen gezählt, die primär auf geistige Behinderung, Verhaltensstörung oder auf Milieuschäden zurückzuführen sind" (1976, 20). Wer kann schon Milieuschäden wissenschaftlich exakt von anderen exogenen oder endogenen Einflüssen trennen?

Zunächst einmal gibt es diese völlig isolierte Teilleistung, die dieses Modell suggeriert, nicht, ebenso wenig den "isolierten Defekt", der sich bisher auch von medizinischer Seite, speziell von Neurophysiologen und Neurologen nicht nachweisen ließ. Verhalten ist immer vernetzt, am Verhalten eines Kindes ist stets die Ganzheit beteiligt, insofern sind es keine - isolierten - Teilleistungen und Funktionen, sondern "Handlungen", an denen äußere und innere Prozesse wechselseitig beteiligt sind. Es besteht die Gefahr, daß der "Teilleistungsgedanke" geradezu die soziale Komponente beim Zustandekommen einer Notsituation verdeckt. *Begemann* hat die Schule für Lernbehinderte als "Schule für sozio-kulturell benachteiligte Schüler" bezeichnet (1970). Seine Forschungen und darauf basierende Aussagen kamen wahrscheinlich der Wahrheit näher als das Modell der Teilleistungsstörungen im Zusammenhang mit den Problemen von Kindern in der Schule für Lernbehinderte oder in der Schule zur individuellen Lernförderung.

In der Tat erweisen sich Lernstörungen, die sich im Erscheinungsbild wie "Teilleistungsstörungen" manifestieren, häufig auch bedingt durch soziokulturelle Einflüsse wie z. B. anregungsarmes Milieu, Erziehungsnöte,

Armut, Arbeitslosigkeit der Eltern, zu kleine Wohnungen, Wohnungsnöte überhaupt. Hier haben wir den Auftrag, *diese behindernden Bedingungen* wirklich zu *diagnostizieren*, zu *analysieren* und zu kritisieren und nicht hypothetische Konstrukte beim Kinde zu formulieren, die letztendlich nicht wirklich mit wissenschaftlichen Methoden diagnostiziert werden können.

Im Zusammenhang mit dieser sozialen Dimension muß auch das Verhältnis zwischen dem diagnostizierenden Pädagogen und dem betroffenen Kind angesprochen werden. Relativ viele diagnostische Ansätze implizieren eine gewisse Hierarchie zwischen dem Pädagogen (Diagnostiker) und dem Kind. Oft konstituieren der Wissensvorsprung, das Bewußtsein bzw. die Unterstellung der Richtigkeit des Wissens und Handelns auf der einen Seite und die Hilfesuche und Abhängigkeit auf der anderen Seite fast zwangsläufig ein hierarchisches Verhältnis. Dies gilt es zugunsten einer partnerschaftlichen Rollenverteilung abzubauen. Ein sogenanntes Machtgefälle zwischen der "Autorität des Experten" und einem in Resignation befindlichen Kind, das sich unterlegen fühlen muß, darf nicht in den förderdiagnostischen Prozeß Eingang finden. Empathie, Akzeptanz, Vertrauen, Verstehen, partnerschaftliche Interaktionsprozesse bestimmen diese wichtigen Prozesse eines Neuanfangs nach einer meist langen Zeit der Fehlschläge und Mißerfolge. In der Person des Kindes lassen sich unter Berücksichtigung bisheriger sozialer und kommunikativer Prozesse, die auch aus der Kenntnis der Biographie eines Kindes hervorgehen, die entscheidenden Ansatzpunkte für zukünftige positive pädagogisch-förderdiagnostische Prozesse finden.

6.4 Diagnose, Förderungsprozesse und Didaktik als Einheit

Didaktik hat die Aufgabe der Vermittlung zwischen Subjekt und Objekt, Kind und Lernstoff/-gegenstand. Schon *Comenius* (1592-1670) verstand Didaktik als Lehrkunst, "allen alles vollständig zu lehren". Im weitesten Sinne wird Didaktik als Wissenschaft vom Unterricht definiert. Es geht dabei um die praktische Gestaltung des Unterrichts, um Lehren und Lernen (Schröder 1990, 46).

Gerade von der Didaktik, insbesondere vom Lehrer in seiner Rolle als Vermittler gehen gegenwärtig Hilferufe aus. Fühlt er sich angesichts reizvoller und verlockender Medien nicht ins Abseits gedrängt? Welche Kinder interessieren sich wirklich noch intrinsisch motiviert für etwas, was gelernt werden soll, vor allem, wenn der Erwerb eines Lernstoffes mit Mühen und Schwierigkeiten verbunden ist, Anstrengung erfordert. Hinzu kommt noch die häufig - extrem - erschwerte Lernsituation im sonder- oder heilpädagogischen Arbeitsfeld (Erziehungsschwierigkeiten, Lernbehinderungen, schwere geistige Behinderung).

Es ist sinnvoll, die didaktische Dimension der Förderdiagnostik zunächst theoretisch in die Aspekte Diagnostik und Förderung aufzuteilen, wenngleich mit der Aufgabe der Vermittlung zwischen Kind und Lerngegenstand bzw. Unterrichtsstoff im Rahmen der Didaktik am ehesten die enge Verzahnung von Diagnose und Förderung aufgezeigt werden kann. Didaktik verbindet in einzigartiger Weise Diagnostik und Förderung. Während im Rahmen der problemlosen, "üblichen", "normalen" Erziehungs- und Unterrichtspraxis sich die Frage der Diagnostik weniger bewußt stellt, drängt sich das Problem des genaueren Hinsehens, der gründlichen Beobachtung, also Diagnostik im sonder- oder heilpädagogischen Arbeitsfeld (Frühpädagogik, Schule, Berufsfindung, ...) infolge komplexer multidimensionaler Notsituationen direkt auf. Diagnostik im Rahmen didaktischer Problemsituationen stellt auf der Basis pädagogischer Verantwortung die Frage nach den Voraussetzungen des Kindes - grob gekennzeichnet - in geistiger, sozialer und emotionaler Hinsicht.

6.4.1 Förderdiagnostik als Vermittlungsprozeß

Diagnostik spielt insofern eine Rolle bei der Frage nach den Lernzielen und Lerninhalten, weil sie in fundierter Weise den Unterrichtsgegenstand hinsichtlich seiner Brauchbarkeit für ein bestimmtes Kind oder für eine Gruppe von Kindern mit speziellen Schwierigkeiten oder Bedürfnissen analysiert. Wie muß der Lerngegenstand beschaffen sein oder aufbereitet werden, damit er für ein Kind motivierend wirkt, begreifbar und verstehbar wird? Differenzierung und Individualisierung werden nötig. Vom Stoff her gesehen sind Aufarbeitung, Zubereitung, Veranschaulichung, schlichtweg Anpassung des Stoffes an einen Schüler mit besonderen Schwierigkeiten gefordert. Hierin liegt ein wichtiger Ansatz für die spezifische Aufgabe im Rahmen sonder- oder heilpädagogischer Aufgabenfelder, in der Frage nach dem "Wie" der Vermittlung angesichts - extrem - erschwerter Bedingungen.

Förderdiagnostik und Förderung treffen hier genau die entscheidende Mitte von Didaktik mit dem Blick nach rückwärts (Fehleranalyse/-diagnose) und Verstehen des kindlichen Verhaltens und Lernens in der aktuellen Situation mit dem Blick nach vorne in die Zukunft, auf sich eröffnende Möglichkeiten für Erziehung und Unterricht bzw. auf konkretes Lernen.

An sich stellt Förderdiagnostik, speziell die didaktische Dimension keine Besonderheit, kein Privileg des sonder- oder heilpädagogischen Arbeitsfeldes dar. Sie müßte aus rein pädagogisch-didaktischen Gründen in alle Schularten Eingang finden, um die vielen Verbrechen an der Seele von Kindern zu vermeiden, die durch mehr oder weniger permanente Überforderung zwischen Grundschule und Gymnasium bei mehr als 20 Prozent der Schüler transparent werden und in Formulierungen wie "Schulversager", "lernschwacher Schüler", "lerngestörtes Kind", "Problemkind" zum Ausdruck kommen. Diese Schulen gehen an der Chance vorbei, zu erkennen, daß in der Analyse von Lernproblemen die Möglichkeit für einen didaktischen Neuanfang enthalten ist.

6.4.2 Fehler und Fehleranalyse als Chance zum Fortschritt

Eigentlich muß im Zusammenhang mit vorliegenden Lernproblemen auch immer vom "Versagen der Schule" und der Lehrer gesprochen werden. Schulen, konkret Lehrer und Lehrpläne könnten sich wesentlich besser entwickeln, könnten zu wirklichen Fortschritten kommen, wenn schulisch-didaktische Fehler bei der Ausarbeitung von Lehrplänen sowie im Rahmen des Unterrichtens durch Lehrer im Hinblick auf das Lernen der einzelnen Schüler hinterfragt würden.

Würde man unter diagnostischem Aspekt verstärkt an das Problem der Didaktisierung (durch Lehrer) herangehen, müßte man nicht selten die Bewertung "mangelhaft" geben. Diese Aussage trifft in besonderer Weise die Situation des Gymnasiums und der Realschulen. Bei diesen Schularten stellt sich die Frage der Veränderung von Lehrern und Lehrplänen im Sinne der Einstellung auf das Kind scheinbar überhaupt nicht. Diese Schularten und die Lehrpersonen stehen in einer Fülle von traditionell vermittelten Zwängen, die häufig die Sicht auf das wirkliche So-Sein von Schülerinnen und Schülern verstellen und eine nahe Verbindung zwischen Unterrichtsgegenstand und und Alltagswirklichkeit geradezu verhindern.

Indem Förderdiagnostik auf die bisherigen Lernprozesse eines Kindes zurückblickt und eine systematische Fehleranalyse vollzieht, wird auch der Blick für die Zukunft, für die Zone der so wichtigen, Fortschritt vermittelnden Zone der nächsten Entwicklung geöffnet. Aus der Analyse und Kenntnis der Fehler ergibt sich - so paradox dies klingen mag - der entscheidende Prozeß zukünftigen individuellen Lernens. Die bisherige Lernbarriere oder -grenze wird zur Möglichkeit im doppelten Sinne: sowohl der Lehrer erfährt, wie es mit dem Kind weitergehen kann, als auch das Kind spürt einen Fortschritt, eine Erweiterung seiner Möglichkeiten. Es ergibt sich eine neue Wahrnehmung und Bewertung einer ursprünglichen "Grenze" oder Notsituation. Für den Lehrer läßt sich diese Erfahrung auf Lernprobleme und -prozesse anderer Kinder transferieren, indem erkannt wird, auf welch individuelle Weise Kinder lernen können. D. h. die Möglichkeiten der Didaktisierung werden größer und flexibler. Sehr wichtig und entscheidend werden für die Lehrperson Erfahrung und Erkenntnis, daß aus Lerngrenzen Lernmöglichkeiten hervorgehen können. Diese Aussage gilt für die Arbeit bei Kindern mit geistiger Behinderung mit ganz speziellen Bedürfnissen wie für den Unterricht an Gymnasien gleichermaßen, bei vorliegenden Lernproblemen allgemein.

Zur Frage der Fehleranalyse gibt *Grissemann* im Zusammenhang mit "Rechenstörungen" (1982) und Störungen "des Lesens und Schreibens" (1986) gute Anregungen.

6.4.3 Schüler, Sachstruktur, Vermittlung und Lehrinhalt

1. Im Hinblick auf das Kind, seinen bisherigen *Lernweg*, sein Lernverhalten, den *Lösungsweg* und das Lösungsprodukt ist zu fragen:
   - Inwieweit kann das Kind die gestellte Aufgabe erfüllen?
   - Welche Teilschritte/-lösungen und Teilleistungen werden bereits erbracht? (Teilleistungen werden hier nicht als etwas Isoliertes, vielmehr als kleinste sinnvolle Handlungen im Zusammenhang mit einem Aufgabenlösungsprozeß verstanden).
   - Wie läßt sich das individuelle Lernverhalten beschreiben?
   - Welche Besonderheiten zeigen sich in der Lösungsstrategie?
   - Welche einzelnen Handlungen lassen sich beobachten, die für den Lernprozeß eine Rolle spielen (Vergleichen, Einordnen)?
   - Auf welche erworbenen logischen Begriffe (bzw. Denkstrukturen) lassen Handeln und Sprache des Kindes schließen?
   - Bilden die angewandten Handlungen eine sinnvolle und effektive Lösungsstrategie, sagen sie etwas über die Denk- und Handlungsprozesse des Kindes aus?
   - Fehlen Handlungen bzw. Verhaltensmöglichkeiten für eine komplette bzw. gute Lösungsstrategie?
   - Sind Handlungen im Sinne des Lerngegenstandes falsch bzw. unpassend, werden sie ungünstig oder in ungünstiger Reihenfolge vollzogen?

   Wenn man all diese Fragen einbezogen hat, löst sich mit großer Wahrscheinlichkeit das Motivationsproblem von selbst (vgl. Bundschuh 1992, 157-161).

2. Im Hinblick auf die *Sachstruktur*, die Analyse der Anforderung ist zu fragen:
   - Welche Handlungsvollzüge bzw. welche Tätigkeiten und Denkvorgänge setzen Lerngegenstand und Lerninhalt voraus?
   - Welche sachstrukturellen Kenntnisse (Faktenwissen) sind für den aktuellen Lerninhalt Voraussetzung?

   Hierzu ist etwa für den Bereich Mathematik eine Analyse hinsichtlich der vorhandenen - logischen - Begriffe bzw. Denkstrukturen (z. B. Klassifikation, Seriation) bezüglich Lösungsstrategien bzw. Handlungen (z. B. Vergleichen, Unterscheiden, Ordnen, ...) und im Hinblick auf Fachbegriffe (z. B. Reihenfolge ,...) erforderlich.

3. Erst dann können die Fragen der *Vermittlung* gestellt werden:
   - Welche Abstraktionsebene haben die Vermittlung und das Unterrichtsmaterial (anschaulich-abstrakt)?
   - Inwieweit ist sprachliche Kompetenz erforderlich?

- Welche Fähigkeiten (Lesen, Zuhören, Abschreiben, ...) erfordert die Vermittlung?
- Welche Anforderungen stellt die Unterrichtsform (eigenständiges, kooperatives Arbeiten, ...) und das Unterrichtsmaterial (Sorgfalt, Ausdauer, ...)?

Anhand einer solchen Analyse, die hinsichtlich Kind und Lerngegenstand je nach Situation detaillierter Modifizierung und Differenzierung bedarf, lassen sich aus dem Lernverhalten Rückschlüsse bezüglich der aktuellen Entwicklungszone des Kindes ziehen. Aus den Diskrepanzen zwischen der aktuellen Entwicklungszone eines Kindes und den gestellten Anforderungen lassen sich die Fehlerquellen identifizieren. Es ist also zu fragen, ob die vom Kind angewendeten Handlungen eine sinnvolle und effektive Lösungsstrategie darstellen, ob bestimmte Handlungen für eine komplette Lösung bzw. zur Strukturierung einer Lösungsstrategie fehlen, ob Handlungen und Zwischenschritte evtl. falsch bzw. unpassend sind, d. h., ob sie unsystematisch und in ungünstiger Reihenfolge vollzogen werden.

In der Möglichkeit des Ausgleichs dieser Diskrepanzen zwischen Lösungsproblematik und gestellter Aufgabe bzw. in der Möglichkeit der Angleichung des Lerninhaltes an die Fähigkeiten des Kindes auf der Basis der Abwärtsdiagnose liegen die Ansätze zur Förderung. Es geht also um die Analyse und Erforschung der aktuellen Entwicklungszone, die sich in der Lernausgangslage manifestiert sowie um die Veränderung der Anfangssituation bzw. des Lehrangebotes, um den Lernprozeß eines Kindes in Gang zu setzen und zu begünstigen.

Immer wieder stellt sich die Frage nach den Faktoren, die am Lernen beteiligt sind und zum Lernerfolg beitragen, bzw. welche Faktoren Lernerfolge verhindern.

4. Im Hinblick auf *Vermittlung* und *Lehrinhalt* ergeben sich folgende Fragen:
- Welche Aspekte bezüglich Lehrinhalt und Lösungsstrategie wurden vernachlässigt und müssen zusätzlich thematisiert werden?
- Welche Erinnerungsmöglichkeiten und -hilfen bieten sich im Zusammenhang mit den vernachlässigten Aspekten der Schülerlösungen an?
- Wie können Lernmaterial und Umgang mit diesem vereinfacht werden?
- Welche zusätzlichen, vereinfachenden Erklärungen sind denkbar?
- Wie lassen sich die sprachlichen Anforderungen vereinfachen?
- Wie lassen sich ein erworbener Sachverhalt und ein verbesserter Lernprozeß manifestieren, üben, verfestigen, vielleicht automatisieren?
- Wie kann man bereits im Sinne neuer Lernschritte, also der Zone der nächsten Entwicklung, Anforderungen variieren?

Bezüglich Kommunikation, Erstlesen, grundlegende mathematische Fähigkeiten (Zahlenverständnis, Grundrechnungsarten, geometrische Grunderfahrungen), Erstschreiben und mündliche Sprachgestaltung gibt es wichtige diagnostische Möglichkeiten. Am Beispiel "Erstlesen" wird nach den Kategorien "unsicher - sicher" eine Einschätzung der Voraussetzungen möglich:

1. Kann Geräusche und Töne differenzieren
2. Kann Geräusche und Töne lokalisieren
3. Kann Wörter und Laute akustisch wahrnehmen und unterscheiden
4. Kann Buchstaben visuell wahrnehmen und benennen
5. Kann Laute akustisch unterscheiden und den Buchstaben zuordnen
6. Kann die Position von Lauten wahrnehmen
7. Kann Silben erkennen und lesen
8. Kann Wörter zusammenziehend erlesen
9. Kann Wörter lesen und Sinn erfassen
10. Kann Sätze lesen und Sinn erfassen (vgl. Breitenbach 1992, 200f).

Kein Zweifel, bei diesen förderdiagnostischen Analysen und Hinterfragungen (Aufbereitung und Strukturierung von Lernstoff, Diagnose des Entwicklungsstandes, Analyse von Fehlerstrukturen bzw. Lernprozessen im ganzen) spielen die Überlegungen zum persönlichen Sinn dieses Lernprozesses, dieses Handelns bei den Schülern wie bei der Lehrperson eine wichtige Rolle. Damit kann auch der Gefahr einer vielleicht zu stark theoriebezogenen Analyse, in der die kausal-erklärenden Elemente einer Lernsituation eine Überbewertung erfahren, begegnet werden. Es wäre fatal, den Lernprozeß eines Kindes auf bloße Informationsverarbeitung im Sinne der Vermittlung primär kognitiver Strategien zu reduzieren und die so entscheidenden emotionalen, ganzheitlichen Prozesse eines Lernvorganges, in die auch die Beziehung und Interaktion zwischen Lehrendem und Lernendem einbezogen sind, nicht hinreichend zu berücksichtigen (vgl. Bundschuh 1992, 149-153).

Die Komplexität menschlichen Erlebens und Handelns schließt im Rahmen von Lernprozessen die Notwendigkeit der Berücksichtigung sozialer, emotionaler und motivationaler Prozesse im erzieherischen und damit unterrichtlichen Handeln ein. Wahrscheinlich ist ein Großteil der Probleme im Unterricht auf die Vernachlässigung dieser wichtigen Prozesse zurückzuführen. Im Rahmen von Unterricht sind auch die unbewußten Ebenen des "erleidenden und handelnden Subjekts" zu berücksichtigen (Fries/Weiß 1990, 129) Es wird deshalb darauf ankommen, "in den diagnostischen Prozeß wie in das pädagogische Handeln generell auch und besonders sinnverstehende und nicht nur kausal-erklärende Elemente einzubeziehen, also unter Einschluß der lebensweltlichen, lebensgeschichtlichen (zeitlichen) und zwischenmenschlichen Dimension. Zu letzterer gehört zentral die Beziehung und Interaktion zwischen Kind und Pädagogen/in" (ebd.).

6.4.4 Förderung

Diagnostik beschäftigt sich mit der Frage der Vermittlung in zweifacher Richtung, nämlich im Hinblick auf das Kind und den Lernstoff.

Förderung kann hier als Zwischenschritt, als Zwischenprozeß der Vermittlung verstanden werden, der sich als notwendig erweist, wenn die Schwierigkeiten des Kindes im Hinblick auf den Unterricht - zu - groß werden. Wenn im Grund- und Hauptschulbereich, in den Realschulen und Gymnasien die Frage der Lernsteuerung an Aktualität zugenommen hat, werden Überlegungen zur Lernsteuerung, zum prozeßorientierten Lehren und Lernen bei Kindern mit Lernstörungen und Behinderungen besonders relevant.

Obgleich Lernvorgänge sich in den Köpfen, in den kognitiven Prozessen der Lernenden abspielen, als an sich nicht direkt beobachtbare Phänomene gelten, ergibt sich die Notwendigkeit:

- Lernaktivitäten, Lernprozesse und Arten der Lernsteuerung möglichst sichtbar zu machen (vgl. Simons 1992, 261). Empirisch betrachtet kann diese Diagnose bis zu einem gewissen Grade die Verhaltensbeobachtung in Verbindung mit formellen und informellen Lerntests leisten;
- den Kindern die Frage nach dem eigenen Lernen zu stellen: "Wie lernst Du eigentlich? Was geht in Dir vor, wenn Du lernen willst, wenn Du Dir etwas merken möchtest?" Lernen selbst als Unterrichtsgegenstand und Unterrichtsthema, als Möglichkeit im Rahmen eines Förderungsvorganges soll thematisiert werden. Im Förderungsprozeß und im Rahmen des Unterrichts im sonder- oder heilpädagogischen Arbeitsfeld soll der Lehrende die Lernenden stimulieren und herausfordern, über ihre eigenen, aber auch über verschiedene Lernstrategien und deren Einsatz bei ganz bestimmten Aufgabenstellungen nachzudenken ("Rückbesinnungsprinzip");
- affektiv-emotionale Aspekte des Lernens vor allem im heilpädagogischen Bereich zu berücksichtigen "(Affektivitätsprinzip")

Kognitionspsychologische Untersuchungen der letzten Jahre haben gezeigt, daß man nicht aktiv lernen kann, wenn nicht bestimmte emotionale Bedingungen gegeben sind. Die entsprechenden Hirnzentren, die für den Ablauf emotionaler Prozesse verantwortlich sind, gehören zum älteren Anteil geistiger Aktivitäten. Das Nervensystem als Netzwerk, die Gedächtnisprozesse, die Vorgänge im Bereich der Synapsen (Transmitter), der Nervenzellen, Prozesse der Wahrnehmung und kognitiven Verarbeitung schlechthin, markieren, daß die emotionale Befindlichkeit, das Emotionale den Weg zum Bewußtsein zu öffnen oder zu blockieren vermag. Emotionalität kann Zuwendung und Wahrnehmung fördern oder hemmen (Ängste, Druck, innere Spannung, ...), geistige Tätigkeit intensivieren oder abschwächen. Thalamus und Hypothalamus, die zum Zwischenhirn gehören, gelten vor allem als die Hirnzentren, die für die emotionale Befindlichkeit und Qualität verantwortlich sind (Rexrodt 1981, 100; Schmidt 1987, 27ff.; Radigk 1990, 120f.; Bundschuh 1992 149-153). Hinzu kommt, daß man nicht aktiv lernen kann, wenn man nicht daran glaubt, daß es funktioniert und zum Erfolg führt.

Es ergibt sich die bei Kindern mit Lernstörungen und Behinderungen im Rahmen spezifischer Förderung die Notwendigkeit, Voraussetzungen für neue Lernprozesse zu schaffen, d. h. Umwege, neue Wege zu gehen, Zusatzinformationen, -kenntnisse und -fertigkeiten zu vermitteln, also zu fördern.

Bekannte und berühmte Pädagogen und Didaktiker haben über diese Frage der Förderung nachgedacht, etwas Wesentliches von diesen Gedanken erfaßt, ihre zum Teil auch ganzheitlichen Systeme eingebracht wie z. B. *Johann Heinrich Pestalozzi, Maria Montessori, Rudolf Steiner, Peter Petersen, Wolfgang Klafki, Marianne Frostig, ...*

Allgemeine "Prinzipien prozeßorientierten Lernens" tragen dazu bei, im sonder- oder heilpädagogischen Arbeitsfeld Lernprozesse effektiver zu gestalten (Simons 1992, 262):

"1. Betonung von Lernaktivitäten und Lernprozessen, anstatt ausschließlicher Betonung von Lernergebnissen (Prozeßprinzip).
2. Lernen wird zum Diskussions-/Unterrichtsthema gemacht, damit sich die Lernenden ihrer Lernstrategien und Selbstregulierungsfähigkeiten und der Relation zwischen diesen und den Lernzielen bewußt werden (Rückbesinnungsprizip)." Dies ist in Diagnose- und Förderklassen, im Bereich der Schule zur Erziehungshilfe und in Schulen für Geistigbehinderte gleichermaßen möglich.
3. Der Einfluß affektiv-emotionaler Prozesse auf das Lernen und deren Interaktionen mit kognitiven und metakognitiven Prozessen wird berücksichtigt (Affektivitätsprinzip).
4. Den Lernenden werden Relevanz und Nützlichkeit der Kenntnisse und Fähigkeiten, die sie lernen sollen, bewußt gemacht (Nützlichkeitsprinzip).
5. Transfer und Generalisierbarkeit des Gelernten werden explizit im Unterricht berücksichtigt, und es wird nicht erwartet, daß sie von selbst auftreten (Transferprinzip).
6. Lernstrategien und Selbstregulierungsfähigkeiten werden längerfristig und im Kontext von Unterrichtsfächern geübt (Kontextprinzip).
7. Die Lernenden werden explizit darin unterwiesen, wie sie ihr eigenes Lernen überwachen, diagnostizieren und korrigieren können (Selbstdiagnoseprinzip).
8. Der Unterricht wird so gestaltet, daß Lernende aktiv lernen und daß sie konstruktive Lernaktivitäten wählen können (Aktivitätsprinzip).
9. Die Verantwortung für Lernen verlagert sich allmächlich vom Lehrer zu den Lernenden (Prinzip des allmählichen Abbaus von Hilfen).

10. Maßnahmen zur Realisierung selbstregulierten Lernens werden mit anderen Betreuern/Bezugspersonen abgesprochen (Betreuungsprinzip).
11. Kooperationen und Diskussionen zwischen den Lernenden werden im Unterricht aufgegriffen (Kooperationsprinzip).
12. Höhere kognitive Lernziele, die aktives und konstruktives Lernen erfordern, werden betont (Lernzielprinzip).
13. Neues Wissen wird auf Vorwissen bezogen (Vorwissensprinzip), ..."

Diese Prinzipien können in nur leicht modifizierter Form auf Prozesse der Einzelförderung und auf den Unterricht bei Kindern mit unterschiedlichen Schweregraden von Störungen und Behinderungen transferiert werden.

Förderung kann nur im Rahmen von Erziehung begriffen werden, bringt sich ein in den Prozeß des Werdens und der Entfaltung der kindlichen Persönlichkeit, nicht als etwas Isoliertes, Künstliches, Additives, sondern als etwas Ganzheitliches, das sich harmonisch in den Lernprozeß einfügt.

6.4.5 Spezielle Probleme

Im Rahmen des Verhältnisses von Diagnostik und Didaktik, speziell bei der Frage der Informationsgewinnung und im Zusammenhang mit der Umsetzung diagnostischer Erkenntnisse in didaktisches Handeln (Förderung), ergeben sich insbesondere vier komplexe Problemstellen:

"Da ist einmal die Aufgabe, den Lernkonflikt, in den Kinder geraten, gewissenhaft zu beschreiben, daß die Lernbehinderungen nichts anderes als Lernkonflikte sind, ist nicht zu leugnen. Die kleinen vorübergehenden Konflikte (Unaufmerksamkeit, fehlende Hilfe bei Hausaufgaben usw.) könnten wir weglassen, wenn die größeren Konflikte, welche sich zu Schulangst und Resignation auf beiden Seiten ausweiten, nicht allemal mit kleinen Lernkonflikten begännen" (Möckel 1980, 129).

Die *erste Schwierigkeit* für eine Diagnose besteht darin, daß eben relevante Einzelheiten in der Schulgeschichte des Kindes verborgen bleiben und Lehrern, Schülern und Eltern nicht bewußt werden.

Die *zweite Schwierigkeit* liegt darin, daß wir zu wenig darüber wissen, wann und unter welchen Bedingungen eine gezielte Hilfe sinnvoll und erfolgversprechend ist und wann nicht.

Die *dritte Schwierigkeit* ist in den Bildungsplänen begründet. Es ist vor allem zu fragen, ob der Zeitpunkt für das Angebot und den Erwerb bestimmter Lerninhalte der Schule nicht neu geprüft werden muß; ob es im Rahmen der Grundschule z. B. für das Lesen- und Rechnenlernen im Zahlenraum bis 100 nicht sinnvoller wäre, wenn man hinsichtlich des Beginns und der weiteren Vorgehensweise nicht flexibler wäre, wenn man also erst mit acht oder neun Jahren damit begänne. Überlegungen zur Diagnostik werden zwar dadurch komplizierter, weil genauer analysiert werden müßte, aber Fragen der Therapie könnten dann aufgrund einer präventiven Denkweise wahrscheinlich relativiert werden. Die Frage nach den basalen Voraussetzungen für den Erwerb der Kulturtechniken müßte also erst geklärt werden.

Die *vierte Schwierigkeit* für eine Diagnose liegt darin, daß die Familien der Schüler die Erziehung durch die Schule nur selten mittragen. "Jede Diagnose von Schulkonflikten und jede Prognose muß die vorhandenen oder fehlenden Hilfsquellen der Familie mitbedenken" (ebd.,132). Diese Hilfsquellen der Familie sind nichts Feststehendes. Sie können besser oder schlechter genützt, sie können aktiviert oder verschüttet werden.

Die vier genannten Bereiche, die wesentliche Probleme insbesondere einer förderungsorientierten Diagnose aufzeigen, zielen vor allem auf die Momente der Biographie eines Kindes, auf didaktische Probleme und auf soziale, speziell familiäre Aspekte. "So ist heute eine *diagnostische Pädagogik* zu einer dringenden Aufgabe der Heilpädagogik geworden. Die Diagnostik selbst muß schon ein Schritt zur Heilung der Wunden sein, welche die meisten Kinder in den vorangegangen Lernkonflikten davongetragen haben" (ebd., 133).

Nicht so sehr die Frage nach der Bewältigung eines möglichst großen Lernstoffes steht im Vordergrund, vielmehr das Problem, warum ein Kind Lernschwierigkeiten hat, wie sich diese analysieren lassen, wie man eine Hilfe zur Überwindung dieser Schwierigkeiten anbieten kann. Nicht ganz kann man diese Fragestellung trennen von entwicklungspsychologischen Überlegungen. Es interessiert, inwieweit ein Kind von seinen Reifungsbedingungen her in der Lage ist, einen ganz bestimmten Lernvorgang zu vollziehen. So könnte es sein, daß zunächst die Lernziele wiederum stärker im ganzheitlichen Tun gesehen werden müssen, wie z. B. im Spiel mit funktionsorientierten Aspekten, d. h., daß ein Kind im Spiel in erster Linie ganzheitliche Basisfunktionen wie Wahrnehmung, Koordination, Motorik allgemein übt, ehe man mit der eigentlichen funktionsorienterten intentionalen Aktivität beginnt.

Tangiert wird auch die Frage nach der didaktischen und motivationalen Aufbereitung eines Lerngegenstandes: Wie kann man die Interessenlage eines Kindes einbeziehen, wie einen Lerngegenstand motivierend gestalten?

Diese Problematik versuchen bekannte didaktische Modelle in besonderem Maße zu berücksichtigen. Genannt seien hier vor allem die handlungstheoretischen mehrperspektivischen Ansätze (Giel u. a. 1975), die Arbeiten zum "prototypischen Unterricht" (Westphal 1978) und die Ausführungen über den "handelnden Unterricht" (Mann 1977; Rohr 1980), die als "Berliner Modell" bekannt gewordenen Ansätze von *Heimann/Schulz* zur verbesserten Didaktisierung. Bei diesen Ansätzen müssen gewisse Bedingungen beim Kind erfüllt sein und vorher erkundet und beobachtet werden, ehe bestimmte Lernprozesse intendiert werden.

Wenn bereits der Unterricht von der Erlebnis- und Erfahrungswelt der Schüler ausgehen soll, muß sich der förderungsorientiert arbeitende Pädagoge in der Individual- oder Kleingruppensituation in besonderem Maße auf den Erfahrungshintergrund einstellen. Diese Verschiedenheit, diese einzigartige, spezielle und individuelle Entwicklung eines Kindes, die zur konkreten Lernausgangsbasis führt, wird stets auch sozial/kulturell bedingt sein. Der Pädagoge wird sich damit sowohl für das soziale Milieu interessieren, aus dem seine Kinder mit Lern- oder Verhaltensproblemen hervorgehen, als auch für das kulturpädagogische Niveau der Familie. Letzteres läßt sich z. B. daraus erkennen, ob einem Kind vorgelesen wird, ob man mit ihm spielt, ob etwas erzählt wird, ob die Eltern mit ihm über die Erlebnisse im Kindergarten sprechen.

Zu berücksichtigen sind bei allen förderdiagnostischen Aktivitäten intraindividuelle Aspekte des Kindes. So erweisen sich je nach Lerninhalten oder auch Spielangeboten aufgrund von Veranlagung und Umweltbedingungen die Motivation, das Lerntempo, schlechthin die Intensität, mit der ein Kind handelt, Aktivitäten entwickelt, als durchaus unterschiedlich.

Man bezeichnet die soeben beschriebenen Bedingungen und Möglichkeiten am besten mit den Begriffen *Anfangssituation* oder *Lernausgangslage*. Dieses Problem stellt sich stets in der Schule, im Unterricht, und es zeigt sich als besonders relevant bei einem Kind mit speziellen Erziehungsbedürfnissen. Es ist - ganz gleich, ob es sich um ein nur leicht lerngestörtes oder schwerstbehindertes Kind handelt - stets zu fragen, welche Bedingungen vorliegen, damit in adäquater Weise die Ausgangssituation gefunden und die Anfangssituation gestaltet werden kann. Die systematische Suche nach der Ausgangssituation beginnt mit der sensiblen Auf- und Abwärtsdiagnose.

Unter Anfangssituationen kann man die Ganzheit aus persönlichen (emotionalen, sozialen, kognitiven) situativen, gegebenenfalls also auch schulischen Gegebenheiten verstehen, die es im Zusammenhang mit förderdiagnostischen Maßnahmen zu eruieren gilt. Im sogenannten "Normalfall" sind es Lehrer (im vorschulischen Bereich können dies auch andere Personen sein), die die Anfangssituation für einen Lernprozeß beobachten bzw. feststellen. Ergeben sich im Regelbereich hierbei Schwierigkeiten, können bereits förderdiagnostische Überlegungen notwendig werden, d. h., es müssen - wie bereits in diesem Kapitel dargestellt - die Möglichkeiten (Kenntnisse, Fertigkeiten) zunächst erkundet werden, damit ein Kind nicht überfordert wird und in den "Teufelskreis Lernstörungen" (Betz/Breuninger 1987) gerät.

Wenngleich bei den vorangegangenen Überlegungen stärker das Einzelkind im Vordergrund stand, soll nicht unerwähnt bleiben, daß sich die Anfangssituation in der Schulklasse, in der Gruppe überhaupt, aus einem Komplex von Variablen zusammensetzt, wobei vor allem neben dem Schüler an den Lehrer, die Klasse oder Schülergruppe, die Schule und die wechselnden situativen Gegebenheiten und Verhältnisse zu denken ist. Für jeden dieser Aspekte ließen sich noch eine ganze Anzahl von Variablen anführen, deren Beschreibung den Rahmen dieser Ausführungen jedoch sprengen würde.

6.4.6 Handlungsfähigkeit

Im Zusammenhang mit der didaktischen Frage spielt immer das Problem der Vermittlung, das kommunikative Moment, eine Rolle. Es wird auch von der "Kommunikativen Didaktik" gesprochen, die sich durch den politischen Aspekt, den Aspekt der Handlungsforschung, den interaktionspädagogischen Aspekt, den Aspekt der Metakommunikation, den Aspekt der Handlungsfähigkeit und den realistischen Aspekt charakterisieren läßt (vgl. Popp 1976, 19f.). Insbesondere die Frage der Handlungsfähigkeit impliziert für den sonderpädagogischen Bereich Relevanz, weil es im Hinblick auf Selbsttätigkeit und Eigenkompetenz vor allem gilt, die Handlungsfähigkeit beeinträchtigter Kinder zu erweitern und aufzubauen. Es geht aber bei dem Aspekt der Handlungsfähigkeit nicht nur um die Handlungsfähigkeit des Lernenden, sondern auch um die der Lehrenden.

Im Zusammenhang mit der Frage nach der "Handlungsfähigkeit der Lehrenden" dominiert die Problematik, wie die Lehrenden zu sensibilisieren und auszubilden seien, daß sie ihren Wissens- und Erfahrungsvorsprung zugunsten wachsender Mit- und Selbstbestimmung der Lernenden einsetzen können, ohne voreilig zu überfordern oder das notwendige Maß an Hilfestellung und Lenkung zu verweigern (ebd.). Es erweist sich bei jeder förderungsorientierten Tätigkeit von besonderer Wichtigkeit, daß der Lehrende erkennt, wie er am ehesten der ihm begegnenden Problematik gerecht wird, wo und in welcher Stärke er seine Hilfestellung in partnerschaftlicher Weise anbietet. Dies verlangt nicht nur Bewußtmachung, sondern auch praktische Erfahrung, d. h. der Lehrende muß lernen, zu sehen und zu erkennen, was notwendig im Sinne der Weiterentwicklung eines Kindes ist, er muß lernen, sich für das in spezifischer Weise erziehungsbedürftige Kind zu sensibilisieren.

Bezüglich der Handlungsfähigkeit der *Lernenden* kann man zwischen spezifischer und allgemeiner Handlungsfähigkeit unterscheiden. Die spezifische Handlungsfähigkeit bezieht sich auf rollenspezifisches, situationsspezifisches und funktionsadäquates Handeln, also auf die Fähigkeit, Rollen und Funktionen im Sinne der gegebenen Normen erwartungsgemäß zu vollziehen. Allgemeine Handlungsfähigkeit bedeutet die Fähigkeit, am Diskurs teilzunehmen, d. h. Sinnzusammenhänge und Geltungsansprüche zu problematisieren.

"Nur leicht zugespitzt könnte man sagen: Handlungsfähig ist der, der an der Legitimation, d. h. an der Kritik, Aufklärung, Begründung und Funktionalisierung, kurz, an der Sinngebung des Handelns teilnehmen kann, der sich vom faktischen Handeln 'selbstreflexiv' zu distanzieren und dessen Voraussetzungen kritisch zu bewältigen in der Lage ist. Umgekehrt gilt: Wer nicht zur Fähigkeit der Teilnahme am Diskurs erzogen wird, wer nur aktionsfähig wird, den macht man verhaltensstabil, er wird abgerichtet zum funktionstüchtigen Element ohne Horizont und ohne Alternativen" (Hiller 1974, 72).

Hier geht es in erster Linie um die bewußte Teilnahme am Handeln, um die Frage, wie erreicht es der förderdiagnostisch arbeitende Pädagoge, daß Kinder mit Beeinträchtigungen "reflektierend-kritisch" und nicht einfach angepaßt handeln. Es soll aber auch darauf verwiesen werden, daß es doch so etwas wie das "unbewußt-intuitive" Handeln gibt, z. B. die vielen Handlungen des Kleinkindes, des spielenden Kindes, des Jugendlichen. Auch diese Art von Handeln ist förderdiagnostisch in höchstem Maße relevant. Der spezifischen und der allgemeinen Handlungsfähigkeit kann man die kritisch-praktische Handlungsfähigkeit hinzufügen, die aus den beiden zuerst genannten die Fähigkeit entwickelt, "neue Möglichkeiten handelnd zu erproben, theoretische Kritik in reale Handlungschancen umzusetzen und dadurch Handlungsspielräume aktiv wahrzunehmen und nach Möglichkeit zu erweitern" (Popp 1976, 18).

Zweifellos muß die Förderung lernbeeinträchtigter Kinder, insbesondere sogenannter lernbehinderter und potentiell lernbehinderter Kinder, von den Handlungen der Schüler ausgehen, die man im Alltag beobachten kann. Kinder handeln immer. Aber aus dem sozialen Bezugsrahmen ergibt sich, daß es Kinder gibt, bei denen im Vergleich zu anderen die Möglichkeiten zum Handeln eingeschränkt sind, sei es, daß sie zu wenig Handlungsmaterial angeboten bekommen, sei es, daß die räumlichen äußeren Verhältnisse ungünstig sind oder sei es, daß physische Behinderungen das Handeln beeinträchtigen. Die Handlungen von Kindern sind subjektiv sinnvoll, auch wenn dies der Außenwelt nicht so erscheint. Auch solche Handlungen, die manche Pädagogen als unsinnig zu bezeichnen geneigt sind, müssen vom Kinde aus gesehen als sinnvoll bezeichnet werden; z. B. alles, was mit Verhaltensstörungen gemeint ist (Aggressionen, Unruhe, Passivität, ...), wird vom Kind aus betrachtet subjektiv sinnvoll. Die Kinder verfolgen Ziele, und sie bilden hierbei Mittel aus, mit deren Hilfe sie ihre Ziele erreichen können.

Die Handlungen von Kindern vollziehen sich immer in einem *sozialen Kontext*. Auch wenn es so aussieht, als würden Kinder etwas für sich selbst tun, geschieht solches Handeln in einem sozialen Bezugsrahmen. Die Sachen, mit denen ein Kind handelt, erweisen sich ebenfalls als sozial vermittelte Sachen. Deutlich tritt dieses Moment beim Montessori-Material hervor. Hier versteht sich die Sachauseinandersetzung als bewußt eingesetztes Mittel, um sozial relevante Handlungen zu fördern. Auch wenn Kinder in Abwesenheit anderer Kinder oder Erwachsener handeln und aktiv sind, muß dieses - gewachsene soziale - Moment der Handlungen stets mitberücksichtigt werden.

6.4.7 Handlung und Sprache

Handlungen sind letztlich immer sozial und - vielleicht abgesehen von tauben Kindern - *verbal vermittelt*. Auch diese Aussage hat eine Bedeutung für alle Sachauseinandersetzungen von Kindern. Dabei kann es durchaus sein, daß Kinder scheinbar keine oder nur wenig Sprache benützen. Aber die Welt (Handlungen, Erlebnisräume) der Erwachsenen ist sprachlich strukturiert, so daß auch alle Handlungen von Schülern entweder sprachlich begleitet werden bzw. begleitet werden können oder vorher sprachlich initiiert worden sind. Es gibt wohl Grade (Abstufungen) des Umgangs mit der Sprache im Rahmen des sozialen Handelns von Kindern, so daß es im Extremfall oder auch bei Aktivitäten, die an sich kaum der Sprache bedürfen, scheinen kann, als wäre das Handeln der Kinder sprachlos. Das Handeln erhält seinen Sinn aber insbesondere im Kontext der Sprache, welche Erwachsene und Kinder miteinander verbindet.

Will man das Handeln und Sprechen von Kindern fördern und damit ganz allgemein *Lernen fördern*, dann ist die Reihenfolge "Handeln - soziales Handeln - sprachliches Handeln" auch umkehrbar. Förderdiagnostisch bedeutsam werden dann Beobachtung - Anpassung durch Handeln (Lernen, kognitive Verarbeitung) - Integration in das gesamte Handlungskonzept.

Die Sprache kann am Anfang des Handelns stehen. Da Sprache immer soziale Sprache ist, bewirkt sie auch soziales Handeln, d. h. sinnvolles Handeln. Förderung kann daher genauso gut von der Sprache des Kindes ausgehen, um seine Sprachkompetenz und seine Sprachperformanz zu fördern. Sprache initiiert dann Handeln und neues Handeln. Es kann aber auch umgekehrt das Handeln des Kindes, das auf einer sprachlosen "primitiven" Stufe verläuft, auf eine höhere sprachliche Stufe gehoben werden, indem dem Kind sein Handeln sprachlich gedeutet und bewußt gemacht wird. Der Erwerb der Zahlbegriffe kann z. B. grundsätzlich als ein Sprachunterricht aufgefaßt werden, dem Handlungen, spielerische Handlungen, entsprechen sollten wie etwa Handeln mit verschieden großen Mengen. Er kann aber genauso gut auch aufgefaßt werden als ein Unterricht zur Verbesserung und Differenzierung und Hinführung zu einem immer genaueren Handeln.

Förderung von Kindern im Vorschulalter ist also immer auch Sprachförderung. Die Förderung muß dort ansetzen, wo das Handeln der Kinder und ihre Sprachentwicklung stehen. Vorschulförderung ist daher daran interessiert, den sprachlichen Entwicklungsstand zu kennen, und zwar streng bezogen auf bestimmte Bereiche des Handelns. Je nachdem, welche sprachlichen Bereiche gefördert werden sollen, müssen auch bestimmte Handlungen der Kinder beachtet werden. Umgekehrt gilt: Nur wenn die Handlungen der Kinder beachtet werden, kann sinnvoll mit einer sprachlichen Förderung begonnen werden.

Förderdiagnostik im Vorschulalter ist daher sowohl an einem Inventar der Handlungen der Kinder als auch an einem Inventar der sprachlichen Möglichkeiten (Mittel) der Kinder interessiert. Förderung von Kindern muß dort ansetzen, wo das Handeln der Kinder und deren Entwicklung steht. Förderung ist daher schon daran interessiert, den Entwicklungsstand zu kennen, und zwar streng bezogen auf die Bereiche des Handelns (Entwicklungsstand als Handlungsstand). Je nachdem, welche Bereiche gefördert werden sollen, müssen auch die entsprechenden Handlungen der Kinder beachtet, berücksichtigt und einbezogen werden. D. h. also, nur wenn die Handlungen der Kinder beobachtet und folglich auch beachtet werden, kann sinnvoll mit einer Förderung begonnen werden.

Förderung von Kindern ist daher sowohl an einem Inventar der Handlungen der Kinder als auch an einem Inventar der Gegebenheiten, z. B. im Bereich der sprachlichen, sozialen, kulturellen (schulischen) Möglichkeiten, interessiert (vgl. 6.4.2). Dabei muß ein besonderes Augenmerk den Begriffen entgegengebracht werden, die grundlegende Handlungen bezeichnen. Diese grundlegenden - basalen - Handlungen und ihre Bezeichnungen (Begriffe) sind daher Gegenstand der Diagnostik im sonder- oder heilpädagogischen Arbeitsfeld wie auch Gegenstand der Förderung. In dieser Beziehung liegt Förderdiagnostik begründet. Praktisch gesehen bedeutet das z. B.: Wie geht das Kind mit einem Buch um, wie mit einer Zahl, wie reagiert es auf andere Kinder, ...?

6.4.8 Förderdiagnostik als Begleit-Diagnostik

Während im Zusammenhang mit der pädagogischen Dimension stärker der ganzheitliche Aspekt betont wurde, stehen bei der didaktischen Dimension kriterienorientierte, curriculare, auf Lernen bezogene Interventionsfragen, also unterrichtliche sowie institutionell bedingte Fragen im Vordergrund, sofern sich ein Kind bereits in der Schule befindet. Es werden für die Lehr- und Lernprozesse die günstigsten Positionen, Konstellationen und Möglichkeiten gesucht. Förderdiagnostik ist nicht eine einmalige Aktivität, vielmehr ein Prozeß. "Kontinuierliche Situationsanalysen innerhalb der Intervention weisen Förderdiagnostik als Begleit-Diagnostik aus, sie ermitteln Daten und Fakten, die in einem direkten Bezug stehen zu heilpädagogisch-orthodidaktischen Interventionen und Innovationen" (Kobi 1977a, 120).

Wie aber kommt man zu Informationen über die zu fördernden Bereiche, darüber, welche Funktionen man fördern sollte, und wie man Förderung, Weiterentwicklung, Entfaltung im Sinne der Beseitigung von Hemmnissen erreichen kann? Informationen hierzu liefern zunächst die Personen, denen Lernprobleme eines Kindes auffallen (Eltern, Lehrer). Weitere Informationsquellen sind die sich anschließende, zunächst freie, dann stärker systematische Beobachtung, z. B. im Unterricht, beim Spiel, in der Gruppe. Auch an der klassischen Testtheorie orientierte Verfahren können Informationen liefern, die in ausreichendem Maße förderungsorientierten Ansprüchen genügen, dies ist z. B. der Fall, wenn sich Informationen in Richtung

Abbau negativer Einstellungen bezüglich Persönlichkeit, Leistungs- und Sozialverhalten ergeben, wenn sich durch die qualitative Analyse einzelner Testitems Wege der Erkenntnis bezüglich neuer Lernmöglichkeiten eines Kindes eröffnen. Dies besagt, daß Testwerte nicht mehr im Hinblick auf Stichprobe und Normalverteilung interpretiert werden, vielmehr dienen die Rohwerte und deren Zustandekommen als Information für förderungsorientiertes Vorgehen, somit fügt sich Förderdiagnostik in ein pädagogisch-didaktisch orientiertes, integrierendes System von Analyse- und Veränderungsprozessen.

Worin unterscheidet sich überhaupt die hier beschriebene Vorgehensweise vom Unterricht des guten, kind- und kinderorientierten Pädagogen, der Kinder beobachtet, erzieht, Ziele setzt, evaluiert? Auch er sieht das Kind, seine besonderen schulischen Probleme, er versucht Leistungsanforderungen dort anzusetzen, wo ein Leistenkönnen und -wollen vom Kind aus möglich ist, dennoch gibt es in der realen pädagogischen Situation (Schule) viele Lernprobleme. Der Pädagoge sieht sich im allgemeinen mit großen Gruppen konfrontiert und mit zu vielen Problemkindern, als daß er diesen pädagogisch-didaktischen Intentionen gerecht werden könnte. Wenn man unter Didaktik die Wissenschaft vom Unterricht versteht, die sich vor allem mit Zielen, Inhalten und Methoden sowie deren wechselseitigen Beziehungen befaßt, so sind damit auch die einzelnen Schüler tangiert mit ihren unterschiedlichen Biographien und Lernvoraussetzungen. Diese gilt es zu erforschen, zu beobachten und zu berücksichtigen. Um solche Aufgaben zu realisieren, benötigt der Lehrer nicht nur Wissen und Informationen, z. B. aus den Bereichen Pädagogik, Didaktik und Psychologie, speziell Entwicklungspsychologie und Diagnostik, sondern auch unmittelbare praktische Erfahrungen.

6.4.9 Funktionalität bzw. Intentionalität versus Ganzheitlichkeit

Während einige Versuche in der Forschung und im pädagogischen Arbeitsfeld stärker den funktionalen Aspekt betonen, d. h. die Analyse von Lernprozessen in einzelnen Bereichen und Teilbereichen (Teilleistungen), wird hier auf der Basis der Erkenntnis, daß man die Persönlichkeit eines Menschen nicht - exakt - in einzelne Funktionsbereiche (wie z. B. Intelligenz, Bereiche der Wahrnehmung, Gedächtnis, Sprache, Denken, Willen, ...) aufteilen kann, zunächst der ganzheitliche Zugang zum Kind fokussiert. Man kann dies damit begründen, daß das der Menschenbildung zugrundeliegende Wissen und Können sowohl dem Bereich des Natürlichen als auch dem Kulturschaffen entstammt. Auch eignet in der Regel dem Ganzen eine größere Gestalt- und Erlebnisqualität als dem Teil an. "Es geht um die Persönlichkeit als ganzes und nicht nur um einzelnes Verhalten; nicht nur um ihr Versagen oder Vergehen, sondern um ihr ganzes Sein und Wesen. Dieses aber erkennen wir gerade in dem, was erzieherisch wichtig ist, viel besser aus den alltäglich wiederkehrenden Verhaltensweisen als aus dem einmaligen Versagen. Grundsätzlich ist es schon richtig, daß in jedem einzelnen Verhalten, ja schon in jeder kleinsten und unbedeutenden Regung der ganze Mensch drinsteckt mit allen seinen Eigenschaften und also auch daraus zu erkennen wäre für denjenigen, der die durchdringende und umfassende Kraft und Fähigkeit des Verstehens besäße. Da aber kein Mensch über diese große Begabung verfügt, sind wir darauf angewiesen, das Tatsachenmaterial erst zu suchen, zusammenzutragen, zu sammeln, aus dem heraus wir dann das Verständnis gewinnen können" (Moor 1974, 227). Ähnlich wie das Verstehen die bestmögliche Kenntnis der Person voraussetzt, wird auch Förderung von der Kenntnis der Person abhängen.

Am Beispiel von Tests kann man die Probleme von Teilerfassungen aufzeigen. Bei der Analyse traditioneller psychologischer Tests erkennt man, daß in der Regel nur ein einzelner Aspekt erfaßt wird, nie z. B. die Intelligenz als ganze und erst recht nicht die ganze Persönlichkeit. Je exakter ein Test ist, desto enger ist im allgemeinen der Ausschnitt der Wirklichkeit, den er beobachtet. Aber auch eine Häufung von Testuntersuchungen führt an sich nur zu einer Ansammlung von Einzelergebnissen. Diese Informationen stehen häufig nicht nur unverbunden nebeneinander, sie führen als solche auch nie zu einer Art Gesamterfassung der Persönlichkeit. Solche Einzelaspekte unter Einbezug vieler weiterer Informationen ganzheitlich, d. h. speziell auf die Situation des Kindes bezogen, zu diskutieren und zu interpretieren, gehört zur Aufgabe des förderungsorientierten Diagnostikers. Gemeint ist damit allerdings nicht, daß Gutachtenerstellung zu einem "konstruktiven Akt" werden sollte, denn hierbei wäre die Gefahr der Deutung und Verfälschung groß. Die solide Basis bleiben die diagnostischen Informationsquellen wie Anamnese, Verhaltensbeobachtung, Screenings, ggf. auch Tests (vgl. auch Bundschuh 1991, 113ff.)

Es kommt relativ häufig vor, daß Kinder über eine hohe Intelligenz verfügen, aber aus motivationalen Gründen nicht adäquate Leistungen erreichen. Ähnliches kann vermutet werden im Zusammenhang mit Lesen-, Schreiben- und Rechnenlernen. Auch hier können die Voraussetzungen für den Erwerb dieser Kenntnisse gegeben sein, aber fehlende Motivation könnte die optimale Aneignung dieser Kenntnisse und Fertigkeiten verhindern.

Zum Lernen gehören gewisse soziale und motivationale Implikationen und Prozesse. Lernen kann nicht losgelöst vom ganzheitlichen Erfahrungshorizont Familie, Wohnung, Nachbarschaft, Verwandtschaft, Dorf, Stadt, Spielplatz, Lehrer, Schule, ... gedacht werden. Lernen wird realisiert auf der Basis von Handlungen und Erfahrungen kognitiver, sozialer und motivationaler Art.

Vielleicht finden Schulen gegenwärtig vor allem deshalb keinen Zugang zu Kindern mit Lernschwierigkeiten, weil man zu sehr funktional, intentional, fachbezogen und curricular denkt und diese Vorstellungen, die institutionell bedingt sein können, ohne den Versuch, das Kind in seinem Bezugsgefüge und seiner Ganzheit zu verstehen, realisiert. Zweifellos kann man im Zusammenhang mit Lernproblemen sagen, daß sich das Lernangebot weniger am Kind als vielmehr an den Forderungen der Institution orientiert.

Es spricht vieles dafür, daß Schulen gegenwärtiger Prägung, insbesondere aber die Grund- und Hauptschulen, nicht in der Lage, nicht flexibel genug sind, fehlgeleitete Lernprozesse so zu beeinflussen, daß mit Hilfe von Verständnis, Einfühlung und Einsicht neues Lernen ermöglicht und neue Lernwege erschlossen werden können. Dabei kommt es sicherlich nicht darauf an, allgemeingültige Lerngesetze anzuwenden, vielmehr gilt es, durchaus Möglichkeiten unterschiedlichen Lernens zu sehen, ja zu fördern.

Wenn oft gesagt wird, man könne nahezu jeden Lerngegenstand in seiner Gesetzmäßigkeit erschließen, so ist damit noch nichts über die Methode des Erwerbs dieser Sachlogik ausgesagt. Man kann und muß vielmehr, vom Kinde aus gesehen, unterschiedliche Prozesse und Möglichkeiten des Herangehens an einen Lerngegenstand annehmen. Vieles spricht dafür, daß in unseren Schulen zu früh einseitig kognitiv gearbeitet wird ("Verkopfung"), daß Erwachsene Kindern Vorstellungen aufoktroyieren. Viele in unseren Schulen propagierten Lernansätze sind zu linear, zu schematisch und zu wenig spielerisch, als daß sie von Kindern mit Lernschwierigkeiten (im Sinne der Unmöglichkeit des Erwerbs solchen Wissens) "wahrgenommen" werden können. Lerninhalte und Lehrmethoden entsprechen oft nicht dem Denken, Fühlen und Handeln von Kindern.

Hier setzt Förderdiagnostik ein: Ein Kind mit Lernproblemen muß spüren, ja es muß wissen, daß es verstanden wird, daß Lernschwierigkeiten bei jedem Menschen auftreten können. Bei einem Kind mit solchen Problemen muß Verschüttetes freigelegt, sollten neue Möglichkeiten des Handelns, Denkens und damit auch des Fühlens eröffnet werden.

Schon eine Einstellungsänderung, ein gewisses Umdenken von Lehrern, auch die Bereitschaft zur Selbstkritik, könnten helfend und fördernd wirken. Dies wird z. B. deutlich, ja es wirkt sehr beeindruckend, wenn man beobachten kann, wie rasch türkische Kinder mit einem bestimmten Punktesystem relativ schwierige mathematische Operationen vollziehen können, und es ist frustrierend, wenn man sieht, daß viele dieser Kinder in unseren Schulen eben nicht mit diesem System arbeiten und lernen dürfen.

Das Verständnis von funktional, intentional und ganzheitlich erscheint zunächst unproblematisch, erweist sich bei gründlicher Reflexion jedoch als komplex.

Ganzheitliches Lernen kann dazu beitragen, daß Kinder vielleicht keine wesentlichen Lernfortschritte erzielen, weil sie von außen her nicht erfahren, worauf es ankommt, d. h., es wird nicht gelernt, die Aufmerksamkeit und Konzentration bewußt in Richtung Lerngegenstand zu lenken. Man kann dies damit belegen, daß Kinder im Kindergarten unauffällig sein können, jedoch nichts im Sinne einer guten Arbeitshaltung hinzulernen. Sofern ein Kind nicht spontan lernt, "kann" sich ganzheitliches Lernen im Zusammenhang mit Spiel, Gruppenarbeit, passivem Zuhören, auf das Lernverhalten auch negativ auswirken, weil sich ein Kind nicht einbringen kann, weil hierdurch keine Aktivitäten hervorgerufen werden, die das Kind weiterbringen. Dieses Problem wird auch sehr deutlich bei Kindern mit schwersten Behinderungen. Häufig wird man vor die Frage gestellt, ob und wann ganzheitliches Tun von intentionalen Angeboten abgelöst wird bzw. temporär in gerichtete Aktivitäten übergehen kann.

Funktionales bzw. intentionales Lernen kann aber auch am indizierten Ziel vorbeigehen, weil vielleicht ein Kind nicht in der Lage ist, zu begreifen, was es soll und durch die Anforderungen in einen Zwang gerät, der an sich nur personell, d. h. von außen gesteuert ist. Hieraus läßt sich folgern, daß man im Zusammenhang mit funktionalem Lernen ganzheitliche Momente nicht negieren darf, zumindest die Beziehung zwischen Kind und Lehrer sollte gut und tragfähig sein.

Aus dem zuletzt genannten Aspekt geht hervor, daß ganzheitliches Lernen Kinder entlasten, von Hemmungen befreien, Verkrampfungen lösen kann, so daß dann wiederum auch intensive, funktional orientierte Übungen und Programme eingesetzt werden können. Funktionstraining - z. B. im Bereich der Wahrnehmung oder speziell im Leseunterricht, in Legasthenikerkursen, bei sogen. "Teilleistungsstörungen" - konfrontiert den Schüler unter kontrollierten Bedingungen möglicherweise zum erstenmal in seinem Leben mit einer Folge von Aufgaben, die er zu seiner eigenen Freude bewältigen kann. Hier löst - paradoxerweise - das Funktionstraining eine ganzheitliche Wirkung aus. Das Problem liegt darin, ob Lehrer erkennen, was "indiziert" ist: ganzheitliches oder funktional-intentionales Lernen; ob Lehrer über genügend ganzheitliche und funktionale Verfahren verfügen, um sie entsprechend einsetzen, gegebenenfalls rechtzeitig wechseln zu können. Allzu oft wird man erst durch vorsichtiges Vorgehen, manchmal vielleicht sogar langsames Erproben erkennen, welche Ansätze weiterführen, Lernfortschritte provozieren.

Ganzheitliches Tun ist vor allem auf erziehliche und sozial-emotionale Bereiche ausgerichtet. Bedürfnisorientierung spielt eine Rolle, weniger also der curriculare Aspekt. Ganzheitliche Prozesse ergeben sich innerhalb von Familie, Wohnung, sozialer und materialer Umgebung in der Regel ständig, meist auch in Kindergärten und auch noch in den Eingangsstufen unserer Schulen.

Unterricht beansprucht häufig in seinen sachlichen, gegenstandsorientierten Abläufen kognitive Prozesse. Er wird aber wahrscheinlich wirksamer sein, wenn er immer wieder ganzheitliche Momente aufgreift, d. h. den Unterrichtsgegenstand in Handlungen und Erlebnisse der Kinder aus dem alltäglichen Leben und Erfahrungsbereich einbettet, vor allem den emotionalen Bereich, sei es in Form von Geschichten, Bildern, Handlungen oder speziell durch Eigenaktivitäten der Kinder (Abb. 1).

Kreisdiagramm: Äußerer Ring "Unterricht"; innerer Ring mit "kognitiv differenzierend", "ganzheitlich", "funktional", "strukturierend"; Zentrum:

Aspekte:
○ erziehlich
○ sozialemotional
○ bedürfnisorientiert
(z.B. Liebe, Geborgenheit, Verständnis, Anerkennung, aber auch Bedürfnis nach Entfaltung, Selbständigkeit, Lernen)

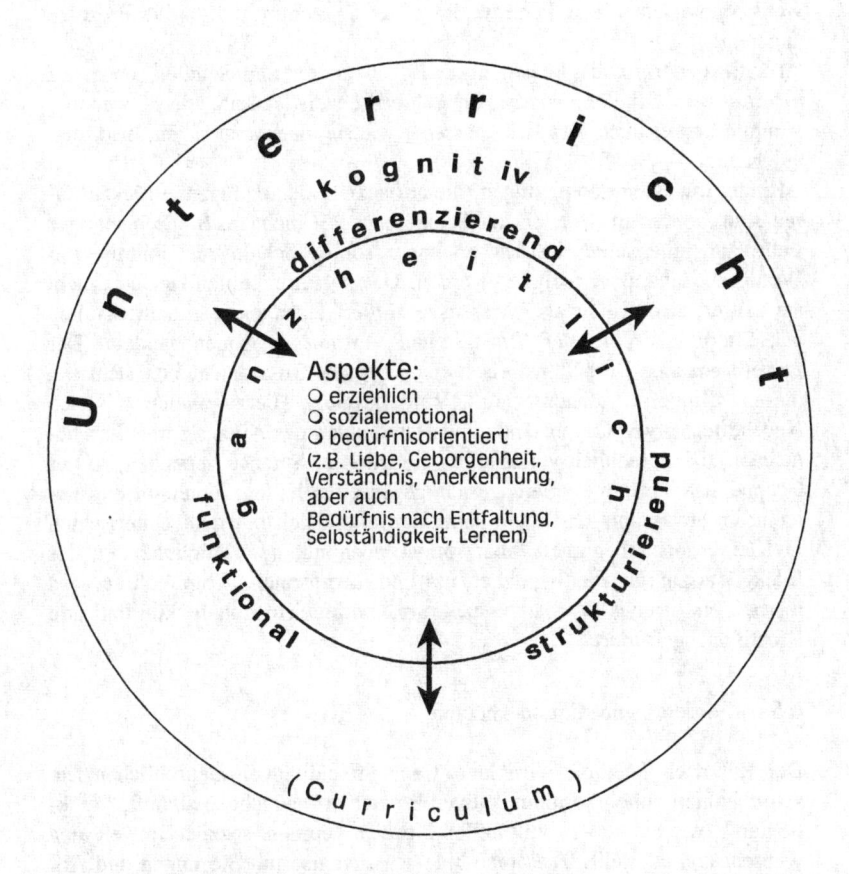

(Curriculum)

Abb. 1. Dynamische Verbindung ganzheitlicher und funktionaler Prozesse im außerschulischen und schulischen Geschehen

Die Abbildung verdeutlicht, daß der Unterricht stets ganzheitliche, "ursprüngliche" Inhalte und Aspekte aufgreifen muß, wenn er Kinder erreichen will. Die Pfeile heben die Notwendigkeit der *prinzipiellen* Verknüpfung von Unterricht und ganzheitlichen Aspekten hervor.

Man kann oft feststellen, daß sich Erwachsene weniger an das erinnern, was sich in der Schule kognitiv im Sinne von Stoffvermittlung ereignete, vielmehr an emotionale Inhalte, eventuell auch an "Geschichten", die Lehrer zur Veranschaulichung des zu vermittelnden Stoffes erzählten. Oder sie erinnern sich daran, ob ein Lehrer Verständnis für ihre Probleme aufbrachte. Unterricht bis hin zu Seminaren und Vorlesungen an Universitäten sollte je nach Bedürfnislage immer wieder auch auf ganzheitliche Momente zurückgreifen, die im Methodenwechsel oder auch in verschiedenartiger Betrachtung des Lerngegenstandes (Reflexion) bestehen können, d. h., es werden unterschiedliche kognitve Prozesse, an sich metakognitive Prozesse angeregt.

Häufig generiert die Beziehung zwischen Lehrer und Schüler, ob etwas gelernt wird. Schüler können von Lehrern begeistert sein, sie können bestimmte Lehrer auch förmlich "hassen", wie sie manchmal sagen, also total ablehnen.

Kinder mit Beeinträchtigungen, die auf soziale Bedingungen zurückzuführen sind, sollten im Bereich der Schule zunächst nicht im Sinne bisheriger Lehrpläne unterrichtet werden, vielmehr sollte "Schule" als Familie mit Wohnstubencharakter realisiert werden. D. h., Lehrer sollten zunächst nicht als Lehrer, also primär als "Wissensvermittler" auftreten, vielmehr, ähnlich wie Eltern, als Vorbilder, Bezugs- und Vertrauenspersonen handeln. Der Erwerb sozialer Verhaltensweisen für ein gutes Zusammenleben steht bei diesen Kindern zunächst im Vordergrund. Hierzu gehören auch Nebeneffekte, wie Gegenstände und Handlungen des Alltags sprachlich benennen, sich sprachlich verständlich ausdrücken, Sprache verstehen, in der Gruppe handeln, interagieren, sich gegenseitig helfen, unterstützen, gemeinsam etwas tun. Erst dann kann man allmählich mit dem Unterrichten in Kleingruppen beginnen, aber immer noch mit den Möglichkeiten des Rückgriffs auf ganzheitliche Lebens- und Lernformen. Vom Lehrer wird hierbei ein breites Verhaltensspektrum, verbunden mit Flexibilität und Kreativität, gefordert.

6.5 Förderdiagnostik und Therapie

Der Ruf nach Therapie wird laut, wenn im individuell-menschlichen, im zwischenmenschlich-kommunikativen Bereich etwas nicht so abläuft, "funktioniert", wie es die von kulturellen Normen geprägte soziale Umwelt sich wünscht und vorstellt. Therapien befassen sich also mit Störungen und Abweichungen von Normen im Zusammenhang mit menschlichem Erleben und Verhalten, wobei wir unter Verhalten zunächst die unmittelbar beobachtbaren Aktivitäten, von außen registrierbare Verhaltensformen meinen, mit Erleben erschließbare innerpsychische Bereiche, wie jemand wahrnimmt, fühlt, leidet im Sinne ganzheitlicher Prozesse.

6.5.1 Psychische Probleme und Auffälligkeiten als Herausforderung

Die Situation von Kindern in unseren Schulen ist teilweise gekennzeichnet von Schülerproblemen wie Verhaltensauffälligkeiten, Erziehungsschwierigkeiten, Lern- und Leistungsstörungen, Ängsten, psychosomatischen Störungen (Eßstörungen, Kopf- und Bauchschmerzen, Tics, Obstipation, Magenbeschwerden, Einschlafschwierigkeiten, ...) und Abhängigkeit von Medikamenten, Drogen, Alkohol. Angesprochen damit wird die Wirklichkeit des Lebens von Kindern in Schule und Unterricht unter Einbezug von Auswirkungen auf die Familien oder Erziehungsberechtigten. Vielleicht aber benötigt "die Schule" eine Therapie. "Psychotherapie der Schule" (Sauter 1983) könnte die Antwort auf die Frage nach der "kranken Schule" lauten. Möglicherweise ist ein ganzes System betroffen.

Es gibt im Zusammenhang mit psychischen Problemen und Auffälligkeiten viele Begründungen für die Beschäftigung mit der Frage nach den Möglichkeiten und Grenzen von Therapien im Rahmen sonder- oder heilpädagogischer Problemstellungen.

1. Sonder- oder Heilpädagogen sollten Kenntnisse, ein Basiswissen über wesentliche Psychotherapieformen haben, um deren Begründungen, Implikationen, Wirksamkeit einschätzen zu können. Die wissenschaftliche und die praxisrelevante Literatur bieten Anleitungen zur Umsetzung psychotherapeutischer Ansätze für den Bereich Erziehung und Unterricht an. Wenn Lehrer und Erzieher Kinder anvertraut bekommen, die mit einer Therapie konfrontiert wurden, sollte man einschätzen können, welche Wirkung diese Therapie auf ein Kind hatte.

2. Zahlreiche Gelegenheiten zur praktischen Anwendung therapiewirksamer Prozesse im Erziehungsfeld bieten sich an. Lehrer und Heilpädagogen möchten alle Möglichkeiten ausschöpfen, in Not geratenen Kindern zu helfen. Viele Handlungsweisen im Rahmen von Unterricht und Erziehung werden wahrscheinlich auf der Basis therapeutischer Kenntnisse bewußter vollzogen (Spiel- und Turnstunden, szenische Darstellungen, Zeichnen, Freizeitgestaltung, Einzelgespräche mit Schülern, Eltern, Gruppengespräche, Beratungsgespräche überhaupt, Maßnahmen im Unterricht, die aus dem Bereich der Lerntheorie bzw. Verhaltenstherapie hervorgehen wie Verstärkung, Ermutigung, Aufbau von Verhaltens- und Handlungsprozessen). Die Einstellung von Lehrern und Erziehern gegenüber Eltern und Kindern kann von der Kenntnis einer bestimmten Therapieform und der mit ihr zusammenhängenden Persönlichkeitstheorie positiv beeinflußt sein.

3. Die Kenntnis von und die Auseinandersetzung mit einer Therapieform hilft wahrscheinlich, das eigene Verhalten bewußter zu hinterfragen, zu erleben und auch zu gestalten. Ein Basiswissen könnte zur Erklärung der Genese einer bestimmten Problematik beitragen. Allgemein gesehen kann man vielleicht besser analysieren und verstehen, warum in einer konkreten Si-

tuation von Kindern und Jugendlichen ein ganz bestimmtes Verhalten gezeigt wird.
4. Beim Umgang mit Testverfahren, z. B. projektiver Art, wird ein psychoanalytisches Hintergrundwissen von Bedeutung sein.
5. Insbesondere im Rahmen der Studien Pädagogik, Sonder- oder Heilpädagogik erweist sich die Beschäftigung mit Therapien als sinnvoll. Hervorzuheben ist die Bedeutung der Tiefenpsychologie zum besseren Verstehen und Erklären der Genese von Verhaltensstörungen unter dem Aspekt der (frühen) Kindheit, zur Erziehungshilfe für Kinder mit Verhaltensauffälligkeiten in der Schulklasse (vgl. Bundschuh 1992, 186-198).

6.5.2 Möglichkeiten und Grenzen von Therapien

Wenn man im Zusammenhang mit Förderdiagnostik von der "therapeutischen Dimension" spricht, begibt man sich - so scheint es - unzweifelhaft in die Nähe des Medizinischen Modells, man läuft Gefahr, Beeinträchtigungen zu individualisieren und zu ontologisieren, d. h. die Sichtweise auf Bedingungen im Bereich einer Person zu verengen. Die "soziale Dimension" (vgl. 6.3) sollte eben aufzeigen, daß diese Sichtweise einseitig, ja falsch ist. Kind- und kinderorientierte Therapien haben dieses starre Blickfeld längst erweitert, vor allem hat die analytische Kinderpsychologie das Verständnis für die kindliche Entwicklung und die Erziehungseinwirkungen vertieft. Wenn man kindliche Entwicklungen und Entwicklungshemmnisse richtig verstehen will, darf man sich "nicht auf das Studium angeborener, biologisch präformierter Triebtendenzen beschränken, vielmehr muß die ganze Kultursituation mit ihren Ansprüchen an das Kind ins Auge gefaßt werden. Kinder gewinnen ihre Ich-Identität nur innerhalb einer bestimmten Kultur" (Bittner/Rehm 1964, 25). So bestätigen die analytischen Untersuchungen an greifbarem klinischem Material, "daß Erziehung sich in einem dialogischen Verhältnis vollzieht, in einer Beziehung von Person zu Person, nicht in erster Linie in einzelnen pädagogischen 'Maßnahmen' und 'Akten'. Eltern und Lehrer tragen sich selbst, ihre eigenen Erwartungen, Wünsche und unbewußten Konflikte in die Erziehungssituation hinein; das Kind wächst in diesem Spannungsfeld auf und gewinnt in ihm seine eigene innere Gestalt" (ebd.). Diese Spannungen in Erziehungssituationen nehmen in jüngster Vergangenheit deutlich zu.
Solarova hält dort Therapie für notwendig, "wo eine Entwicklung infolge einer Störung vom Normalverlauf abweicht" und folgert, daß "lernintensive Therapieformen" und Erziehung "wesensgleich" seien, zumal es die Sonderpädagogik schwerpunktmäßig mit Störungen zu tun habe (1971, 49f.). Hier wird meines Erachtens zu rasch nach Therapien gerufen. Zweifellos kann man nicht nur im Bereich der Sonderpädagogik, sondern im pädagogischen Aufgabenfeld ganz allgemein von einer zunehmenden Neigung zur

Bezeichnung bestimmter Aktivitäten als Therapie sprechen. Vor allem hinsichtlich des methodischen Vorgehens werden Spiel-, Mal-, Musik-, Arbeits-, Stimulationstherapie, ja Unterrichts-, Erziehungs- und pädagogische Therapie unterschieden. In stärkerem Maße aufgabenorientiert sind Bezeichnungen wie Sozial-, Milieu-, Verhaltens-, Psycho-, Lern-, Sprach-, Legasthenie-, Sexual-, Eltern- und Familientherapie neben einer Reihe anderer Formen (vgl. Bach 1980, 9).

Nicht ohne kritisches Hinterfragen kann eine therapeutische Dimension in förderdiagnostische Überlegungen aufgenommen werden. Als problematisch müssen im Zusammenhang mit dem Therapiebegriff die "Aufgabenspezialisierung", also Verbindungen zu Krankheit, Symptomen, Schwächen, die "Rollenhierarchie", die Definition des Verhältnisses Fachmann - Klient/Patient und die "Normensicherheit" gesehen werden, d. h., Therapie ist in der Regel durch geradezu erstaunliche Normensicherheit gekennzeichnet. Die Kritik an der zunehmenden Anwendung und Verbreitung von Therapien im sonderpädagogischen Bereich kann man so zusammenfassen: Therapie läßt sich "tendenziell in ihrem Ansatz als aufgabenverengend, in ihrer Struktur als hierarchisch und in ihrer Zielauffassung als normenhörig kennzeichnen, womit sie zugleich Ausdruck und Instrument problematischer gesellschaftlicher Gegebenheiten ist: der Verfremdung, der Machtausübung und der Normenfestschreibung. Daher kann die Sonderpädagogik von einer Öffnung gegenüber der Therapie oder gar von Ihrer Umarmung keine positiven Impulse erwarten und sollte daher auch die unüberlegte Benennung ihrer Maßnahmen als Therapie vermeiden; die Gefahr einer Weichenstellung gemäß den Ansätzen, der Struktur und den Zielvorstellungen von Therapie ist nicht zu unterschätzen" (ebd., 17f.). Andererseits wird an gleicher Stelle dreierlei betont: Zum ersten gebe es Therapieformen, "die den sonderpädagogischen Prinzipien sehr nahe kommen und in der Tat eine Unterscheidung zwischen beiden Bereichen kaum angezeigt erscheinen lassen, zum zweiten, daß im Bereiche der Therapie zunehmend eine Entwicklung in Richtung auf pädagogische Prinzipien hin erfolgen könnte und damit eine Unterscheidung überflüssig würde, und zum dritten, daß es auch im Bereich der Sonderpädagogik gelegentlich partieller Maßnahmen bedarf, die eine Aufgabenspezialisierung, eine bestimmte Rollenzuweisung und eine definierte Zielbestimmung erlauben" (ebd.).

Es ist unzweifelhaft, daß eine Therapie, die sich an den Bedürfnissen und Möglichkeiten eines Kindes orientiert, vom Subjekt ausgeht, im Rahmen förderdiagnostischer Fragestellungen akzeptiert werden kann. Als konkrete Möglichkeiten seien genannt: Therapiewirksame Gespräche, Rollenspiele, Psychodrama, einige Formen psychoanalytisch orientierter Therapie, Spieltherapie, eventuell auch einige Formen lerntheoretisch orientierter Therapie, wie z. B. Modell-Lernen, Selbstinstruktion, Aufbau von Verhaltensketten, wenn diese die Aspekte des Kindes in hinreichenden Maße berücksichtigen. So kann sich z. B.in Spielgruppen und im Rahmen therapiewirksamer

Spielformen eine unmittelbare Verknüpfung didaktischer und pädagogischer Prozesse auftun: "Darum fingen wir aus didaktischen Gründen - zum Zwecke des Verlernens allzu lehrerhafter Verhaltensweisen - mit den Spielgruppen an, ehe wir begannen, uns Gedanken über therapeutische Unterrichtsgestaltung zu machen ... In den Spielgruppen konnten die Lehrer mit den Kindern zusammen freie Unternehmungen durchführen, die keinen anderen Zweck hatten als den, daß sie gemeinsam geplant und durchgeführt werden und allen Beteiligten Freude machen sollten. Spielgruppen bedeuteten für die Lehrer eine Gelegenheit, Kinder einmal nicht durch die professionelle Brille zu betrachten, sie von einer anderen als der gewohnten Perspektive her kennen und wichtignehmen zu lernen. In dieser neuen Erfahrung, die eingefahrene Verhaltensmuster löste, scheint - für beide Teile: die Kinder und die Lehrer! - der therapeutische Effekt der Spielgruppen gelegen zu haben" (Bittner 1975, 10).

6.5.3 Pädagogik oder/statt Therapie und die krankmachende Alltagswirklichkeit

Die Frage "Pädagogik oder Therapie?" hat ihre Berechtigung. Es wird nicht erwartet, "in der pädagogisch geleiteten Spielgruppe grundsätzlich anderen Vorgängen zu begegnen als in der therapeutischen Gruppe, vielmehr scheinen die beiden Bereiche mehr durch die Perspektiven auseinandergehalten zu werden, mit welchen sie auf ein ähnliches Geschehen antworten" (Schäfer 1980, 217). Gegenwärtig wird auch schon von der "Therapie-orientierten Diagnostik" gesprochen, von der man erwartet, daß sie möglichst genaue Informationen darüber liefert, ob und wann bei einer Person eine psychologische Behandlung angezeigt ist, welche Art psychologischer Therapie im Hinblick auf spezifische Ziele optimal wäre, ob und wann ein Wechsel in der therapeutischen Methode angeraten erscheint, welche nächsten Schritte zu gehen sind, und ob eine Therapie als erfolgreich einzuschätzen ist. Einige Beispiele aus der Erziehungsberatung lassen die förderungsorientierte Richtung erkennen. So kann gesagt werden, daß in etwa einem Drittel der Erziehungsberatungsfälle eine einvernehmliche Problem-Neukonzeptualisierung durch Beratung der Eltern und damit Beeinflussung der Einstellung zu einer hinlänglichen Problembewältigung ohne therapeutische Intervention führt:

– Die Eltern betrachten ihr Problem als viel geringer, daß sie damit leben bzw. den Problemrest allein meistern können.
– Das Problem besteht für sie nicht mehr in der ursprünglichen Form; eine neue Sichtweise läßt zugleich neue Lösungsmöglichkeiten sehen. Beispielsweise ist die bisherige Einstellung 'unser Kind ist gestört' zugunsten der konstruktiveren 'wir überfordern unser Kind' entkräftet.
– Die Eltern erkennen, daß ihr Problem auf einem 'Irrtum' beruht, z. B. nicht einen objektiven Sachverhalt, sondern ein fragwürdiges normatives

Etikett, keine pathologische, sondern eine durchaus noch alterskonforme Abweichung bildet.
- Die Eltern begreifen das Problem komplexer, als Teil eines Wechselwirkungsgefüges sozialer, situativer und konstitutioneller Variablen. Das Kind wird nicht länger als Verursacher oder gar Schuldiger der familiären Belastungen angesehen - der vormals behandlungsbedürftige Symptomträger wird nun als ungerecht behandelter Diagnoseträger identifiziert. Das kritische Verhalten ihres Kindes erscheint den Eltern verständlicher, gegebenenfalls sogar gerechtfertigt, wenn sie z. B. seine stabilisierende oder kompensatorische Funktion erkennen. Damit ist nicht allein anstelle des alten ein grundlegend anderes Problem gestellt worden - auch der Lösungsansatz ist gänzlich anders: Das Symptom des Kindes, etwa Aggressivität wird aus therapeutischen Gründen nicht therapiert, vielmehr sorgen die Eltern dafür, daß ihr Kind nicht länger darauf angewiesen ist"(Bodack/Barten-Wohlgemuth 1981, 121).

Hier werden Kinder oder Jugendliche nicht manipuliert, vielmehr wird zunächst die Einstellung der Bezugspersonen analysiert. Bereits durch Einstellungsänderung kommt der therapiewirksame Prozeß in Gang, ohne daß die Kinder "behandelt" werden.

Zunächst erschien es fraglich , ob im Rahmen einer förderdiagnostischen Konzeption die Aufnahme einer therapeutischen Dimension sinnvoll erscheint. Kein Zweifel, es gibt Therapieformen, die sonderpädagogischen Prinzipien sehr nahekommen, eine Entwicklung von Therapien in Richtung pädagogisch akzeptabler Prinzipien ist erkennbar, manchmal wird sogar eine gewisse Aufgabenspezialisierung im Bereich der Sonderpädagogik notwendig.

Dominierend ist auch wieder im Zusammenhang mit der therapeutischen Dimension der Förderdiagnostik die Frage nach dem Kind mit seinen Problemen in einer Notsituation. Es geht um das "Aufgreifen des Möglichen", es bedarf der Wahrnehmung" eines Bereiches, in dem die Möglichkeiten des Kindes flexibel aufgenommen und gleichsam zum 'Sprechen' gebracht werden ..." (Schäfer 1980, 218 f.). Es geht nicht um etwas, was dem Kind in irgendeiner Weise beigebracht werden sollte, vielmehr "muß etwas gefunden werden, etwas was im Kind bereits vorhanden ist und was es nur selbst zu entdecken braucht und woran es unschwer anknüpfen kann" (ebd.). Hier wirkt das Pädagogische quasi therapeutisch und das Therapeutische pädagogisch, d. h. die enge Verbindung zwischen pädagogischen und therapeutischen Aspekten kommt durch die unmittelbare Orientierung an den Bedürfnissen eines Kindes deutlich zum Ausdruck.

Wenn *Krawitz* die Problematik "Pädagogik statt Therapie" aufwirft, wird damit der zeitliche und erzieherische Vorrang von Pädagogik vor Therapie postuliert (1992, 35). Die zahlreichen Erziehungsnöte, Erziehungsfehler, die von der Gefahr des Zusammenbruchs bedrohten Erziehungsfelder im

Zusammenhang mit Erziehung lassen jedoch die Frage nach - pädagogisch akzeptablen Therapien - als notwendig erscheinen.

Zu viele Eltern, Erzieher und Lehrer haben auch angesichts der eigenen mit Problemen und Störungen angereicherten Biographie Probleme mit Kindern, die auf rein pädagogischer Basis nicht - mehr - lösbar sind, weil sie sich durch jahrelange negative Beeinflussung verfestigt haben. Es gibt zahlreiche Kinder und Jugendliche, die ihre Probleme und Störungen nur zum Teil bewußt wahrnehmen, angesichts einer von Technik, Hektik, Leistungsdenken, ... geprägten Alltagswirklichkeit sowie Erfahrungen in Grund-, Haupt-, Realschulen, insbesondere Gymnasien, die von der Orientierung an Kindern und Jugendlichen weit entfernt sind. Lerninhalte und die Art der Didaktisierung, insbesondere in weiterführenden Schulen, berücksichtigen kaum das gegenwärtige und zukünftige Leben der betroffenen Schülerinnen und Schüler. Sowohl die bewußte Wahrnehmung von Problemen als auch die Verdrängung der Schwierigkeiten können zu Störungen des psychischen Gleichgewichtes führen.

"Pädagogik statt Therapie" (ebd.) spricht die Realität des in negativen sozialen Systemen und technisch-materialen Gegebenheiten verstrickten Kindes mit ihren permanent psychisch und physisch krankmachenden Auswirkungen aufgrund der genannten Wirklichkeiten nicht ganz an. *Pädagogik muß* auch *diese, die Kinder* der Gegenwart ständig beeinträchtigenden, störenden, *schädigenden Bedingungen analysieren*, ja diese behindernden Bedingungen - vor allem in den schulischen Alltagswirklichkeiten - diagnostizieren und thematisieren. Vielleicht kann man erst dann wirklich von "heilender Wirkung" sprechen, wenn die krankmachenden und therapiebedürftigen sogen. sozialen Wirkmechanismen unmittelbar in die Überlegungen zum Aufgabenbereich pädagogischer Handlungsmöglichkeiten impliziert werden. Die Kluft zwischen der "Idee individualpädagogischen Sehens, Denkens und Handelns" (ebd.) und einer häufig zerscherbten, eher kinder- und menschenfeindlichen Alltagswirklichkeit erscheint mir kaum überbrückbar. Pädagogik muß im Sinne von Förderdiagnostik scharf analysieren und diagnostizieren, wenn sie wirklich "sehen" will.

Im Rahmen eines förderdiagnostischen Konzepts erweist sich die Auseinandersetzung mit dem Therapieproblem als notwendig. Man kann eine Therapie oder eine therapieorientierte Vorgehensweise sicherlich immer dann akzeptieren, wenn versucht wird, einem Kind, seinen Störungen und Behinderungen in besserer Weise zu begegnen, als dies bisher der Fall war. An die Stelle der Eltern oder Bezugspersonen tritt jemand anderer, z. B. der Pädagoge oder Therapeut, der sich darum bemühen sollte, wenigstens auf zwei Dinge zu achten: Daß einerseits nicht dem Kind die Schuld für sein Verhalten beigemessen wird, also daß sein mögliches "Versagen" nicht als Versagen oder Ungehorsam interpretiert wird, sondern daß es angenommen wird, wie es ist; und daß andererseits dem Kind die Möglichkeit gegeben wird, den rechten Weg selbst zu suchen und zu finden, indem in der therapeutischen Situation Gelegenheiten verschiedener Art angeboten werden, damit in spielerischer Form das geschehen kann, was in "absichtlichem Tun" nicht möglich ist. Dies scheint eine pädagogisch akzeptable therapeutische Möglichkeit zu sein. Bei manchen Kindern mit schweren oder schwersten Behinderungen werden allerdings auch aktivere Therapieformen nötig sein, um Hilfestellungen zur Daseinsbewältigung zu geben. Hierbei sei auch an einige Möglichkeiten lerntheoretisch orientierter Therapie gedacht, wie Modell-Lernen, Aufbau von Verhaltensketten, körpernahe basale Stimulation im Sinne von Wahrnehmungsförderung, wenn dabei die Aspekte und Bedürfnisse des Kindes in hinreichendem Maße berücksichtigt werden.

Es gibt einige therapiewirksame Einstellungen, Aktivitäten und Prozesse, zu denen ich im Hinblick auf das heilpädagogische Arbeitsfeld, speziell auch im Kontext mit Schule und Unterricht ermutigen kann: Therapiewirksames Malen, Musizieren, Schreiben (Träume, Erlebnisse, Probleme) ohne Benotung, Bewertung und Leistungsdruck, ferner Konfliktverarbeitung im Rollenspiel, in Entscheidungsspielen, Prozessen wie sie beim Psycho- und Soziodrama ablaufen, szenische Darstellungen, therapiewirksame Gespräche, Ermutigungs-, Selbstbehauptungs- und Selbstermutigungstraining - auch zur Lösung von Konflikten im Rahmen von Unterricht und Erziehung durchzuführen - und mit einer gewissen Vorsicht verhaltensmodifikatorisch wirksame Vereinbarungen mit dem Ziel der Veränderung von Lern- und Sozialverhalten.

Therapie im sonder- oder heilpädagogischen Arbeitsfeld bedeutet nicht "Heilung" vergleichbar mit Krankheit im medizinischen Sinne, vielmehr Hilfe zu einer möglichst unabhängigen Lebensbewältigung, Vermittlung von Erlebnis-, Interaktions- und Handlungsfähigkeit. Neben den grundlegenden Aufgaben der Förderung von Wahrnehmung, Motorik, Sprache und Lernprozessen im allgemeinen hat therapeutisches Vorgehen im vorschulischen und schulischen Bereich vor allem folgende Ziele, die jedoch nie isoliert intendiert werden sollten:

– Identitätsförderung, d. h. Stärkung der Persönlichkeit, des Selbstwertgefühles, der Frustrationstoleranz und der Realitätskontrolle im Sinne der Alltagsbewältigung.
– Emanzipationsförderung, d. h. Vermittlung von Strategien zur Lebensbewältigung, von "Anpassungsfähigkeit" im positiven Sinn bis zur Befähigung zum Widerstand (nicht alles mit sich geschehen lassen, es nicht zulassen, zum Objekt zu werden), zur Verwirklichung eigener Persönlichkeit, sei es allein oder solidarisch mit anderen.

Die Anwendung einer Therapie ist im Bereich der Wirklichkeit sonderoder heilpädagogischer Problemstellungen nicht zwingend. Die Behandlung dieser Problematik wird im Rahmen des Erziehungsgeschehens gesehen. Fehlerziehung und ungünstige soziale Erfahrungen, die zu psychischen Störungen und Lernhemmungen führen, die freie und offene Zuwendung zur Welt be- oder verhindern, rechtfertigen den Einbezug therapiewirksamer Prozesse in das Insgesamt erziehlichen Geschehens.

6.6 Die Problematik Institution

In ähnlicher Weise wie im Zusammenhang mit der therapeutischen Dimension wird auch hier die Frage nach der Notwendigkeit einer Behandlung dieses Aspekts im Rahmen eines förderdiagnostischen Konzepts angesprochen.

Vieles, was hier aufgezeigt wurde, mag theoretisch, manches vielleicht sogar utopisch erscheinen. Der Verfasser betrachtet die bisherigen Ausführungen, speziell dieses Kapitel als theoretische und praktische Basis förderungsorientierter Einstellung und Handlungsweisen.

Kann man in einem solchen Konzept die Realität, also z. B. die Institution Schule, ausklammern? Keinesfalls. Dringlichkeit und Notwendigkeit für förderdiagnostische Überlegungen gehen bereits häufig vom vorschulischen Bereich aus, tatsächlich akut wird jedoch diese Problematik, wenn die Schule als Institution angesprochen wird, der in der Regel kein Kind "entgeht". In diesem Zusammenhang droht dem Kind mit Behinderungen die Gefahr, "existenziell verwahrlost", d. h. als Subjekt negiert und aufgehoben zu werden: "Die Faszination, welche von einem Defekt, einer Normabweichung auszugehen pflegt; die Reduktion des Kindes auf diesen Defekt und in der Folge die Neigung auch des Behinderten selbst, seine Identität in der Behinderung zu suchen; die fokale Position, durch welche eine Behinderung aber auch durch therapeutische Betriebsamkeit geraten kann im Lebenskreis eines Kindes; die beherrschende Rolle, welche eine Behinderung für die Lebensgestaltung und im Zukunftsentwurf einnimmt; die 'Totale Institution', in deren Sog ein behinderter Mensch steht und die Therapie-, Betreuungs- und Besorgungszwänge, denen er und seine Familie ausgesetzt sind: All dies schafft eine Situation, durch welche dem Behinderten schließlich die gesamte Beweislast für die Wahrheit seiner Subjektivität zufällt" (Kobi 1977b, 283). Es ist z. B. zu fragen, ob sich die oft so wohlorganisierten kleinen und großen Institutionen von Heimen bewußt darüber sind, welche entpersönlichende Wirkung sie durch ihre totale Vereinnahmung von Kindern, von Menschen mit Problemen und Beeinträchtigungen, haben.

6.6.1 Negative Beispiele

Einige Beispiele verdeutlichen zunächst die intendierte Problematik:

(1) Zwischen 1973 und 1978 wurden in Bayern an verschiedenen Grundschulen in modellhafter Form Schulversuche zur "Erprobung von Unterrichtsverfahren und Organisationsformen zur differenzierten Förderung und individuellen Betreuung von Grundschülern mit Lern- und Leistungsstörun-

gen" durchgeführt (KMS III A 4- 4/175948). Paradoxerweise wurden aus diesem Versuch ausdrücklich Schüler mit dauernden und umfänglichen Beeinträchtigungen, die als Behinderungen bezeichnet werden, ausgeschlossen, d. h. auch potentiell oder "eindeutig" im Sinne der Schulordnung "lernbehinderte" Schüler.

Das Fatale an diesen Förderungsversuchen lag darin, daß eben die Schüler mit schwerwiegenden Lernproblemen ausgeklammert wurden, wodurch sich die Lerndistanz zu den übrigen Schülern einer Klasse zwangsläufig noch vergrößerte, bis sich dann aufgrund von Klassenwiederholungen die "totale Behinderung" endgültig "feststellen" ließ. Inzwischen zeigt sich, daß man im Zusammenhang mit der Einrichtung der Diagnose- und Förderklassen und Sonderpädagogischen Förderzentren hinzugelernt hat und diese Probleme neu wahrnimmt.

(2) Mitte der achtziger Jahre zeigten mir die Eltern eines Jungen, der seit zwei Jahren die Schule für Lernbehinderte besuchte, das Schreiben einer Schule. Sie hatten diesen Brief im Zusammenhang mit ihrer anfänglichen Weigerung, ihren Sohn in die Schule für Lernbehinderte zu schicken, erhalten. Aus diesem gänzlich bürokratisch-institutionell abgefaßten Schreiben führe ich einige Stellen an:

"... Nach § 8 der Ersten Verordnung zur Durchführung des Gesetzes über die Einrichtung und den Betrieb von Sonderschulen (1. DVSoSchG) vom 14. Dez. 1966 (GV Bl. 1967, S 145), ergänzt durch die KME vom 9. Mai 1967 Nr. III/7 - 4/5695, können als lernbehindert insbesondere Kinder angesehen werden, die einmal zurückgestellt wurden und während des ersten bis vierten Schuljahres einen Schülerjahrgang wiederholen müssen.

Nach den Feststellungen der Volksschule X und nach der Überprüfung ihres Sohnes durch einen Sonderschullehrer am ... liegt bei ihrem Sohn ein generelles Schulversagen vor. Es ist nicht zu erwarten, daß Ihr Sohn in der Volksschule bei seinem Intelligenzrückstand (nach Hawik: IQ 86 !; d. Verf.) entsprechend gefördert werden kann ... Nach Art. 15, Abs. 1 des Schulpflichtgesetzes vom 15. April 1969 (GV Bl. S. 97), geändert durch Gesetz vom 31. Juli 1970 (GV Bl.S. 345) und vom 27. Juli 1971 (GV Bl. S. 252), haben Schulpflichtige, die wegen einer Behinderung im Sinne des Sonderschulgesetzes (SoSchG) am Unterricht in der Volksschule ... nicht mit genügendem Erfolg teilnehmen können, eine für sie geeignete öffentliche oder private Sonderschule oder Einrichtung zu besuchen. Die Feststellung, in welcher Schule Ihr Sohn P. am besten gefördert werden kann, steht ausschließlich der Schulaufsichtsbehörde im Benehmen mit dem Staatlichen Gesundheitsamt zu ..."

Hier zeigt sich die totale institutionelle Vereinnahmung der Eltern sowie des Kindes. Es wird einfach über das Kind "verfügt". Zwischen der Schule und den Eltern gab es lediglich briefliche Kontakte ähnlicher Art. Es stellt sich die Frage, ob nicht wenigstens einige, zum gegenseitigen Verständnis beitragende Gespräche möglich gewesen wären.

(3) Es geht hierbei um einen Schüler im Alter von acht Jahren, dessen Eltern mit der Überweisung ihres Sohnes in eine bestimmte Schulart nicht einverstanden waren. Das zuständige Landratsamt erließ hierauf die folgende Anordnung, die hier auszugsweise zitiert wird:

"(1) Der Schüler P., geb. am ... ist dem Staatl. Gesundheitsamt Z. am ... oder an einem der folgenden Werktage zwangsweise zuzuführen.
(2) Mit der zwangsweisen Zuführung werden das Landratsamt-Kreisjugendamt Z. und die Polizeiinspektion Z. beauftragt.
(3) Die unter Ziff. 2 Genannten sind gem. Art. 18 Abs. 2 Schulpflichtgesetz berechtigt, die Wohnung und das befriedete Besitztum zu betreten und erforderlichenfalls unmittelbaren Zwang auszuüben.
(4) Die sofortige Vollziehbarkeit wird angeordnet.
(5) Die Kosten des Verfahrens tragen die Eheleute ...; für diese Anordnung wird eine Gebühr von ... DM festgesetzt."

Hier hat die Sprache als Kommunikationsmedium zu existieren aufgehört, an deren Stelle ist die Macht der Institution, besser gesagt, gleich mehrerer Institutionen und Systeme getreten. Die Kommunikation zwischen Lehrer (Schule) und Kind (Eltern) kann als total gestört bezeichnet werden, ein wichtiges Erziehungsfeld ist zusammengebrochen. Das schwache Erziehungsfeld Lehrer (Schule) - Kind (Eltern) erfährt "keinen Halt" mehr, es kann nicht mehr mit pädagogischem Inhalt gefüllt werden. Niemand scheint in der Lage zu sein, pädagogische Bedingungen mit neuer kommunikativer Kompetenz schaffen zu können, um das *"Erziehung"* ermöglichende Gespräch wieder aufleben zu lassen, um neue Informationen bezüglich der Bedingungen des speziellen Problems einzubringen. An die Stelle pädagogischer Überlegungen treten Zwang, Vorschrift, Urteile als bestimmende Kriterien.

(4) In einer zweiten Klasse Grundschule erhalten die Schüler bei der ersten Probearbeit ihres Lebens mit Notenvergabe sechs mal die Note sechs, dreimal die Note fünf, fünf mal die Note vier, die Note drei wird überhaupt nicht gegeben, die übrigen Arbeiten werden mit "gut" bis "sehr gut" bewertet.

Man könnte fragen, was dieses Beispiel mit "Institution" zu tun habe. Der Lehrer verdeckt hier seine eigene pädagogisch-didaktische Unfähigkeit hinter der "Institution Notenvergabe". Er möchte seiner Klasse und den Eltern "objektiv" beweisen, daß sehr viele Schüler zumindest im Fach Mathematik "dumm" bzw. unbegabt sind. Offensichtlich denkt er weniger über seine didaktischen "Fähigkeiten" nach, als über die Möglichkeit, wie er seinen Schüler zeigen könne, daß sie während ihrer bisherigen Schulzeit nichts gelernt hätten. Hier wird die Psyche von Kindern im Alter von sieben bis acht Jahren mit Füßen getreten. Zweifellos kann ein solches Noten-Ersterlebnis bei Kindern dieser Altersstufe schon zu Dauerschäden führen.

Mit dem Ausdruck "Schule als Institution" assoziiere ich beispielsweise, daß sechsjährige Kinder täglich drei bis fünf Stunden am gleichen Platz, im gleichen Raum still sitzen müssen, daß sie Tätigkeiten durchführen müssen, die sie vielleicht überfordern, die sie gar nicht mögen, ihrer Bedürfnislage nicht entsprechen. Führung der Gedanken durch einen ganz bestimmten Lehrer, Unterdrückung nahezu jeglicher Spontaneität, Prüfungen, Notenvergabe, gänzliche Festlegung dessen, was als richtig oder falsch gilt. Aus der Sicht von Lehrern gehört hierzu - schon im Grundschulbereich - die weitgehende Abhängigkeit von Lehrplänen und Schulbehörden.

6.6.2 Systemimmanente Barrieren und Förderdiagnostik

Schulversagen erweist sich - institutionell betrachtet - als ein Zuordnungs- und Plazierungsproblem. "Personale Kompetenz des Schülers und schulsystemimmanente Anforderungsprofile entsprechen einander nicht. In dem dadurch bedingten Interessenkonflikt hat praktisch ausnahmslos der Schüler sich anzupassen oder zu weichen" (Kobi 1977a, 115). Auslesediagnostik dient der Erhaltung mehr starrer als durchlässiger schulisch-institutioneller Hierarchien.

Dagegen fragt Förderdiagnostik nach Neuordnung, nach Flexibilität des Systems. Förderdiagnostik findet ihre Zweckbestimmung in der Förderung und hat ihren Bezugsrahmen in einem Fluß-System. "Je dynamischer, durchlässiger und ... verwandlungsfähiger ein solches System ... ist, umso eher kann Förderdiagnostik individualisierte, ad personam konkretisierte und problemzentrierte Innovation ... vornehmen" (ebd., 119).

Systemimmanente Barrieren legen sich der Realisierung kindorientierter Förderung häufig in den Weg. Es könnten z. B. bei einem Schüler gute Aussichten bestehen, ein Störverhalten über eine mehrere Wochen lang durchgeführte Therapie abzubauen. Die dazu notwendigen Systemumstrukturierungen scheitern jedoch an räumlichen, zeitlichen, stundenplantechnischen, reglementarischen, amtshierarchischen, ... Begrenzungen. "Der Lehrer befindet sich diesbezüglich in einer paradoxen Situation, die verglichen werden kann mit derjenigen eines Liftboys, von dem die Klientel verlangt, daß alle mitfahren können - ohne daß ein Gedränge entsteht, daß er die Türen dicht macht für jene, die drin sind - und sie zugleich offenhält für die, welche noch draußen sind, daß er endlich abfährt -, und trotzdem noch wartet, daß er jeden in individuellem Tempo direkt in die gewünschte (ausschließlich obere) Etage bringt, daß er in seinem festgemauerten Schacht Senkrechtstart garantiert -, wenn immer möglich aber auch noch Taxidienste anbietet in die verschiedenen Rayons des Bildungsmarkts" (ebd., 122).

An sich passen Förderdiagnostik und Institution Schule bzw. das ganze Schul-System nicht zusammen, denn Förderdiagnostik fokussiert zunächst die Belange des Kindes, während es in den Schulen (Grundschule bis zum

Gymnasium) primär um Leistung, Zwänge, Druck, Hierarchisierung und Auslese geht. Die Schlüssel- bzw. Hierarchisierungsfunktionen der Klassen vier bis sechs sind bekannt.

Förderdiagnostik fordert Institutionen, das Schulsystem zu mehr Flexibilität und Integrationsfähigkeit, zur Orientierung am Kind, seinen Interessen, Möglichkeiten, seiner Handlungs- und Leistungsfähigkeit heraus. Exakte und breit angelegte Längsschnittuntersuchungen, die Schülerschicksale mit und ohne intensive Förderung erforschen, könnten zu mehr Transparenz beitragen. Die Notwendigkeit einer Um- und Neuorientierung könnte man dann quasi auf der Basis wissenschaftlicher Erkenntnis ins Bewußtsein rücken und mit Nachdruck verlangen. Es gehört auch zur Aufgabe sonderpädagogischen Reflektierens, Förderungen und Hilfen für Problemkinder aller Art zu erforschen und zu entwickeln, ohne daß institutionelle Isolierung erforderlich wird. Benötigt wird ein prozeßhaftes, kinderorientiertes Angebot von Förderung, Hilfen und Maßnahmen innerhalb der üblichen Schulsituation, ein neues Konzept einer Pädagogik "vor Ort", das nicht in die Institution Sonderschule einmündet. Die "Schule zur individuellen Lernförderung", die die Schule für Lernbehinderte ablösen soll, befindet sich zwar hinsichtlich ihrer Konzeption auf dem richtigen Weg, verhindert aber nicht die Aussonderung von Kindern mit Lernschwierigkeiten aus dem Regelschulsystem.

Leider haben - teilweise - Abkapselung und Verfestigung bereits die einzelnen sonderpädagogischen Einrichtungen sowie verschiedene Sonderschularten ergriffen. Auch im Bereich des Sonderschulwesens ist ein erhöhtes Maß an Flexibilität wünschenswert.

Der Begriff Förderdiagnostik soll hier keineswegs *speziell* in Verbindung mit einem Gesamtschulsystem gebracht werden, vielmehr könnten bei etwas gutem Willen förderungsorientierte Vorgehensweisen auch in einem üblichen Klassensystem realisiert werden, d. h. Förderungsprozesse müßten unabhängig von bestimmten Schulsystemen möglich sein. Voraussetzung ist ein erhöhtes Maß an Flexibilität. Wie der noch aufzuzeigende Versuch verdeutlicht, müßten sich vor allem in den Unterstufenklassen förderungsorientierte Prinzipien verwirklichen lassen. Widerstände und Kritik von Schülern und Eltern dürfen von Lehrern nicht schlechthin als "Dummheit" oder Auflehnung und Besserwisserei interpretiert werden, sollten vielmehr auch zum Nachdenken über die Vorgehensweise im Unterricht veranlassen. Dem Verfasser sind zahlreiche Berichte von Eltern bekannt, die die Schulzeit ihrer Kinder (Zeit der Einschulung bis einschließlich Gymnasium) als "Horror-Erlebnis" schildern. Familien mit mehr als zwei Kindern erweisen sich gegenwärtig in diesem Kampf um Leistungsplazierungen im Schulsystem häufig als völlig überfordert. Die Dichte solcher negativer Informationen und Erfahrungen im Zusammenhang mit Kindern und Eltern muß zu der banalen, aber wohl treffenden Feststellung führen, daß in Schulen gegenwärtiger Prägung ziemlich unpädagogisch gedacht und gehandelt wird.

Merkwürdigerweise "leiden" offensichtlich Lehrerinnen und Lehrer selbst in Grundschulen, Realschulen und Gymnasien am meisten an diesem Problem. Möglicherweise ist dieses Dilemma im Kontext einseitiger Überbewertung kognitiver Leistungen in unserer Gesellschaft zu sehen.

Die förderdiagnostisch relevante Frage lautet im Zusammenhang mit der Hinterfragung des Systems Schule: Was kann getan werden, damit sich dieses System in Richtung mehr Flexibilität, Kinderorientierung und Familienfreundlichkeit verändert und somit tatsächlich einen Beitrag zur bestmöglichen Entfaltung von Kindern leistet.

Eine weitere Möglichkeit, das Problem Schule als Institution zu relativieren, liegt in einer veränderten Ausbildung von Lehrerinnen und Lehrern, vielleicht weniger im wissenschaftlich-didaktischen, als vielmehr im pädagogisch-psychologischen Bereich. Aus Gesprächen mit Eltern und Lehrern konnte ich entnehmen, daß es Lehrern oft an Einfühlungsvermögen, an Sensibilität für die Probleme von Kindern und Eltern fehlt, daß auch Lehrer darunter leiden. Tatsächlich bräuchten wir in unseren Schulen "mehr Menschlichkeit" anstelle von Zwängen, Vorschriften, Verordnungen, Bürokratie. Man kann sich des Eindrucks nicht erwehren, daß manche Lehrer das Fühlen, Denken und Handeln ihrer eigenen Kindheit und Jugend völlig vergessen haben, sie reagieren fast wie Automaten: "Objektiv", kühl, kalkulierbar.

Wir sollten damit aufhören, Entwicklung und Wachstum unserer Kinder zu forcieren, "indem wir sie über ihre jeweilige Entwicklungsstufe hinaustreiben", stattdessen sollten wir ihnen "diejenige Zeit zubilligen, die sie brauchen, um alles, was in ihnen steckt, entfalten und entwickeln zu können, ganze Menschen zu werden (Beck 1977, 9f.). Brauchen wir doch eine "Psychotherapie der Schule" (Sauter 1983)?

6.7 Rahmenbedingungen förderdiagnostischer Prozesse

Die Überlegungen, aus denen sich die Prinzipien und Dimensionen einer Förderdiagnostik ergeben, führen zu Rahmenbedingungen, die ein pädagogisch akzeptables Konzept der Diagnostik und Förderung umreißen. Diese *Rahmenbedingungen*, die in modellhafter Form skizziert und dargestellt werden,
– umreißen die wesentlichen Aspekte und Prozesse, die im Rahmen förderdiagnostischer Aufgaben im sonder- oder heilpädagogischen und im allgemeinpädagogischen Arbeitsfeld eine Rolle spielen,
– akzentuieren Zusammenhänge und Verbindungen zu angrenzenden Disziplinen (Abb. 2).

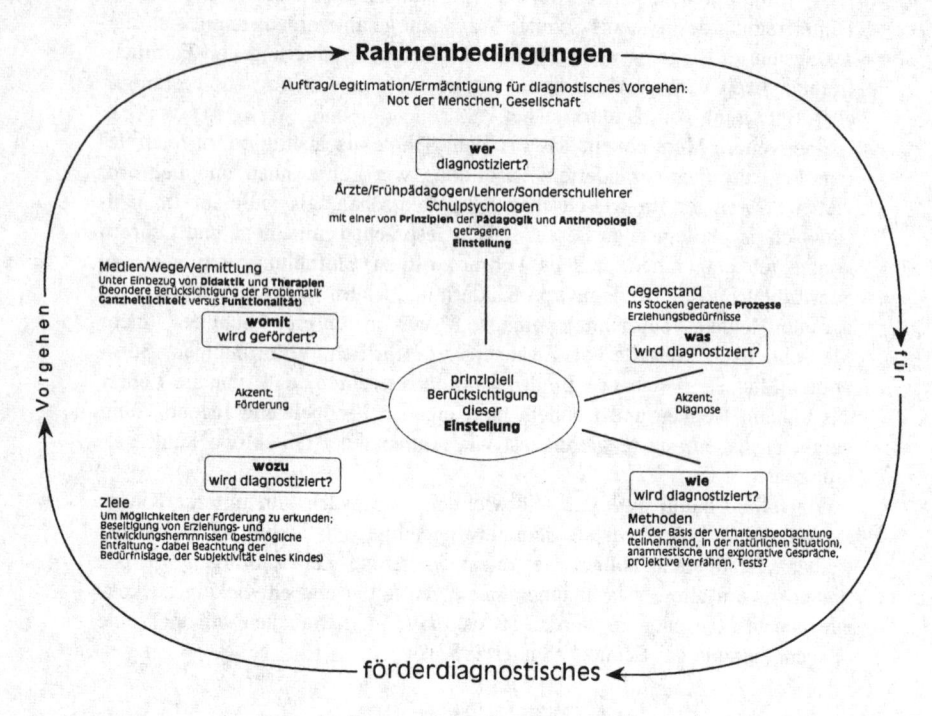

```
                        ───▶ Rahmenbedingungen ───
                  Auftrag/Legitimation/Ermächtigung für diagnostisches Vorgehen:
                              Not der Menschen, Gesellschaft

                                    ┌─────────────┐
                                    │    wer      │
                                    │ diagnostiziert? │
                                    └─────────────┘
                            Ärzte/Frühpädagogen/Lehrer/Sonderschullehrer
                                       Schulpsychologen
                            mit einer von Prinzipien der Pädagogik und Anthropologie
                                            getragenen
                                           Einstellung

   Medien/Wege/Vermittlung
   Unter Einbezug von Didaktik und Therapien                          Gegenstand
   (besondere Berücksichtigung der Problematik                        Ins Stocken geratene Prozesse
   Ganzheitlichkeit versus Punktionalität)                            Erziehungsbedürfnisse
              ┌─────────────┐                                              ┌─────────────┐
              │   womit     │                                              │    was      │
              │ wird gefördert? │                                          │ wird diagnostiziert? │
              └─────────────┘                                              └─────────────┘
        Akzent:                      prinzipiell                                  Akzent:
        Förderung                Berücksichtigung                                 Diagnose
                                       dieser
                                   Einstellung
              ┌─────────────┐                                              ┌─────────────┐
              │    wozu     │                                              │    wie      │
              │ wird diagnostiziert? │                                     │ wird diagnostiziert? │
              └─────────────┘                                              └─────────────┘
   Ziele                                                                Methoden
   Um Möglichkeiten der Förderung zu erkunden;                          Auf der Basis der Verhaltensbeobachtung
   Beseitigung von Erziehungs- und                                      teilnehmend, in der natürlichen Situation,
   Entwicklungshemmnissen (bestmögliche                                 anamnestische und explorative Gespräche,
   Entfaltung - dabei Beachtung der                                     projektive Verfahren, Tests?
   Bedürfnislage, der Subjektivität eines Kindes)

                         ───▶ förderdiagnostisches ◀───
```

Abb. 2. Rahmenbedingungen förderdiagnostischer Prozesse

6.7.1 Die Frage nach der Legitimation

Ausgangspunkt ist die Frage nach der *Legitimation* für förderdiagnostisches Vorgehen. Wir kommen also zum *realen Anlaß*, zur Notwendigkeit für die Einleitung eines förderdiagnostischen Prozesses: Kinder werden mit Behinderungen geboren. Störungen, Hemmnisse der Entwicklung können im Verlauf der frühen Kindheit, im vorschulischen Bereich, in der Schule, im Bereich der Berufsfindung entstehen. Diese Bedürfnisbereiche werden im folgenden in kurzer Form konkretisiert.

Sie ergeben sich zunächst im *Frühbereich*. Unmittelbar nach der Geburt eines Kindes erstellt der Arzt eine Diagnose, deren Ergebnis die Klassifikation des Säuglings nach den Kategorien "gesund" oder "krank", vielleicht auch schon "behindert" oder "nichtbehindert" bedeutet.

Für die betroffenen Eltern speziell und für den Pädagogen allgemein ist es vielleicht zunächst eine grausame Realität, daß ein neugeborenes Kind schon "klassifiziert" wird. So kommen z. B. Kinder zur Welt, bei denen Reflexe nicht richtig ablaufen, deren Sinnesfunktionen und Bewegungsfähigkeit infolge motorischer Defizite beeinträchtigt sind. Sie werden geboren mit Spasmen leichter bis schwerster Art, es werden ganz allgemein gesehen physische Beeinträchtigungen festgestellt. An dieser Realität der Diagnose mit der sich daraus ergebenden "Klassifikation" führt in unserer Gesellschaft offensichtlich kein Weg vorbei. Während der Phase des Säuglings- und Kleinkindalters können durch Erkrankungen, Unfälle und sonstige exogene Einflüsse Schäden auftreten, die sich auf die weitere Entwicklung negativ auswirken können.

Auf die Auswirkungen solcher "Informationen", also der Diagnose" krank" für eine Familie, kann hier nicht eingegangen werden.

Als zweiter realer großer Komplex, in dem sich Probleme von Kindern manifestieren, ergibt sich der *vorschulische* Bereich. Im Zusammenhang mit dieser Altersstufe können beispielsweise Beeinträchtigungen der Sprachentwicklung, der Grob- und Feinmotorik, der Wahrnehmung, des Sozialverhaltens transparent werden. Möglicherweise bemerken und beobachten Eltern und Kindergärtnerinnen Auffälligkeiten, die dann von Fachleuten, insbesondere von Medizinern und Psychologen, genauer untersucht werden.

Während der *Schulzeit* fühlen sich Kinder oft überfordert, unverstanden, hilflos, ohnmächtig, depriviert. Sie resignieren, weil von ihnen einseitig Leistungen kognitiver Art, vor allem aber auch Anpassungsverhalten gefordert werden. Rückstellung vom Schulbesuch, Wiederholung von Klassen, "Überweisung" an Sonderschulen ergeben sich als institutionelle Reaktion auf solche Probleme. Lern- und Leistungsstörungen treten insbesondere in den Fächern Deutsch (Lesen, Schriftspracherwerb) und Mathematik auf.

Erkannt - oder vielleicht auch nicht wahrgenommen - werden solche und ähnliche Notsituationen und Probleme (spezielle Bedürftigkeiten) von Kindern durch Eltern, Lehrer, evtl. von Mitschülern und vielleicht auch vom Kind selbst durch den Vergleich der eigenen "Leistungen" mit den Lern- und Verhaltensmöglichkeiten etwa gleichaltriger Kinder.

Ähnliche Problemsituationen können auftreten im Jugendalter im Zusammenhang mit der *Berufsfindung* oder im Ausbildungsbereich, im Bereich von Heimen, bei gravierenden Verhaltensproblemen, Drogen- und Alkoholmißbrauch, bei irgendwelchen Verfehlungen oder Delikten.

Solche *Notsituationen* von Menschen können natürlich auch in der Folgezeit, also im Erwachsenenalter, spontan oder bereits "angebahnt" auftreten, auch hervorgerufen durch negative Einflüsse der sozialen Umwelt sowie durch kritische Lebensereignisse.

Zwei Möglichkeiten bieten sich an: Solche Bedürfnisse ignorieren, nichts tun, oder die Bedürfnisse, die Notsituationen von Menschen und damit verbundene Notsignale von Menschen bewußt wahrnehmen, die Rahmenbedingungen für das Auftreten solcher Probleme und Bedürfnisse in der Erziehungs- und Lebenswirklichkeit erkunden, sich mit der Komplexität dieser Bedürfnisse und Schwierigkeiten auseinandersetzen; d. h. auch diagnostizieren und analysieren.

Über diesen Anlaß, nämlich die Wahrnehmung von Bedürfnissen und Notsituationen ergibt sich die *Legitimation*, der Auftrag oder auch die Ermächtigung für eine Hilfe. Es ist sicherlich ein nicht näher zu begründendes Prinzip der Pädagogik, daß man die Not, die Bedürftigkeit von Menschen wahrnimmt, nach besten Möglichkeiten Hilfe anbietet.

Dieses Bedürfnis nach Erziehung gilt bei nichtbehinderten Kindern als selbstverständlich. Verwiesen sei auf *Hegel* und damit auf das "eigene Streben der Kinder nach Erziehung" als "das immanente Moment aller Erziehung". Gerade dieser "Hinweis *Hegels* auf die Erziehung als 'Bedürfnis' der Kinder, 'groß zu werden', ist vielleicht die tiefste anthropologische Begründung, die sich für ein edukandenorientiertes Konzept der Erziehung anführen läßt" (Loch 1982, 25). Ein solches Erziehungs- und Förderungsbedürfnis dürfen wir ohne jedes weitere Hinterfragen erst recht bei Kindern mit Behinderungen annehmen.

Auch unsere Gesellschaft, die sich als soziale Gesellschaft versteht, hat ein Interesse am Wohlergehen ihrer Mitglieder. Auch sie ist bereit, ja verpflichtet, zu helfen, wenn Notsituationen vorliegen. Im Zusammenhang mit der Institutionalisierung solcher Hilfen besteht allerdings die Gefahr, daß etwas geschieht, was der Bedürftige unter Umständen gar nicht will, d. h., daß "Hilfe" in übertriebener Weise oder in einer Art, die sich der Hilfesuchende gar nicht wünscht, gegeben wird, etwa wenn ein Kind "erziehungsunfähigen Eltern" weggenommen und in ein Heim eingewiesen wird. Dies könnte wider den Willen der Eltern und gegen den Willen des Kindes geschehen sein (vgl. 6.6). Daß hier manchmal von institutioneller Seite her ein "Übermaß" an Hilfe" realisiert wird, kann nicht bestritten werden. Die Notwendigkeit für die Einleitung eines förderdiagnostischen Prozesses ergibt sich also aus der Notsituation, aus den Bedürfnissen von Menschen. Hierbei sind auch Mißbrauch oder Fehlinterpretationen seitens der Institutionen und ihrer Vertreter möglich.

Die Frage, *wer* diagnostiziert, läßt sich ebenfalls auf der Basis des jeweiligen realen Anlasses beantworten. Orientiert man sich am Entwicklungsverlauf, so sind zuerst die Mediziner zu nennen, die in der bereits dargestellten Form in die Kategorien "gesund" oder "krank" einteilen. In der Folgezeit können wiederum Mediziner, "Frühpädagogen" und Psychologen, evtl. auch Therapeuten sich mit Säuglingen, Klein- und Vorschulkindern konfrontiert sehen, wenn Entwicklungsprobleme auftreten. Im Bereich der Schule können dies Lehrer an "Regelschulen", Sonderschullehrer und Schulpsychologen sein.

Hier interessiert weniger die Frage, wer diagnostiziert und fördert, als vielmehr, auf welcher anthropologischen und pädagogischen Basis dies geschieht. Aufriß und Kritik der Modelle diagnostischen Vorgehens haben bereits einige Probleme aufgezeigt. Sie sollen hier nicht mehr Diskussionsgegenstand sein, vielmehr geht es um die Verdeutlichung grundlegender Prinzipien im Zusammenhang mit diagnostischen Problemen, um Fragen der Orientierung und *Einstellung*. Man wird sagen, Ärzte, Pädagogen, Sonderpädagogen, Schulpsychologen haben ihre Vorschriften, sie kennen ihre Pflichten.

Dennoch scheint die Quelle der Kritik gerade hier am diagnostischen Vorgehen zu liegen. Ärzten wird der Vorwurf entgegengebracht, sie orientierten sich primär am Krankheitsbild, an den Symptomen, die Diagnosen zielten in hohem Maße in Richtung Krankheit und damit Therapie, der Mensch, z. B. mit seinen sozialen Bedürfnissen, interessiere weniger. Frühpädagogen, Pädagogen und Sonderschullehrern wird insofern Skepsis entgegengebracht, als sie zumeist als Vertreter von Institutionen auftreten, d. h., sie bedienen sich ganz bestimmter Methoden, die wiederum von den Institutionen her bestimmt, vorgeschlagen werden, auch im Sinne des Erhalts dieser Institutionen. Möglicherweise kann mit Hilfe einer von *Pädagogik* und *Anthropologie* getragenen *Einstellung* der massiven Kritik am diagnostischen Vorgehen begegnet werden. Hier dürfte der Schlüssel zu einer akzeptablen förderdiagnostischen Vorgehensweise liegen.

6.7.2 Einstellung, Förderung, Erziehung

Wenn es gelingt, Medizinern, Pädagogen, Sonderpädagogen und Psychologen, also allen Personen, die mit diagnostischen Aufgaben zu tun haben, neben der fachlichen Kompetenz eine absolut pädagogische, d. h. an Kindern sowie Erwachsenen und deren Bedürfnissen orientierte Einstellung zu vermitteln, die auch Aspekte der sozialen Umwelt einschließt, kann eine Basis für eine allgemein akzeptable diagnostische Vorgehensweise gefunden werden. Wenngleich also der von pädagogischen und anthropologischen Prinzipien getragenen Einstellung eine zentrale Bedeutung zukommt, bedarf es hier nicht mehr vieler Erläuterungen.

Im Verlauf der Ausführungen zur pädagogischen und anthropologischen Dimension (6.1, 6.2) sowie im Zusammenhang mit den Überlegungen zur Problematik "Bedürfnis", "Bedürfnisorientierung" (3) erfolgten die entscheidenden Aussagen. Hilfreich im Sinne der Vermittlung und Praktikabilität sind Einstellungen, Haltungen und Aktivitäten von helfenden Personen wie sie bei *Carl Rogers* (1942, 1949, 1962, 1972), bei *Virginia Axline* (1972), *Melanie Klein* (1973) und bei *Tausch/Tausch* (1979) beschrieben werden. Die förderlichen Haltungen und Aktivitäten werden bezeichnet mit: "Einfühlendes nicht-wertendes Verstehen", "Achten-Wärme-Sorgen" und "Echtsein-Ohne-Fassade-Sein" (Tausch/Tausch 1979, 29 - 116). Diese Einstellungen und Haltungen verbinden sich mit den Grundprinzipien und den Fragen nach dem Gegenstand, den Methoden, den Zielen und den Wegen der Förderdiagnostik.

Neben die Dimensionen Vergangenheit - Verstehen, Gegenwart - Erkennen/Beobachten tritt die Frage nach der Zukunft - Fördern. Diese Frage wird vor allem im Zusammenhang mit "Erziehung" bei Menschen mit Behinderungen wichtig. Immer wieder drängt sich das Problem der Erziehung auf. Woher nehmen wir das Recht, zu erziehen? Wie erziehen wir? In welche Richtung erziehen wir? Mit welchen Mitteln erziehen wir?

Solche Fragenkomplexe erörtern Pädagogen meist in theoretisch-abstrakter, ja idealistischer Form, die Konkretisierung für die Einzelsituation bleibt als Problem bestehen. "Führen oder Wachsenlassen" (Litt 1972) erweist sich in der Tat als das "Pädagogische Grundproblem", das auch immer wieder den Anstoß zu neuen Reflexionen gibt, die aber - bezogen auf die konkrete Situation - nie ganz befriedigen können. "Der gute Sinn des 'Führens'" (ebd., 74 - 97) - sicherlich gibt es ihn, aber "jeder Eingriff, jede Abwehr und jede Gegenwirkung soll getragen sein von jener tiefen Ehrfurcht vor dem Geheimnis des Lebendigen, die da weiß, daß die Wege des Geistes jeder Vorausberechnung, jeder zudringlichen Neugier spotten".

Wenn das Hauptresultat der Philosophierenden über die menschliche Bestimmung und Situation darin zu sehen ist, daß der Mensch ein Wesen ist, "das nur durch Erziehung zu sich selbst kommen kann", so steht tatsächlich im Mittelpunkt der öffentlichen Funktion wissenschaftlicher Pädagogik die "pädagogische Verantwortung, die wir in unserer historischen Situation vorfinden und deren Wahrheitsgrundes wir uns zu vergewissern, deren empirisches Wirkungsfeld wir in seiner Faktizität uns aufzuklären haben. Da diese Faktizität aber keine objektiv-naturhafte und auch keine objektiv-geistige, in Texten und Dokumenten festliegende ist, sondern eine erst noch aufgegebene, in die Zukunft hin offene, verantwortbare, so bleibt der Pädagogik nur das Verfahren der existentiellen Besinnung in einer historisch vorhandenen und zu interpretierenden Struktur, in der erst die Tatsachen erscheinen, die zu untersuchen sind" (Flitner 1966, 26).

Im Mittelpunkt aller Fragen zur Erziehung steht in einer konkreten Situation die pädagogische Verantwortung, in der quasi alle Überlegungen zu Vergangenheit, Gegenwart und Zukunft zusammenfließen und sich verdichten. Wobei sich nicht nur Gegenwart und Zukunft des Zöglings als Problem erweisen, vielmehr auch die Gegenwart und Zukunft einer gewordenen und noch in der Entstehung begriffenen, sozialen und dinglichen Umwelt. Spannungen, Unsicherheiten oder Ungleichgewichte im Sinne *Piagets* ergeben sich nicht nur aus der Person, dem Subjekt, sondern vor allem aus den

Interaktionen mit der Umwelt und dem Bezug zu einer noch offenen Zukunft. Hieraus resultieren die eigentlichen Unsicherheiten und Grenzen.

Es geht darum, daß wir bei allen Versuchen, uns auf die Bedürfnisse von Kindern einzustellen, die Frage der Erziehung und damit die Problematik der Zukunft nicht aus den Augen verlieren; d. h., der förderdiagnostisch Tätige muß entweder gleichzeitig Pädagoge sein, bereit sein, sich Fragen der Erziehung in der konkreten Situation zu stellen, dem Kind behutsam neue Wege in die Zukunft eröffnen oder sich zumindest in die Partnerschaft von Pädagogen begeben, die sich der aktuellen Erziehungsproblematik annehmen. Dabei ist zu beachten, daß der Erzieher, gleichermaßen der förderdiagnostisch tätige Pädagoge und der Zuerziehende "nicht identisch sein" können, denn "jeder Versuch einer zu weit gehenden Identifizierung des Erziehers mit dem Zuerziehenden oder umgekehrt ... führt zu einer schlechten Erziehungspraxis, weil dabei entweder der Erzieher den Zuerziehenden oder der Zuerziehende den Erzieher beherrscht" (Loch 1982, 24).

Die Fähigkeit des förderdiagnostisch tätigen Erziehers, sich auf den Zuerziehenden einzustellen, sich in die Rolle des Zuerziehenden zu versetzen, ist durch seine Position begrenzt. Dem Erzieher und speziell dem förderdiagnostisch tätigen Erzieher sind diese Grenzen im "Verstehenkönnen des Zuerziehenden ... ein entscheidendes Argument für die Aufgabe, die Erziehung nicht nur mit den Augen des Erziehers, sondern auch mit den Augen des Zuerziehenden zu konzipieren" (ebd., 25). Der Wissens- und Informationsvorsprung des förderdiagnostisch tätigen Pädagogen wird an sich postuliert. Er muß aber jederzeit bereit sein, dieses Wissen im Sinne einer besseren Entfaltung des Zuerziehenden einzusetzen, von diesem Wissen (von seiner Kompetenz) abzugeben.

Mit der "von Prinzipien der Pädagogik und Anthropologie getragenen Einstellung" assoziiere ich: unmittelbare Orientierung am Kind, an seinen Problemen, seinen Bedürfnissen, Subjektivität zugunsten Objektivität, Wahrnehmung von Erziehungsbedürfnissen, Einbezug der sozialen Komponenten, Flexibilität. Diese Art von Einstellung sollte der "Einstellung guter Eltern" gleichen.

6.7.3 Gegenstand der Förderdiagnostik

Im Zusammenhang mit der Frage nach dem Gegenstand der Diagnose werden im Unterschied zu bisherigen diagnostischen Vorgehensweisen sicherlich keine Normabweichungen, keine Differenzen zum Mittelwert einer "Bezugsgruppe", keine Fehler, keine Defizite, Beeinträchtigungen allgemein diagnostiziert, vielmehr sind es Bedürfnisse, Erziehungsbedürfnisse und -bedürftigkeiten, *"ins Stocken geratene Prozesse"*, *Notsituationen*, behindernde Bedingungen. Der "Maßstab" für diese Art von Diagnostik liegt in der Person, im Kind selbst, in den "Aussagen" und Mitteilungen des

Kindes, die es zu beobachten, anzunehmen, aufzunehmen, allgemein ausgedrückt, wahrzunehmen und umzusetzen gilt in Handeln zusammen mit dem Kind mit dem Ziel erweiterter Handlungsfähigkeit.

Die Komplexität einer derartigen "diagnostischen Vorgehensweise" hat sich vor allem aus den Ausführungen über die "soziale Dimension" ergeben, die insbesondere den Rückgriff auf den Lebenslauf intendiert, den "egologischen Horizont der Erziehung". Der Lebenslauf "ist das umfassende Curriculum, in dem alle öffentlichen und privaten, offiziellen und verborgenen, fiktiven und faktischen Curricula enthalten sind, die ein Mensch in seiner Lebenszeit hinter sich zu bringen hat: alle Erfahrungen, die er durch seine Lebensgeschichte machen und alle Leistungen, die er auf seinem Lebensweg vollbringen kann, alle Fähigkeiten, die in diesen Leistungen zum Ausdruck kommen, und alle Unfähigkeiten, die als Situation des Scheiterns die Vergangenheit belasten, alle Lebensziele, die er erreicht hat, und alle, die unerfüllte Wünsche geblieben sind. Insofern ist das Curriculum vitae der Inbegriff aller 'Bildungsinhalte', die das Leben einem Menschen zum Lernen und damit zur Entwicklung seiner Anlagen wie zur Bildung seines Charakters, zur Erfüllung seiner sozialen wie zur Bestärkung seiner personalen Identität aufgibt. Allerdings ist der Lebenslauf eher ein individueller und subjektiver als ein allgemeiner und objektiver Zusammenhang. Sein umgreifender Horizont bildet sich faktisch immer nur als die Lebensperspektive eines Individuums. Man kann sagen: Der Lebenslauf ist das Individuum in seiner zeitlichen Gestalt. Insofern hat jeder Lebenslauf etwas Einmaliges" (ebd., 26). Der Lebenslauf stellt den Inbegriff aller Lebensprozesse eines Menschen dar.

6.7.4 Methodische Überlegungen

Unmittelbar aus der Fragestellung nach dem Gegenstand der Diagnose ergibt sich die Problematik, *wie* wird diagnostiziert, also die Frage nach der *Methode*. Wenn nicht von "Normen", "Differenzen" und Defiziten ausgegangen wird, stehen auf der Basis förderungsorientierter Überlegungen auf statistischem Wege erstellte, also sogenannte normorientierte Verfahren weniger zur Diskussion. Förderdiagnostik orientiert sich am Kind; folglich sind in erster Linie Methoden akzeptabel, die dieser Orientierung gerecht werden. Zu nennen sind hierbei z. B. die vielfältigen Möglichkeiten der Verhaltensbeobachtung unter Einbezug von Screenings, speziell die teilnehmende Beobachtung, die sich etwa im Spiel, aber auch bei leistungsorientierten Aktivitäten anwenden läßt, die Analyse des Lebenslaufes, Gespräche mit einem Kind oder mit den unmittelbaren Bezugspersonen, evtl. auch Verfahren projektiver Art.

Es steht außer Frage, daß im Zusammenhang mit diagnostischen Prozessen zunächst der Versuch unternommen werden soll, das Kind in seinen Schwierigkeiten zu verstehen, erst dann kann die Problematik der Erziehung angesprochen werden. Insgesamt gesehen sollte dabei auch der förderdiagnostische Prozeß zu einem immer besseren Verstehen des Kindes beitragen (vgl. 6.2.1).

Zweifellos erweisen sich Tests in ihrer Eigenschaft als Prüfung nicht als unproblematisch, denn sie führen in der Regel nicht unmittelbar zu einem besseren Verstehen und zu einer genaueren Einschätzung der Problemlage. Zu kritisieren ist auch die bereits mehrfach genannte Normorientierung, die gerade bei Personen mit Behinderungen zu Defizitbeschreibungen führen muß, aber auch die Tatsache, daß in der durch den Test hervorgerufenen künstlichen Situation eben nur "Teile" einer Persönlichkeit erfaßt werden und dies nicht einmal in befriedigendem Maße.

Pädagogisch sinnvoller erscheint zunächst die Anwendung der teilnehmenden Verhaltensbeobachtung. Tatsächlich bietet jede kleine, alltäglich wiederkehrende Einzelsituation Möglichkeiten der Beobachtung und des Vergleichs. Hieraus ergibt sich ein unmittelbarer, ein (subjektiver) Zugang zum Kind. Es ist lediglich wichtig, daß wir auf die Situation achten und aufgrund der Erfahrungen im Verlauf der Zeit quasi einen Maßstab ableiten bezüglich des Verhaltens. "Es gibt darin so viele Möglichkeiten, daß jeder, der sie auswerten will, sich bald dazu gezwungen fühlt, einige wenige auszuwählen, auf die er besonders achtet, weil er sonst Gefahr läuft, im allzuvielen sich zu verlieren. Auch hier gilt, daß einem ein Test (die Beobachtung in ähnlichen Alltagssituationen; d. Verf.) umso mehr einträgt, je länger man ihn anwendet, je mehr man durch Erfahrung in seiner Situation sehen gelernt hat. Aber auch hier ist daran zu erinnern, daß man damit nur Tatsachen sammelt, aber den betreffenden Menschen noch nicht versteht. Wenn zwei dasselbe tun, so sind sie deswegen noch nicht gleich" (Moor 1974, 278).

Bei aller Kritik an den psychologischen Tests sei auf die Möglichkeit verwiesen, psychometrische Tests quasi umzufunktionieren, sie also nicht im Sinne normorientierter Verfahren, vielmehr unter qualitativem Aspekt einzusetzen. Dies könnte bei einer entsprechenden Problemstellung von Bedeutung sein, wenn sich ein solches Verfahren als valide im Hinblick auf die Untersuchung eines bestimmten Merkmals oder eines Verhaltens erwiesen hat. Hierbei interessiert jedoch nicht mehr der Vergleich mit einer Bezugsgruppe, vielmehr Möglichkeit der Beobachtung, inwieweit ein Kind in der Lage ist, einen bestimmten Aufgabentyp zu lösen, wie es solche Aufgaben überhaupt löst, wo die Lernausgangsbasis liegt (vgl. 6.4.2). Es besteht dann auch die Wahrscheinlichkeit, die Zone der nächsten Lernschritte einzuschätzen und zu einem späteren Zeitpunkt Vergleiche mit der Art und Weise der früheren Lösungen anzustellen.

Allerdings bleibt bei dieser Form der Anwendung von Tests in der Regel immer noch die häufig kritisierte Situation der "Prüfung" oder "Probe" bestehen. Diese Problematik läßt sich vielleicht dadurch entschärfen, daß sich der kreative Pädagoge Möglichkeiten und Varianten zum spielerischen Einbringen solcher "Aufgaben" (Screenings) ausdenken kann.

Eine gewisse Notwendigkeit der Verwendung valider Beobachtungsaufgaben ergibt sich bei einem Kind mit einer Behinderung im Säuglingsalter, im Kleinkind- bis ins Schulalter - speziell in den Bereichen Sprache, Motorik, Sozialverhalten und Wahrnehmung -, um den Entwicklungsstand beobachten und gleichzeitig Zonen der nächsten Entwicklung einschätzen zu können. Erziehung und Förderung suchen nach einem Weg, der von dem ausgeht, "was ist und zu etwas hinführt, was besser ist" (ebd., 279).

Unter diesem Aspekt wird die Applikation der beschriebenen Methoden gerechtfertigt. Grundsätzlich soll aber damit die Problematik der Verwendung von Prüftests, speziell von psychometrischen Verfahren, nicht verniedlicht oder negiert werden (vgl. Bundschuh 1991, 94ff.; 113-123).

Hier interessiert die Haltung bzw. Einstellung, die in solchen Prozessen eine Rolle spielt: Ich begegne dem anderen nicht "als der Überlegene, nicht bloß als der, der es weiß und der es kann, sondern nehme seine Art ernst, wie der Bildhauer die Sprödigkeit seines Materials ernst nehmen muß, ja noch viel ernster: so ernst, wie eben nur der Erzieher seinen Zögling ernst nehmen kann, ..." (ebd., 280). Sensibilität ist hier gegenüber dem Kind gefordert. So darf Verhaltensbeobachtung nicht eine isolierte Erfassung eines ganz bestimmten Aspektes sein, vielmehr geht es um die Wahrnehmung eines größeren Ganzen in seinen sozialen Bezügen. Beobachtung bringt sich nicht nur in einen Prozeß ein, sie besitzt vielmehr selbst prozeßhaften Charakter. "Dauert Beobachtung längere Zeit, so dürfen während dieser Zeit die Arbeit, das geordnete Leben und die erzieherische Beeinflussung nicht aufhören. Beobachtung löst diese Dinge nicht ab und unterbricht sie nicht, sondern muß sich in ihnen drin vollziehen. Nun könnte freilich erst nach Abschluß der Beobachtung gesagt werden, wie das Leben des Beobachteten geordnet werden muß, wie er arbeiten kann, auf welche Weise und auf welches Ziel hin er zu erziehen ist. Alle diese Dinge bleiben darum im Stadium des bloßen Versuches, solange die Beobachtung noch andauert. Pädagogische Beobachtung vollzieht sich darum im Erziehungsversuch, im Versuch, ein rechtes und geordnetes Leben zu führen, im Versuch, Arbeit zu leisten ... Nur wenn wir es wagen, ihm (dem Zögling) erzieherisch etwas zuzumuten, bekommen wir auch etwas zu sehen, was erzieherisch von Bedeutung ist" (ebd., 281 f.).

Wenngleich die Möglichkeiten der Verhaltensbeobachtung und des Gesprächs überzeugen, sind die damit verbundenen Fragen und Probleme in der Realität nicht immer in Gänze lösbar, auch hierbei gibt es - wie so häufig bei Fragen der Erziehung und Förderung - Grenzen.

"Was die Tiefenpsychologen über die Entwicklung des Kindes erfahren wollten, war nicht so leicht zu beobachten: sie haben vor allem erforscht, wie Kinder fühlen, von welchen Wünschen und Motiven sie geleitet werden, was für Phantasien sie sich ausmalen, was sie ganz im geheimen bei sich selber denken. Dies alles ist aus verschiedenen Gründen nicht leicht festzustellen. Erstens kann man die Kinder nicht direkt danach fragen: sie würden entweder keine Antwort geben, weil sie es nicht gut ausdrücken können; die älteren würden ihre Gedanken vielleicht auch absichtlich vor dem neugierigen Frager verbergen. Der Erwachsene muß die Kinder daher lange kennen, aufmerksam beobachten und vor allem fähig sein, aus seinen Beobachtungen Schlüsse zu ziehen. Die weitere Schwierigkeit besteht darin, daß die meisten Erwachsenen selber vergessen haben, was sie als Kinder dachten und fühlten, und auch um keinen Preis daran erinnert werden möchten, weil sie selbst als Kinder so viel gelitten haben. Darum schließen wir die Augen und wollen gar nicht wissen, was Kinder bewegt" (Bittner 1979, 7 f.).

Die hier angesprochenen Probleme finden sich sicherlich nicht nur bei Erwachsenen ohne pädagogische Ausbildung, vielmehr auch bei praktizierenden Lehrern. Selbst wenn ein Lehrer entsprechend ausgebildet wurde, fehlt ihm in einer Schulklasse mit vielleicht 15 bis 32 Kindern ganz einfach die Zeit zum intensiven Kennenlernen und Beobachten einzelner Schüler.

Bei der Frage nach den Methoden förderdiagnostischer Prozesse ergeben sich verschiedene Möglichkeiten, die zur Anwendung kommen können, ohne daß dabei die Orientierung am Kind außer acht gelassen wird. Insbesondere die teilnehmende Verhaltensbeobachtung in der natürlichen Situation, in alltäglichen Prozessen, ermöglicht einen ganzheitlichen Zugang, der immer auch das Gespräch einschließt. Ein zentrales Moment stellen Haltung und Einstellung des Pädagogen dar. Festzuhalten ist, daß Informationen der Interpretation bedürfen, um dann zu einem besseren Verstehen zu führen mit dem Ziel der möglichst adäquaten Erfassung der gesamten Problematik eines Kindes in einer Notsituation.

6.7.5 Förderungsziele und -wege

Auch im Rahmen der Frage nach dem Wozu von Förderdiagnostik stehen die Bedürfnisse von Kindern in Notsituationen im Vordergrund der Überlegungen. Wenn Ziele der Förderung angesprochen werden, bedeutet das nicht, daß Ziele im Sinne traditioneller Verhaltensmodifikation "gesetzt" oder "bestimmt" werden. Vielmehr sind hier Angebote gemeint, die ein Kind wahrnehmen kann, aber nicht muß. Bedürfnisse, der emotionale Bereich, sollen nicht unterdrückt werden, vielmehr geht es um die Freilegung, um das Evozieren von Bedürfnissen, in erster Linie um ursprüngliche Motivation in Richtung Zuwendung zur Welt. Ein Kind sollte im Rahmen von Diagnose und Förderung die Möglichkeit haben, sich selbst zu finden, sich selbst zu entdecken, eigene Möglichkeiten auszuprobieren, auszuloten und zu wagen. Ein wichtiges Prinzip dürfte sein: "Nicht gegen den Fehler, sondern für das Fehlende" (Moor 1974, 317). Dabei erweist es sich als selbstverständlich, daß alles getan wird, um Erziehungs- und Entwicklungshemmnisse sowie behindernde Bedingungen von außen zu beseitigen. Hierbei ist sowohl an die familiäre, die schulische als auch an die übrige soziale Umwelt gedacht, die einem Kind im Bereich Spiel und Freizeit (Nachbarschaft, Bekanntenkreis, Verwandtschaft, ...) begegnet, denn "nicht nur das Kind, auch seine Umgebung ist zu erziehen" (ebd., 400). Die Zielfrage wurde mehrfach angesprochen (vgl. 6.1, 6.2).

Konkret geht es um die bestmögliche Hilfe und Förderung im Sinne des betroffenen Kindes, um die Beseitigung von Erziehungs- und Entwicklungshemmnissen: ein Kind aus institutionellen Verstrickungen und Hemmnissen herausholen, ihm Möglichkeiten eröffnen, wieder "frei atmen" zu können, sich selbst zu finden, neu anzufangen; Verschüttetes freilegen, es z. B. von der Antipathie eines Lehrers befreien, ebenso vom Druck einer Schule, der psychosomatische Beschwerden, wie Bauchschmerzen, Schlafstörungen, Erbrechen, ... hervorrufen kann; einem Kind mit Verhaltensstörungen signalisieren, daß man auch selbst Probleme der Aggression, der Angst, der Unlust hat und somit eine Basis für neues Selbst- und Fremdverständnis schaffen, neue Wege besserer Alltags- und Daseinsbewältigung mit dem Kind überlegen.

Die Frage nach den *Wegen* der Förderung muß hier nicht mehr vertieft behandelt werden. Sie wurde im Zusammenhang mit den Dimensionen "Didaktik" und "Therapie" reflektiert. Auch hierbei ist noch einmal zu betonen, daß die Förderungsansätze sich nicht nur an einen Bereich oder Bereiche richten, sondern das Kind in seiner Ganzheit begleiten (vgl. 6.4.9).

Förderungsrichtung und -wege eröffnen und entwickeln sich prozeßhaft aus dem immer besseren Verstehen des Kindes und seinen Möglichkeiten. Der Pädagoge, Didaktiker und Diagnostiker in einer Person verfügt zwar über ein Repertoire an Förderungsmöglichkeiten, aber er paßt das Kind nicht an einen bestimmten Lernweg an, sondern bietet ihm Hilfen, den seiner Individualität am besten entsprechenden Weg, vielleicht auch verschiedene Wege, zu finden und diese neuen Möglichkeiten in seine Gesamtpersönlichkeit zu integrieren. Dem Pädagogen selbst eröffnen sich vielleicht hierbei neue Erfahrungen und Beobachtungen, die ihm bei der Förderung anderer Kinder in Notsituationen hilfreich sein können.

Die Überlegungen zum Modell der "Rahmenbedingungen für förderdiagnostisches Vorgehen" geben Impulse und Antworten dafür, wie es am besten gelingen könnte, ein Kind in seiner Notsituation, mit seinen Problemen, seinen Chancen, Möglichkeiten, vielleicht auch "Grenzen", besser kennen- und verstehen zu lernen, ihm Hilfen zur Eröffnung neuer Perspektiven zu geben. Um den gegenwärtigen Stand eines Kindes kennenzulernen, also um die Gesamtpersönlichkeit besser zu verstehen, erweisen sich vor allem die Analyse des Lebenslaufes, die vielseitige Beobachtung und das Gespräch als sinnvoll. Man wird sehen, daß die konzentrierte Beschäftigung mit einem Kind in vielen kleinen Alltagssituationen Wege sichtbar werden läßt und Ansatzpunkte für Hilfen und damit Förderung eröffnet. Dies gilt für Kinder mit schwersten Behinderungen und Kinder mit leichten Lernstörungen gleichermaßen.

6.7.6 Grenzen förderdiagnostischer Prozesse und Aufgaben

Im Verlauf der bisherigen Ausführungen wurde die Frage nach der kindorientierten Diagnose stärker unter dem Aspekt der Möglichkeiten behandelt. Es ergibt sich aber auch die Notwendigkeit, die Problematik der *Grenzen* der Erziehung und Förderung im Rahmen von Notsituationen und - möglicherweise extrem - erschwerter Erziehungswirklichkeit aufzugreifen. Die hier bearbeitete Fragestellung schließt die Problematik unserer Wirklichkeit und die Gesamtproblematik mitmenschlicher Beziehungen ein. Obgleich sich Erzieher bemühen, das Fragmentarische ihres kognitiven Vermögens auf die Analyse und Reflexion der Erziehungswirklichkeit einzustellen und somit auch zu erweitern, entbindet dies nicht davon, sich in *besonderer* Weise mit Konfliktmöglichkeiten im Erziehungsfeld auseinanderzusetzen. Es besteht die Notwendigkeit, prophylaktisch Bedingungen und Risiken zu artikulieren, Grenzen menschlicher Belastbarkeit anzusprechen, schließlich menschliche Begrenztheit und Beschränktheit zu nennen, wenn wir die Bedingung der Möglichkeit nicht vergessen und verdrängen, daß nichtbehinderte Kinder und Kinder mit Behinderungen gleichermaßen am Interaktionsprozeß beteiligt werden. Wenn wir dies wollen, bedarf es der Bereitschaft, *gemeinsam* mit Kindern in Lernprozesse einzutreten. Es geht also auch um das Ansprechen des Konfliktes zwischen Selbst- und Fremdbestimmung, der sich zwischen sozietär bedingenden Gegebenheiten und subjektiv bedeutsamen und sinnhaften Zielsetzungen des Kindes ergeben könnte.

Die häufig modellhaft und stark vereinfacht dargestellten Bedingungen im didaktischen Dreieck Lehrer - Schüler - Unterrichtsstoff, die ich insofern variiere, als ich von Lehrer/Erzieher - Kind - Erziehungssituation, insgesamt Erziehungswirklichkeit, sprechen möchte, sind gekennzeichnet durch das Moment der Grenzen. Diese Grenzen erweisen sich im Rahmen der Erziehungsprozesse bei Kindern und Jugendlichen ohne - offensichtliche - Behinderungen insofern als existent, als Lernhemmungen z. B. als Störungen und weniger als Möglichkeiten für pädagogisch fruchtbare Aktivitäten gesehen werden, als Kognitionsprobleme auf Seiten der Lehrer vorliegen und somit Kommunikation und Verstehen erschweren, bei der Aufbereitung des Lerngegenstandes transparent werden können. Diese Grenzen zeigen sich jedoch bei Kindern mit Behinderungen, insbesondere mit schweren Behinderungen, als auf den ersten Blick unüberwindbar.

Grenzen stellen Schwellen, Hindernisse, Barrieren dar. Sie implizieren die Möglichkeit des Aufgebens und Scheiterns, des Nichtüberwindenkönnens, aber auch den Impetus zur Überwindung, Überschreitung, schlechthin zur Aufhebung und Beseitigung; es können dann entscheidende Prozesse initiiert werden. Die Wirklichkeit der Alltagswelt, die für Kinder mit grösseren Problemen im Bereich des Lernens, der Entwicklung und Erziehung allgemein die adäquate sein könnte, zu artikulieren, scheitert nahezu gänzlich am Informationsdefizit, das fast durchgängig besteht, das sich auch durch kindorientierte Diagnose manchmal nicht oder nur mühsam abbauen läßt. Dieses Informationsdefizit ergibt sich aus der Schwierigkeit der betroffenen Kinder und Jugendlichen, Mitteilungen über die Befindlichkeit zu formulieren, sich über Wohlbefinden oder Probleme zu äußern.

Wenn damit der Versuch unternommen wurde, mögliche Grenzen auf Seiten des Kindes anzudeuten, so werden damit auch gleichzeitig die *Grenzen des Erziehers* tangiert. Kinder mit Problemen sind oft auch Ausdruck unserer Not, unserer Unfähigkeit, ihnen zu helfen. So fällt es schwer, sich einzulassen, gemeinsames Leben und Erleben durchzuhalten, trotz Verunsicherung und - vielleicht - Ratlosigkeit auszuharren, weiter nach Möglichkeiten zu suchen, wenn ein Kind kaum oder gar keine Fortschritte zeigt. Somit bestehen die Grenzen des Erziehers vor allem in der Unfähigkeit, hinreichend sensibel zu sein für die Wahrnehmung von Problemen und Bedürfnissen, für das Verstehen, für die adäquate Interpretation möglicher Signale. Verunsicherung und Ratlosigkeit können diese intersubjektive Wirklichkeit als pädagogische Wirklichkeit bestimmen. Die Frage begleitet den im Dienste des pädagogischen Auftrags stehenden Diagnostiker permanent, ob seine Förderungsarbeit einen Beitrag zur Erhellung dieser hier versuchsweise dargestellten Erziehungswirklichkeit leistet, ob sie im Dienste dieser Wirklichkeit stehen kann, die gekennzeichnet ist durch Momente wie Störung, Hemmung, Konflikt, Insuffizienz, Defizit oder Behinderung aller am Erziehungsprozeß Beteiligten.

Jede systematische Erziehung braucht Anknüpfungspunkte, die von den Erziehern bestimmt werden müssen. Dies verhält sich bei allen Kindern so. Die besondere Problematik bei den im Zentrum unserer Überlegungen stehenden Kindern und Jugendlichen liegt darin, daß diese *Anknüpfungspunkte* für eine systematische Erziehung, für Lernen speziell, nicht einfach zu erkennen sind und in der Tat systematisch gesucht werden müssen. Die Suche nach Anknüpfungspunkten hat in der Geschichte der Pädagogik und Sonderpädagogik schon immer eine Rolle gespielt. Ich denke beispielsweise an *Pestalozzi, Itard, Guggenmoos, Guggenbühl, Montessori, Moor* und *Klafki*, um nur einige zu nennen.

Die eigentliche diagnostische Aufgabe deutet sich in der Suche nach diesen *Anknüpfungspunkten* an.
Diese Suche orientiert sich am Kind,
- an der Beziehung zwischen Kind und Erzieher,
- an der Beziehung zwischen Kind und anderen Personen,
- an der Beziehung zwischen Kind und Sachen (Lerngegenständen).

Als zentrale Momente erweisen sich die Beziehung, die Situation und damit die Interaktionsprozesse. So kann der Schwerpunkt der förderdiagnostischen Arbeit nicht oder nicht nur - wie etwa bei der traditionellen Diagnostik - im Einsatz standardisierter Verfahren bestehen, sondern im flexiblen, kreativen Umgang mit Suchinstumenten (Screenings) zur Erforschung der Ausgangsbedingungen für Erziehungs- und Lernprozesse, die Verhaltensbeobachtung eingeschlossen. Die diagnostische Aufgabe besteht damit im bewußten Hinterfragen von Interaktionen und Handlungen zwischen Kind und Eltern, Kind und Lehrern, Kind und anderen Kindern und sonstigen Personen und schließlich im Beobachten des Umgangs mit Lerngegenständen und Objekten allgemein. Der sich in einen förderdiagnostischen Prozeß Einlassende ist nicht mehr Beobachter im Sinne traditioneller teilnehmender Beobachtung, er bringt sich vielmehr unmittelbar in den Handlungsprozeß ein, ist jederzeit sensibel für Signale bzw. Zeichen eines Kindes, handelt selbst, trägt die Bereitschaft zur Veränderung seiner Handlungsweise, seiner Einstellung in sich, er ist Teil der ablaufenden Prozesse und damit nicht mehr objektiv, geradezu subjektiv. Der gesamte Prozeßbereich wird als Handlungsfeld aufgefaßt, in dem Menschen agieren, die selbst "Subjekte" sind, Probleme haben, mit denen sie in ihrem diagnostischen Handeln zurechtzukommen versuchen, nicht einfach bleiben wollen, was sie sind, sondern sich selbst je nach Problemlage verändern. Der Diagnostiker und Pädagoge in Einheit steht (als Subjekt unter Subjekten) in diesem Problembereich. Die Probleme und Unklarheiten stellen das - gemeinsame - Objekt des Bemühens dar. Der Diskurs, d. h. die argumentierende, analysierende und interpretierende Auseinandersetzung mit Kollegen um adäquates pädagogisches Handeln, begleitet die gesamten Bemühungen und Prozesse.

Förderdiagnostisches Handeln im Zusammenhang mit Kindern betrachte ich in erster Linie als pädagogische Aufgabe, als etwas Aufgegebenes, als Aufforderung und Postulat, als Anruf, Herausforderung an Menschlichkeit, unserer Humanitas angesichts einer Notsituation in der Erziehungswirklichkeit.

7 Förderdiagnostik im sonder- oder heilpädagogischen Arbeitsfeld in der praktischen Erprobung

Vor allem zwei Fragen werden in diesen Versuch der Realisierung von Förderdiagnostik einbezogen:

(1) Reichen die Rahmenbedingungen dieses hier vorgelegten theoretischen Ansatzes zur umfassenden Anwendung im Bereich pädagogisch-sonderpädagogischer Problemstellungen aus, d. h. können diese Dimensionen und die daraus hervorgehenden Rahmenbedingungen Geltungsanspruch für derartige Fragestellungen erheben?

(2) Welche Schwierigkeiten entstehen bei der Umsetzung dieses hier vorgelegten theoretischen Ansatzes unter sehr schwierigen Praxisbedingungen? Schwierig bedeutet hier, daß zum einen in den Realisierungsversuch eine ganze Schulklasse einbezogen wurde, zum anderen, daß es sich bei dieser Schulklasse um Kinder mit gravierenden Lern- und Verhaltensstörungen, also mit einem hohen Maß an Erziehungs- und Förderungsbedürfnissen handelte.

Die Probleme konnten im Rahmen eines Forschungsprojekts konkret erfahren werden, wobei der erste Projektabschnitt mehr im Sinne eines Vorversuchs gesehen werden muß, der noch nicht explizit die angesprochene Fragestellung zum Inhalt hatte, der zweite Projektabschnitt sich unmittelbar an der Erkundung der mit diesem Ansatz verbundenen Probleme orientierte.

7.1 Beschreibung der Projektabschnitte

7.1.1 Basislernen

Ausgangspunkt war folgende Überlegung: Für den Lese- und Rechtschreiblernprozeß sowie den Aufbau rechnerischer Fähigkeiten sind bestimmte grundlegende kognitive Voraussetzungen erforderlich. Diese müssen vermittelt werden. Daher sollte die Frage untersucht werden, ob dies mit einem standardisierten Forschungsprogramm erreicht werden kann.

Auf die genauen Ziele und die Durchführung der Untersuchung braucht hier nicht näher eingegangen zu werden. Zum Verständnis der weiteren Ausführungen müssen lediglich einige organisatorische Angaben vorausgeschickt werden.

Das Programm umfaßte rund 120 Aufgaben, die abwechslungsreich aufgebaut waren. Die Zielgruppe bestand aus acht Schülern der ersten Klasse einer Schule für Lernbehinderte sowie aus drei Kindern aus dem Vorschulbereich einer Obdachlosensiedlung einer Kleinstadt. Die Förderung wurde im September und Oktober 1979 von elf Studierenden durchgeführt. Somit konnte jeweils ein Studierender mit einem Kind arbeiten.

Folgende Ergebnisse erscheinen bemerkenswert:

- Alle Kinder konnten die Aufgaben des entwickelten Vorschulprogramms bewältigen, wenn man ihnen half, sie anleitete, begleitete.
- Weitere deutliche Fortschritte zeigten sich nach Angaben der Lehrerin bzw. der Erzieherin darin, daß die Kinder im Schulunterricht eine größere Bereitschaft zur Mitarbeit bzw. in der Vorschule eine größere Ausdauer beim Spielen zeigten. Es ergaben sich also Verbesserungen in der Arbeitshaltung und auffällige Fortschritte im Lernverhalten der Kinder.
- Die in den Aufgaben des Programms definierten Formen von kognitiven Operationen, die im Sinne einer Beschreibung von "Reversibilität" angelegt waren, erwiesen sich als nicht zu schwer. Die geforderten "konkreten Operationen" konnten bewältigt werden. Es zeigte sich allerdings, daß nicht die Fähigkeit, zu denken das schwerwiegendste Lernprogramm war, sondern die Bereitschaft, diese Fähigkeiten anzuwenden. Offensichtlich waren die Schüler kaum in der Lage, die entsprechenden Probleme als solche zu erkennen. Die Schüler konnten zwar dem Einzelunterricht folgen, mußten aber auf die Probleme hingeführt werden. Somit konnte der von außen induzierte Lernprozeß nicht allmählich abgebaut und die *Hilfe* zur Selbsthilfe auch nicht aufgehoben werden, d. h., die Kinder waren nicht in der Lage, Lernprozesse selbst in Gang zu setzen und Lösungen zu prüfen. Möglicherweise scheitern Kinder mit Lernschwierigkeiten oft nicht an den Aufgaben selbst, sondern daran, daß sie die dazu notwendigen kognitiven Möglichkeiten nicht voll ausschöpfen.

Hinsichtlich der kognitiven Komponente ist die ursprünglich gestellte Frage noch nicht ganz zu klären. Sicher ist, daß die Vermittlung isolierter Fähigkeiten allein nicht ausreicht, folglich reicht auch eine Diagnostik nicht aus, die sich auf bloße Inventarisierung kognitiver Fähigkeiten bezieht.

Förderdiagnostik und Förderung müssen daher sowohl *funktional* als auch *ganzheitlich* gesehen werden. Das Problem liegt darin, daß die Funktionen curricular definiert sind (Lesen, Schreiben, Rechnen, Sprechen), die Förderung aber, wie sie die Schule überlicherweise anbietet, funktional gerade nicht greift. Es geht also darum, im Rahmen ganzheitlicher Ansätze (Spiel, gemeinsam "etwas machen", Zuhören, Nachahmen, Turnen, Zeichnen, Singen) - ähnlich wie es teilweise z. B. im Frostig-Programm geschieht - auszuloten, wann das Zusammenspiel der Funktionen so weit gediehen ist, daß funktionale Förderung im Sinne der Schule möglich ist. Dies sollte in der zweiten Phase untersucht werden.

7.1.2 Ganzheitliches Lernen

Teils auf den Erkenntnissen der aufgezeigten Studie aufbauend, teils, um die Probleme einer Realisierung von Förderdiagnostik in der Praxis näher zu erkunden, wurde versucht, in einer weiteren, als "schwierig" bezeichneten Schulklasse Förderprozesse in Gang zu setzen. Hierbei sollten folgende Aspekte berücksichtigt werden:

- Ein vor den Fördermaßnahmen völlig durchstrukturiertes und in seinem Ablauf festgelegtes Programm kann nicht in befriedigendem Maße effektiv sein, weil es sich nicht an der individuellen Ausgangslage und den Problemen (z. B. psychischer Art) der Schüler orientiert. Ein solches Programm müßte also so flexibel sein, daß es kleinste Lernschritte oder Elemente des Lernens berücksichtigt und gleichzeitig motiviert, so daß jedes Kind lückenlos gefördert werden kann.
- Um einen Überblick über die unterschiedlichen Lernvoraussetzungen der Schüler bei der Einzelarbeit und in der Gruppe zu erhalten, mußten also über jeden Schüler Informationen eingeholt werden. Am sinnvollsten schien zunächst die unsystematische Beobachtung in der Gruppe (Klasse) zu sein. Diese Beobachtungen sollten dann durch systematische Untersuchungen bei Lernvorgängen in der Einzelarbeit ergänzt werden. Weitere Informationen wurden durch standardisierte Tests, durch Gespräche mit Eltern, Lehrern und den Kindern selbst sowie durch Aktenstudium gewonnen.
- Aufgrund dieser Informationen sollten dann die Ziele und Methoden der Förderung geplant werden. Ein mögliches Problem lag im Zusammenhang mit den Zielsetzungen darin, daß das jeweilige Kind nicht zum Objekt wurde.
- Während der Lern- und Förderprozesse sollte beobachtet werden, *wie* ein Kind am besten lernt, und ob die Lernziele und Lernschritte seinen Möglichkeiten entsprechen.

Es handelte sich um eine erste/zweite Klasse einer Schule für Lernbehinderte mit dem Schwerpunktstoff der ersten Klasse. Es befanden sich in ihr fünf Schülerinnen und sieben Schüler. Die Lehrerin klagte, die Kinder seien von ihren Lernvoraussetzungen her so unterschiedlich, von ihrem Verhalten her so schwierig, daß eine Art Unterricht nicht stattfinden könne. Das Hauptproblem schien die Heterogenität bezüglich Leistungsverhalten (Unterrichtsfächer) und Sozialverhalten (selten Passivität/Apathie, meist Unruhe/Aggressivität) zu sein. Hinzu kamen gravierende sprachliche Auffälligkeiten, schlechtes Arbeitsverhalten, Konzentrationsprobleme, häufiges Fehlen im Unterricht, u.a. Sämtliche Schüler befanden sich mindestens im zweiten Schulbesuchsjahr, sechs hatten die erste Klasse Grundschule ganz durchlaufen. Der Zeitraum des Förderungsversuchs erstreckte sich von September 1979 bis November 1980.

Die Informationsphase diente der Auffindung der Lernausgangsbasis.

Zunächst erfolgte eine Sichtung und Analyse der Schülerakten, wobei die Biographie der Kinder unter besonderer Berücksichtigung des schulischen Werdegangs sowie das Aufnahmeverfahrens in die Sonderschule interessierten. Die unsystematische Beobachtung der Schüler im Unterricht sollte dann ein Kennenlernen ermöglichen und erste Eindrücke bezüglich des Verhaltens in der Gruppe vermitteln. Zu einem späteren Zeitpunkt schloß sich ein gegenseitiges Kennenlernen in der Einzelsituation an, wobei nach einer gewissen Anlaufphase eine Beobachtung von Arbeits- und Lernvorgängen vorgesehen war. Ferner wurde jeder Schüler unter Einbezug pädagogisch-psychologischen Materials beobachtet. Verwendet wurden hierzu:

(1) Der Landauer Sprachentwicklungstest (LSV) von *Götte* (1976). Dieses Verfahren wurde gewählt, weil es weitgehend kindgemäßes Arbeiten ermöglicht. Die Kommunikation zwischen Kind und Beobachter wird durch anschauliches, teilweise handlungsorientiertes Material angeregt. Die kurze Durchführungszeit von ca. 20 Minuten sollte den Ermüdungsfaktor gering halten. Mit diesem Verfahren können vor allem die Bereiche Wortschatz, Artikulation, Formen- und Satzbildung sowie Kommunikation beobachtet werden.

(2) Der Schulleistungstest lernbehinderter Schüler (S-L-S) von *Reinartz* (1971). Aufgrund der während des Unterrichts durchgeführten Beobachtungen und auf der Basis der Informationen durch die Lehrerin konnte davon ausgegangen werden, daß bei diesem Verfahren auch die leistungsmäßig schwächsten Schüler relativ viele Aufgaben lösen konnten. Wichtig war dabei auch die Möglichkeit der Beobachtung, wie die Schüler an die Problemstellungen herangingen und wie sie zu Lösungen kamen. Geprüft werden bei diesem Verfahren die Bereiche Zählen/Erfassung kleiner Mengen bis Addition und Subtraktion im Zahlenraum bis 100, Lesen (optische und akustische Differenzierung/Buchstabenlesen bis zum sinnerfassenden Lesen von Sätzen) und Rechtschreiben (Abschreiben von Buchstaben bis zu Diktaten). Der Schwierigkeitsgrad nimmt also innerhalb der jeweiligen Aufgabenbereiche zu. Bei Auftreten gewisser Fehlleistungen wird dann abgebrochen.

Beide Verfahren wurden weniger in normorientierten Sinne ausgewertet, vielmehr wurde versucht, durch sie Informationen über die Ausgangslage für die Förderung zu gewinnen.

(3) Beobachtungsbogen für Kinder im Vorschulalter (BBK) von *Duhm* (1979). Mit Hilfe dieses Verfahrens konnten interessante Impulse für Gespräche mit der Lehrerin über das Verhalten und die Probleme der Schüler gesetzt werden. Von Interesse war hierbei der Grad an Übereinstimmung des sozialen und emotionalen Verhaltens sowie des Spiel-, Sprach- und Arbeitsverhaltens der Schüler.

Bei jeder Einzelarbeit wurden mit dem jeweiligen Kind Gespräche geführt. Sie hatten weniger systematischen Charakter, vielmehr standen das Sprechbedürfnis der Kinder sowie der Informationsaustausch insbesondere über die Bereiche Schule, Elternhaus, Freizeit und Spiel, Probleme, im Vordergrund. Auch informelle Gespräche mit der Lehrerin jeweils vor Unterrichtsbeginn, in den Pausen, oft im Anschluß an den Unterricht, gehörten zu diesem Förderungsversuch. Dabei wurden Fragen nach dem Vorgehen, Probleme der Schüler und organisatorische Maßnahmen erörtert. Zusätzlich war einmal wöchentlich ein offizielles Gespräch mit dem Rektor, der Lehrerin und Vertretern der Universität vorgesehen. Hierbei wurde ebenfalls über Probleme einzelner Kinder sowie über Fördermaßnahmen gesprochen, wobei meist die Problematik eines Kindes von verschiedenen Aspekten her analysiert und diskutiert wurde. Aber auch Überlegungen bezüglich pädagogischer, personeller und räumlicher Probleme der Schule gingen in dieses wöchentliche Gespräch ein. Gespräche mit den Eltern wurden teilweise realisiert. Bereits die ersten Gespräche zeigten allerdings eine solche Fülle von Problemen und veranlaßten zu weiteren Beratungen und Aktivitäten, daß es nicht möglich war, mit allen Eltern systematisch Kontakt aufzunehmen. Es soll noch vermerkt werden, daß sämtliche hier angeführten Aktivitäten vom Verfasser selbst durchgeführt wurden.

Bei der Umsetzung dieses Versuchs einer Förderdiagnostik unter "echten Praxisbedingungen" ergaben sich einige Probleme:

a) Institutionelle, organisatorische, räumliche Probleme

Die nachfolgend genannten Merkmale mögen sicher nur für einen Teil von Sonderschulen repräsentativ sein. Gerade sie erschweren aber die förderdiagnostische Arbeit.

Der Rektor, die Klassenlehrerin und die übrigen Lehrer der Schule standen dem Förderungsversuch sehr wohlwollend gegenüber. Sie unterstützten ihn mit allen zur Verfügung stehenden Mitteln. Dennoch erwies sich "die Schule als System" nicht flexibel genug. Dies zeigte sich bei der Koordination von Gesprächen mit der Lehrerin während und außerhalb der Unterrichtszeit. Ähnliche Schwierigkeiten traten bei Gesprächsterminen mit dem Rektor auf. Immer wieder erwies sich der Mangel an Personal als hemmend und problematisch, denn es standen keinerlei Unterrichtsvertretungen zur Verfügung.

Die extremen baulichen Unzulänglichkeiten hatten zur Folge, daß kein eigener Raum zur Durchführung individueller Fördermaßnahmen vorhanden war. Einzelarbeiten mit Schülern fanden im Lehrer- oder Handarbeitszimmer statt, begleitet von häufigen Störungen durch eintretende Personen. Auch das Mobiliar erwies sich als unzureichend. Es mußten jeweils geeignete Tische und Stühle aus dem Klassenzimmer mitgebracht werden.

Das Gebäude verfügte über keinen Turnraum. Die der Schule zugewiesene Turnhalle war fünf Kilometer entfernt. Der Pausenhof muß als katastrophal bezeichnet werden. Er bestand lediglich aus einem Teerboden und aus den Stein- und Betonwänden angrenzender Gebäude. Er wurde von einem Eisentor zur Straße hin abgegrenzt. Außerdem war er viel zu klein. Insgesamt gesehen standen keine Räume für Spiele, Gymnastik, Sport und Bastelarbeiten zur Verfügung. Von der Konzeption her sollten spielerische und motorische Aktivitäten in die Förderungsarbeit einbezogen werden. Darauf mußte man aus räumlichen Gründen verzichten. Es muß jedoch gesagt werden, daß in der neuen Schule bereits unterrichtet wird. Aber immerhin hatten die Schüler im beschriebenen Gebäude ca. zehn Jahre lang Unterricht.

b) Probleme im Zusammenhang mit den Schülern

Die extremen Schwierigkeiten eines jeden Kindes hätten zunächst eine gleichzeitige individuelle Förderung und Hilfe gefordert. Alle Schüler der Klasse zeigten deutliche Störungen des Sozial- und Arbeitsverhaltens. Die Kinder nahmen z. B. einfache Anweisungen der Lehrerin nicht wahr, offene Aggressionen verhinderten selbst bei Aufteilung in Kleingruppen die Durchführung gemeinsamer Spiele.

Nahezu die Hälfte der Schüler hatte Sprachstörungen, die logopädische bzw. sprachtherapeutische Maßnahmen gefordert hätten.

Große Probleme zeigten sich in den Bereichen Schreiben, Lesen und Rechnen. Es fehlte hier teilweise noch an Basiskenntnissen und -fertigkeiten. Die förderdiagnostische Interaktion mit je einem Kind einmal innerhalb von zwei Wochen erwies sich als wenig effektiv. Deshalb wurde nach einiger Zeit nur noch mit den schwierigsten Kindern je einmal wöchentlich gearbeitet.

c) Setzung der Prioritäten für die Förderung

Nahezu unlösbar schien auch die Frage zu sein, welchen Bereich man zunächst als vordringlich betrachten sollte, welche Lern- und Verhaltensbereiche schwerpunktmäßig gefördert werden sollten. Ginge man von den Vorstellungen der Schule aus, schien ein zunächst "nur" ganzheitliches Vorgehen nicht angebracht zu sein.

d) Das personelle Problem

Es wurde sehr deutlich, daß *eine* Person alleine bei knapp zwei Arbeitstagen pro Woche - zusätzlich zur Klassenlehrerin - bei dieser Dichte von Problemen überfordert war. Eine kindorientierte, zunächst ganzheitlich ausgerichtete Förderarbeit verlangt in dieser Situation einen wesentlich höheren personellen Aufwand.

e) Zielvorstellungen der Lehrerin

Die Lehrerin erwartete, daß die Schüler vor allem unterrichtsbezogene Fortschritte erreichten, also bessere Leistungen in den Bereichen wie Lesen, Schreiben und Rechnen, während vom Förderungskonzept her stärker die Frage nach der Lernausgangsbasis, nach der Lernmotivation, interessierte.

Auch die Erwartungen, daß sich das Sozial- und Arbeitsverhalten der Schüler in relativ kurzer Zeit verbessern würde, ließen sich nicht erfüllen. Es zeigte sich, daß sich eine ganzheitliche schüler- und bedürfnisorientierte Vorgehensweise bei Kindern im Alter von neun bis etwa elf Jahren nicht ganz mit Schule und Unterricht in Einklang bringen läßt.

f) Mangelnde Planbarkeit des Vorgehens

Eine vorbedachte Systematik erwies sich als nicht durchhaltbar, weil sich vor allem die Probleme im zeitlichen Ablauf veränderten. Nicht nur die angeführten Schwierigkeiten der Schüler wandelten sich, auch die Sichtweise der Lehrerin änderte sich teils im Zusammenhang mit dem Verhalten einzelner Kinder, teils im Hinblick auf die Schwerpunkte der Fördermaßnahmen. Dies ist im Nachhinein gesehen weniger als Problem, sondern vielmehr im Sinne einer wichtigen neuen Erkenntnis über Grundbedingungen pädagogischer Förderung zu werten.

7.2 Bilanz

Die Analyse der Ergebnisse der eingesetzten Verfahren einschließlich der ansatzweise versuchten Förderarbeit ergibt sicherlich ein Bild, das sich mit großer Wahrscheinlichkeit auf die meisten Schulen für Lernbehinderte generell übertragen läßt. Auch die Erfahrungen in vielen Klassen dieser Schulart im Rahmen der universitären Betreuung der schulpraktischen Ausbildung der Studenten sprechen dafür. Es wurden enorme Probleme bei der Realisierung der hier beschriebenen Förderungsprozesse transparent. Global kann man von einem erschreckend niedrigen Leistungsniveau sowie einer schlechten sozialen und emotionalen Verfassung dieser Kinder sprechen, vor allem wenn man bedenkt, daß zumeist ein Jahr Grundschulbesuch vorausging, die Kinder sich teilweise im zweiten bzw. dritten Schulbesuchsjahr befanden. Es stellt sich die Frage, warum bei Kindern mit Lernproblemen nicht unmittelbar bei der Entstehung gestörter Lernprozesse kindorientierte Förderarbeit einsetzen kann. Im Zusammenhang mit dem vorliegenden Förderungsansatz und der Kenntnis der Situation in der Schule für Lernbehinderte ist man geneigt, von einer systematischen Erzeugung und Verfestigung von Lern- und Verhaltensstörungen zu sprechen. Von "Lernbehinderung bedrohte" bzw. in der Schule für Lernbehinderte befindliche Kinder können demonstrieren, daß "Dummheit" lernbar ist (Jegge

1976) und Unterricht "Lernstörungen organisieren" kann (Schlee 1977). Wohl jede Biographie der in diesen Förderungsversuch einbezogenen Kinder könnte ein pädagogisch nicht vertretbares Vorgehen unserer Institution Schule veranschaulichen.

7.3   Notwendige Voraussetzungen für die Umsetzung von Förderungsprozessen innerhalb der Schule, speziell der Schule zur individuellen Lernförderung

Die nachfolgenden Aussagen sind als vorläufig zu verstehen und beschreiben nur sehr vage die Erkenntnisse, die im Hinblick auf die eingangs formulierte Problematik gewonnen wurden. Es ist geplant, diese Forschungsarbeit durch längsschnittorientierte Studien fortzusetzen.

a) Qualifikation und Einstellung des förderungsorientiert arbeitenden Lehrers

Zunächst muß der Lehrer eine pädagogische Einstellung mitbringen, die sich ausschließlich an den jeweiligen Verhaltens- und Lernmöglichkeiten der Kinder mit Lernproblemen orientiert. Diese Einstellung muß auch in vollem Maße den emotionalen Bedürfnissen der Kinder Rechnung tragen.

Er sollte über entsprechende, theoretisch fundierte didaktische Kenntnisse verfügen, die sich auf eine Praxis unter erschwerten Bedingungen übertragen lassen, d. h., was der Lehrer dem Kind anbietet und wie er dies realisiert, muß der schwierigen individuellen Lernsituation entsprechen, wobei die Bedingungen in der Schülerpersönlichkeit, in der Familie und der häuslichen Umgebung sowie der bisherigen schulischen Laufbahn berücksichtigt werden müssen (vgl. 6.3; 6.4).

Um zum einen die Lernausgangslage erkennen und einschätzen und zum anderen Lernvorgänge weiterentwickeln zu können, benötigt der Lehrer gründliche lern-, entwicklungs- und sozialpsychologische, soziologische sowie diagnostische Kenntnisse, wobei die Verhaltensbeobachtung eine besondere Rolle spielt. Nach Möglichkeit sollte er über therapeutische Erfahrung verfügen. Ganzheitliches Vorgehen erfordert ferner Kreativität, d. h. Ideen, um einem Kind dort weiterzuhelfen, wo bisher anscheinend alle Mittel versagten (vgl. 6.4; 6.5).

Insbesondere muß das Engagement des förderungsorientiert arbeitenden Lehrers über den Bereich der Schule hinausreichen. Bereitschaft für Elternarbeit, Aktivitäten im Freizeitbereich der Schüler und verstärkte Teamarbeit innerhalb der Kollegenschaft werden von ihm gefordert.

b) Didaktische und methodische Überlegungen

Festgelegte Förderprogramme scheinen im Zusammenhang mit der Heterogenität der Schüler nicht opportun zu sein. Programme berücksichtigen eben nicht die bereits beschriebenen Bedingungen, die zu Lernproblemen führten; vor allem ganzheitliche Aspekte, wie z. B. die Motivationslage, finden keine Berücksichtigung. Bei umfangreichen Problemen in einer Klasse oder bei einzelnen Schülern scheint mir zunächst ein primär individuumorientiertes Vorgehen nötig zu sein, denn die Förderung setzt die genaue Kenntnis der individuellen Lernbedingungen voraus. Als Ziel wird selbstverständlich das Lernen in der Gruppe angestrebt. Eine Separierung einzelner Kinder oder Kleingruppen mit dem Ziel förderungsorientierter kompensatorischer Arbeit sollte sich nur auf einen kurzen Zeitraum beschränken (ca. zwei bis acht Stunden pro Woche). Das Ziel wird in einer baldmöglichen Aufhebung bzw. Verringerung der zusätzlichen Förderarbeit und in der Integration in die Klasse gesehen. Eine Förderung, die sich nur auf den kognitiven Lernbereich bezieht, wird sicher nicht allen Lern- und Entwicklungsbedürfnissen der Kinder einer Schule für Lernbehinderte gerecht. Förderversuche dieser Kinder dürfen sich nicht auf die Untersuchung kognitiver Strukturen und die Analyse der Sachlogik eines Lerngegenstandes beschränken, sondern müssen vielmehr die gesamte Lern- und Erfahrungsbiographie einschließlich der jeweils aktuellen Umweltbedingungen berücksichtigen.

c) Tätigkeitsschwerpunkte eines förderungsorientiert arbeitenden Lehrers

Die Tätigkeitsschwerpunkte förderungsorientiert arbeitender Lehrer in der Regel- und Sonderschule soll die folgende Abbildung verdeutlichen (Abb. 3).

d) Schulorganisatorische Voraussetzungen, personelle und räumliche Ausstattung

Um eine gewisse Effektivität der Förderarbeit zu erreichen, ist eine Erhöhung der Flexibilität der Institution Schule unabdingbar. Diese Möglichkeit zur Flexibilität sollte vor allem für den Lehrer mit förderungsorientierten Aufgaben gegeben sein. Eine teilweise oder gänzliche Befreiung von der Klassenführung bzw. vom Unterricht herkömmlicher Art erscheint notwendig, d. h., diese Lehrer legen in gewissen Zeitabständen unter Einbezug der übrigen Lehrer fest, mit welchen Kindern sie zu ganz bestimmter Zeit arbeiten, wobei immer noch ein Spielraum für aktuell auftretende Probleme vorhanden sein muß.

Jeder Schule zur individuellen Lernförderung, aber auch der Grund- und Hauptschule, sollten Lehrer für die bereits dargestellten Aufgaben zur Verfügung stehen. Notfalls könnten sich auch Lehrer einer Schule speziell in ganz bestimmte Tätigkeitsschwerpunkte einarbeiten, wie z. B. Elternarbeit, Sprachheilarbeit, Wahrnehmungs- und Konzentrationstraining. Die Schulen sollten über ausreichende räumliche Möglichkeiten zur psychomotorischen, musischen und sportlichen Betätigung verfügen. In diesen Räumen sollte der förderungsorientiert arbeitende Lehrer zusammen mit Einzelkindern oder Schülergruppen Aktivitäten entwickeln können. Spiele und therapiewirksame Materialien sollten ebenso vorhanden sein wie spezielle didaktische Materialien, die besonders anschaulich und handlungsorientiert Lernfortschritte in den Bereichen Lesen, Schreiben, Sprache, Mathematik und Sachunterricht anregen könnten.

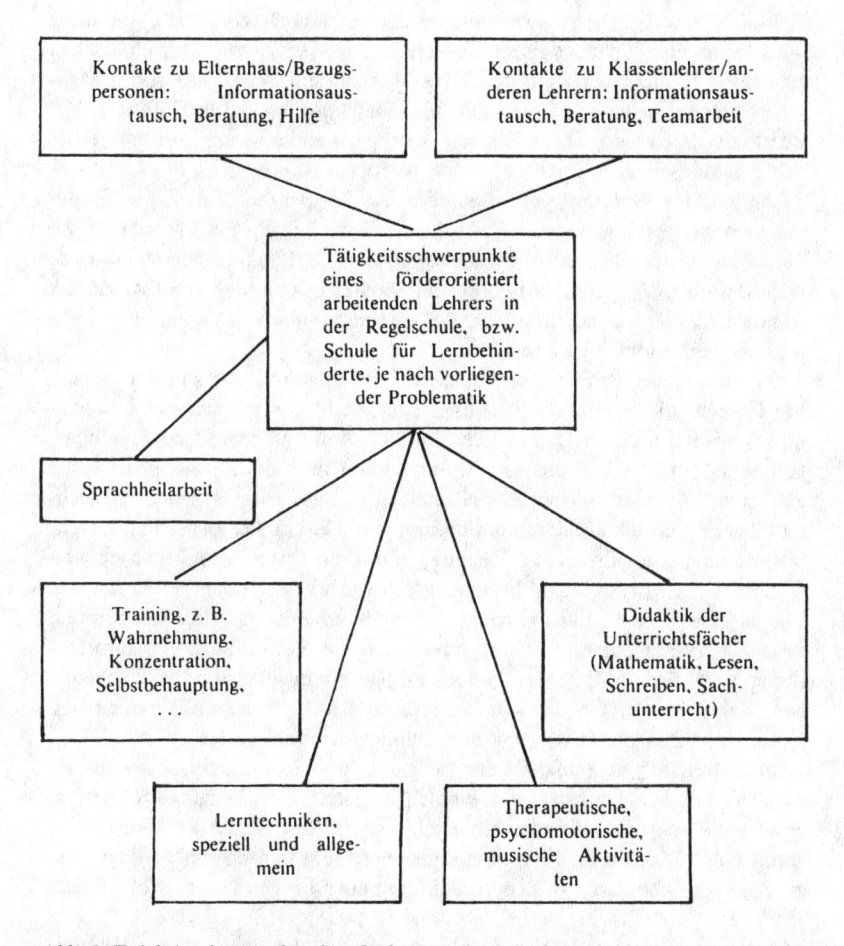

```
┌─────────────────────────────┐      ┌─────────────────────────────┐
│ Kontake zu Elternhaus/Bezugs-│      │ Kontakte zu Klassenlehrer/an-│
│ personen:    Informationsaus-│      │ deren Lehrern: Informationsaus-│
│ tausch, Beratung, Hilfe     │      │ tausch, Beratung, Teamarbeit │
└─────────────────────────────┘      └─────────────────────────────┘
                    \                  /
                     \                /
              ┌─────────────────────────┐
              │ Tätigkeitsschwerpunkte  │
              │ eines   förderorientiert│
              │ arbeitenden Lehrers in  │
              │ der Regelschule, bzw.   │
              │ Schule für Lernbehin-   │
              │ derte, je nach vorliegen-│
              │ der Problematik         │
              └─────────────────────────┘
   ┌──────────────────┐
   │ Sprachheilarbeit │
   └──────────────────┘

┌──────────────────┐                      ┌──────────────────┐
│ Training, z. B.  │                      │   Didaktik der   │
│ Wahrnehmung,     │                      │ Unterrichtsfächer│
│ Konzentration,   │                      │ (Mathematik, Lesen,│
│ Selbstbehauptung,│                      │ Schreiben, Sach- │
│      ...         │                      │   unterricht)    │
└──────────────────┘                      └──────────────────┘
        ┌──────────────────┐    ┌──────────────────┐
        │  Lerntechniken,  │    │  Therapeutische, │
        │ speziell und all-│    │ psychomotorische,│
        │      gemein      │    │ musische Aktivitä-│
        │                  │    │        ten       │
        └──────────────────┘    └──────────────────┘
```

Abb. 3. Tätigkeitsschwerpunkte eines förderungsorientiert arbeitenden Lehrers

7.4 Beratung

Beratung wird im Rahmen förderdiagnostischer Prozesse als wesentliches Element pädagogischen Handelns und als Teil des Erziehungsvorganges gesehen. Durch die Auseinandersetzung mit Pädagogik und Existentialphilosophie gelangt *Bollnow* zu einem Erziehungsverständnis, in welchem "unstetige Formen der Erziehung" als Phänomene dargestellt werden, die sich aus einem stetigen Verlauf der Erziehung teilweise herausheben (1984, 6). Zu diesen unstetigen Formen der Erziehung zählt *Bollnow* auch die Beratung. Beratung als unstetige Form der Erziehung kommt überall dort zur Geltung, "wo die eigene Erkenntnis nicht ausreicht" (ebd., 78). Beratung wird dann eine "pädagogische Angelegenheit" bzw. zum erzieherischen Element, "je mehr der Kern der Beratung sich dem inneren Kern des Menschen nähert, je mehr er die sittliche Lebensführung berührt" (ebd., 84). Beratung als pädagogisches Element wird notwendig, wenn das ganze Leben des Menschen in Frage steht bzw. betroffen ist.

Ähnlich wie *Bollnow* sieht *Mollenhauer* die Beratung als einen Erziehungsvorgang, der sich von dem laufenden Erziehungsprozeß abhebt (1965, 26). *Mollenhauer* betrachtet in der schulischen Beratung einen fruchtbaren erzieherischen Vorgang, da Lehrer und Schüler in unmittelbarem Austausch stünden, merkt jedoch kritisch an, daß die hierarchischen Verhältnisse diese Maßnahmen erschweren können.

Ein besonderes Problem speziell auch der Beratung im Zusammenhang mit Fragen, die institutionell bedingt sind, stellt das hierarchische Abhängigkeitsverhältnis dar. Dieses Verhältnis kann die pädagogische Fruchtbarkeit zerstören. An sich übernimmt der Berater oder die Beraterin die Rolle eines unabhängigen Beistandes und nicht die eines Vorgesetzten. Als wichtig erweist sich die aufklärende Funktion des Gesprächs in Richtung Neuwahrnehmung des Problems. Hierzu gehören die Erweiterung der Sichtweisen etwa bei vorliegenden Erziehungsschwierigkeiten oder bei Lern- und Leistungsstörungen, das Aufzeigen von Möglichkeiten der Kooperation zwischen Elternhaus und Schule, aber auch die Vermittlung von Informationen z. B. über Möglichkeiten der Lernförderung, über die Möglichkeiten der Wahl von Schulen für ein bestimmtes Kind, über Implikationen und Vorteile im Zusammenhang mit dem Bundessozialhilfegesetz.

Die entscheidende Funktion der Beratung liegt in der kritischen Aufklärung, in der Möglichkeit, im Gespräch kritische Distanz zum Problem zu entwickeln, den Gesprächsinhalt objektivierend betrachten zu können und somit eine rationale Position zum eigenen Dasein und dessen Bedingungen zu erlangen, aber auch in der Produktion neuer Fragen (vgl. Mollenhauer 1965, 32).

Im neuern Verständnis "hat Beratung nicht nur die Funktion der Hilfeleistung bei akuten pädagogischen Problemen und psychischen Notlagen, vielmehr zielt sie ebenso auf Vorbeugen, auf Prophylaxe ab, denn nach

Möglichkeit soll der junge Mensch nicht erst zum Problemfall werden" (Aurin 1984, 26). Beratung mit der Intention der Prävention spielt vor allem im Bereich der Frühförderung eine Rolle, dieses wichtige Aufgabengebiet setzt sich über den Schulbereich bis zur Frage der Berufsfindung fort.

Für die Lehrerin oder den Lehrer im heilpädagogischen Arbeitsfeld gibt es im Zusammenhang mit Beratung mehrere Spannungsfelder. Benötigt wird Kompetenz, Zeitpunkt und Brisanz einer möglichen Beratungssituation zu erkennen und zu analysieren, den Umfang des Beratungsbedarfes einzuschätzen, wichtige Aspekte der Gesprächsführung zu beachten. Zum einen ist Kooperation innerhalb einer Einrichtung im sonder- oder heilpädagogischen Arbeitsfeld gefordert, um in differenzierter, problemkundiger und verständiger Weise der Komplexität und Multidimensionalität vorliegender Notsituationen zu begegnen, zum anderen wird der Einsatz von zusätzlichem Beratungspersonal nötig, wenn die Problemsituation eine erweiterte Kompetenz erfordert.

Auf der Basis der Kenntnis der Problemlage in der Praxis empfehle ich einzelnen Einrichtungen eine spezielle Ausbildung der Mitarbeiterinnen und Mitarbeiter für ganz bestimmte Problemsituationen. Aufgrund vorliegender Erfahrungen erweist sich der Beratungsbedarf im Zusammenhang mit der größeren Heterogenität der Beeinträchtigungen (leichte Sprachstörungen, Lernschwierigkeiten bis geistige Behinderung und schwere Formen von Verhaltensauffälligkeiten) in Diagnose- und Förderklassen und in (Sonder-) Pädagogischen Förderzentren als sehr groß. In die Problemstellungen des Beratungsgespräches sind häufig Fragen nach der Erziehung, dem Lernen, der Entwicklung, nach sozialen Prozessen, der Diagnostik, der Förderung, evtl. auch nach therapeutischen Maßnahmen involviert (vgl. Bundschuh 1992).

Die systemische Sichtweise *Specks* impliziert Dimensionen des Beratungsvorgangs, die von der Lehrkraft als Berater berücksichtigt und verstanden werden müssen (1989, 364f.):

– die ökologische Dimension als übergreifende Perspektive, die den einzelnen in seinen Lebenszusammenhängen zu verstehen versucht.
– das autonome System "Mensch", d. h. die Einsicht, daß sich der Mensch durch Interaktion mit der Umwelt im Laufe seiner Entwicklung selbst strukturiert.
– der Lebenswelt-Aspekt sozialer Systeme, d. h. die Einsicht, daß jeder Mensch immer nur aus seinem individuellen Kontext heraus handelt.
– Eine wichtige Voraussetzung für die Beratungstätigkeit liegt darin, daß es sich in dieser Situation um eine Begegnung von zwei oder mehreren Menschen handelt, die sich grundsätzlich aus freier Entscheidung, d. h. aus Selbstverantwortlichkeit und Handlungsfreiheit treffen mit der Absicht, eine bestmögliche Problemlösung zu finden.

Um Kooperation in diesem Bereich verwirklichen zu können, muß von der Lehrkraft quasi Vorarbeit geleistet werden, in welcher das Beratungsbedürfnis als existent erkannt und in seiner Multidimensionalität weiter entwickelt werden muß. Die im sonder- oder heilpädagogischen Arbeitsfeld stehende Lehrkraft wird also in der jeweiligen Situation, in der sie sich mit Eltern oder sonstigen Erziehungsberechtigten befindet, auch eine adäquate Soll-Vorstellung im Zusammenhang mit der Notsituation, also der Problemlage besitzen. Auf Gefahren dieses hohen Maßes einer möglichen Beeinflußbarkeit von Menschen kann hier nur verwiesen werden. Pädagogische Verantwortung, die sich auch wirklich in die Lage der Betroffenen versetzen kann, ist unabdingbare Voraussetzung für das Procedere im Rahmen von Beratungsgesprächen.

7.5 Zusammenfassung

Eine Analyse der praktischen Erprobung von Förderdiagnostik im Kontext mit den zu Beginn dieses Kapitels angeführten Fragestellungen ergibt folgendes. Auf der Basis der in diesem Untersuchungsansatz erworbenen Erkenntnisse und Erfahrungen erscheint ein in sich völlig geschlossenes Curriculum der Förderdiagnostik fragwürdig, weil die Gefahr einer Festlegung der Fördermaßnahmen gegeben und die Möglichkeit einer adäquaten Begegnung vielschichtiger individueller Probleme bei Kindern und Jugendlichen reduziert wäre. Gemeint ist vor allem die Heterogenität der möglichen Erscheinungsbilder von Beeinträchtigungen und damit verbundene Implikationen wie etwa die behindernden Bedingungen im Bereich der Umwelt. Dies schließt nicht aus, daß ein Rahmenkonzept der Förderdiagnostik besteht, das je nach dem Stand der theoretischen Reflexionen und Überlegungen oder nach den Erkenntnissen der Forschung, einschließlich der praktischen Erprobung, erweitert werden kann und soll. Allerdings bestätigen sowohl der hier angeführte Versuch als auch die zahlreichen, im Verlauf der Universitätslaufbahn durchgeführten Einzelfallstudien des Verfassers, daß der Rahmen des vorliegenden theoretischen Konzept so breit und umfassend angelegt ist, daß damit möglicherweise alle mit diesem Problembereich zusammenhängenden Fragen erfaßt sind. Dieser Ansatz schließt selbstverständlich Überlegungen und Vertiefungen der einzelnen implizierten Dimensionen nicht aus. Ferner muß eine intensive Reflexion über Methoden bei der Realisierung dieses Ansatzes einsetzen, wobei insbesondere an Möglichkeiten der Verhaltensbeobachtung und an die "Rolle" - Art und Weise der Verwendung - normorientierter Tests gedacht wird.

Bestätigt hat sich bei dem vorliegenden Versuch die von *Legowski* erhobene Forderung für die Ausbildung von Sonderpädagogen, "daß neben dem Studium der sonderpädagogischen Diagnostik, Didaktik und Methodenlehre dem allgemeinpädagogischen Basisstudium breiter Raum gegeben werden muß"; dies gelte vor allem im Hinblick auf Bildungstheorie, Erziehungsphilosophie, Anthropologie und pädagogische Ziellehre (1982, 417). Zu begrüßen ist ferner die Anregung, daß "zumindest alle Lehrer mit den Grundkenntnissen der sonderpädagogischen Diagnostik, Didaktik und Methodik vertraut gemacht werden, ..."(ebd.).

Bestätigt hat sich in der vorliegenden Untersuchung die bei *Munz* und *Schoor* (1975) beschriebene enge Verflechtung, ja "funktionale Einheit von diagnostischer und praktischer Tätigkeit" bei der Förderung schulleistungsschwacher Schüler im Rahmen des Unterrichts.

Vergleichbare, breit angelegte, die Gesamtproblematik berücksichtigende Untersuchungen in der schulischen Praxis werden in der wissenschaftlichen Literatur kaum angeboten. Dies mag vor allem daran liegen, daß die Schwierigkeiten unter "echten Praxisbedingungen" als zu groß erscheinen und als vom pädagogischen Anspruch her prinzipiell nicht lösbar angesehen werden. Die Probleme erweisen sich in der Tat als vielschichtig und komplex, wie diese Ausführungen gezeigt haben.

Vielleicht gibt dieser Beitrag dennoch einen Anstoß zur weiteren Erkundung und Erhellung der Schwierigkeiten bei der Verwirklichung kindorientierter Förderung im schulischen Bereich. "Die Auswertung eigener Erziehungs- und Unterrichtserfahrung und ihre Aufbereitung zu Grundlagen erziehungswissenschaftlicher Theorienbildung ist legitimer Teil einer Entwicklung der Pädagogik zur Wissenschaft" (Kanter 1977, 11). Förderdiagnostik ist ein Teilbereich dieser Wissenschaft. Die Einführung der Diagnose- und Förderklassen, die Errichtung "Sonderpädagogischer Förderzentren" (besser "Pädagogischer Förderzentren") in Bayern sowie die mögliche Neukonzeptualisierung der Schule zur individuellen Lernförderung stellen bereits einen pädagogischen Fortschritt auf der Basis des vorgelegten Ansatzes und der entsprechenden Anregungen dar (vgl. Bundschuh 1985, 112-116).

8 Förderdiagnostische Begutachtung - dargestellt am Beispiel eines schwerbehinderten Kindes

8.1 Vorbemerkungen

Bei der pädagogischen Gutachtenerstellung ergeben sich für den förderungsorientiert ausgerichteten Gutachter insbesondere zwei zu beachtende Momente: Zum einen geht an ihn die Forderung, "das Gute zu achten". Damit ist gemeint, daß einerseits dem Vergangenen und dem Gegenwärtigen, den persönlichen Werten und Fähigkeiten des Kindes Achtung und Respekt geschenkt wird. Zum anderen soll unter dem Aspekt der Zukunft aufgezeigt werden, was "das Gute" für den weiteren Weg sein könnte; d. h. Entwicklungsziele müssen reflektiert werden, die Möglichkeiten der individuellen Förderung und die hierzu geeigneten Fördermaßnahmen. Für die Betreuer des Kindes kann ein solches Gutachten den Wert haben, daß es Hilfen gibt zur Erweiterung des Bildes von diesem Kind, wobei der Anspruch auf Vollständigkeit oder gar Endgültigkeit weder sinnvoll noch pädagogisch wünschenswert ist.

8.2 Situation, Beobachtungsanlaß, Bedingungen

Der am 14.2.1970 geborene Schüler Udo besucht zur Zeit eine Unterstufe für "Kinder mit autistischen Zügen" in einer Schule für Geistigbehinderte. Der Junge gilt als "schwer geistigbehindert". Der Anlaß für die Überlegungen in diesem Gutachten war der Wunsch der Betreuer des Schülers, ihn in seiner gesamten Entwicklung zu fördern, ohne ihn zu über- oder unterfordern.
 Somit ist auch die Frage nach dem momentanen Entwicklungszustand des Jungen im kognitiven, motorischen, sozialen, emotionalen und sprachlichen Bereich sowie nach den Möglichkeiten und Zielen der Förderung gestellt.
 Die Daten und Informationen für dieses Gutachten wurden zusammen mit drei Studentinnen der Sonderpädagogik erhoben. Wir führten zunächst Gespräche mit der Lehrerin und studierten die leider im Hinblick auf den Lebenslauf sehr lückenhafte Schülerakte, um immerhin einige Informationen über Udos Biographie zu erhalten.
 Wir waren eher "passiv" teilnehmende Beobachter in der natürlichen Umgebung (Schulklasse, Heimgruppe, Sportfest, Außenanlagen der Schule) und "aktiv" teilnehmende Beobachter in Situationen, in denen wir dem Jungen Materialien meist in Form von Spielen, im Zusammenhang mit Handlungen allgemein anboten mit dem Ziel, seine Möglichkeiten in verschiedenen Entwicklungsbereichen zu erkunden, die aber immer ganzheitlich in ih-

rer Prozeßhaftigkeit gesehen wurden. Diese Beobachtungen sollten uns für Udos Bedürfnisse sensibilisieren (vgl. Bundschuh 1991, 118-122).

8.3 Die bisherige Entwicklung

Udo besuchte seit September 1975 die schulvorbereitende Einrichtung einer Schule für Geistigbehinderte in L. und lebte seit dieser Zeit auch in einem der Schule angegliederten Heim für Geistigbehinderte. Im September 1978 wurde er, nachdem er im Jahr zuvor vom Schulbesuch zurückgestellt worden war, in die genannte Schule aufgenommen und zwar, wie bereits erwähnt, in eine Klasse für "Kinder mit autistischen Zügen", die er auch gegenwärtig noch besucht. Ein Sonderschulgutachten vom 19.6.1978, das sich auf eingehende Beobachtungen des Schülers stützt, charakterisiert Udo zu diesem Zeitpunkt als nicht altersgemäß entwickelt und geistig erheblich retardiert, bedingt durch eine frühkindliche Hirnschädigung. Ferner wurden *stark autistische Züge* festgestellt. Mangelnde Bereitschaft, schwache Konzentrationsfähigkeit, geringe Fähigkeit zu gezieltem und selbständigem Tun kennzeichnen diesem Gutachten zufolge das Arbeitsverhalten des Jungen. Seine Motorik wird als geschickt und sicher bezeichnet, was auf sein Selbstbewußtsein einen positiven Einfluß ausübe. Allerdings könne er drohende Gefahren nicht realistisch einschätzen. Soziale Kontakte zu anderen Kindern nehme Udo nicht auf, er meide auch jeglichen Blickkontakt. Udo richte, laut Gutachten, keine verbalen Äußerungen an Mitschüler, Heimgruppenmitglieder oder andere Personen. Die Fähigkeit, sprachliche Äußerungen echolalisch zu wiederholen, soll er zum Zeitpunkt der Sauberkeitserziehung wieder verloren haben.

Sprachliche Äußerungen von Bezugspersonen versteht er diesem Gutachten zufolge relativ gut. Als auffällig an Udos Verhalten werden stereotype Verhaltensweisen bezeichnet, die er in bestimmten Situationen zeigt. Das Gehör und das Sehvermögen des Jungen sind einem amtsärztlichen Gutachten vom 25.2.1976 zufolge ausreichend entwickelt. Aus diesem amtsärztlichen Gutachten geht hervor, daß die häuslichen Verhältnisse, aus denen Udo stammt, sehr ungünstig seien. Beide Elternteile seien Alkoholiker. Der Vater sei inzwischen verstorben.

Udo habe noch mehrere Geschwister, die ebenfalls von der Mutter getrennt in verschiedenen Heimen leben. Die Geschwister sind laut ärztlichem Gutachten ebenfalls "geistig behindert". Die Mutter sucht seit Jahren keinen Kontakt mehr zu Udo.

8.4 Beschreibung der Planungsphase

Um nicht der Gefahr ausgesetzt zu sein, von Verhaltensweisen, Fähigkeiten und Fertigkeiten, die Udo in "künstlichen" Ausnahmesituationen zum Ausdruck bringt, allgemein folgernd auf sein Gesamtverhalten und seine Möglichkeiten zu schließen, sollten den Beobachtungen in der Klasse, also während des Unterrichts, im Bereich der Heimgruppe, in der Udo lebt, und beim gemeinsamen Erleben des Sportfestes der Schule eine besondere Bedeutung zukommen. Durch die Beobachtungen in der Klasse und Heimgruppe sollten Eindrücke im Hinblick auf die Frage gesammelt werden, wie der Schüler sich im Miteinander von Menschen verhält, wie er sich im alltäglichen Beziehungsfeld (mit "Gruppen-Geschwistern", Klassenkameraden, Betreuern und Lehrerin) zurechtfindet.

Einige Überlegungen, die in das methodische Vorgehen eingingen, waren für die Begegnungen mit Udo von Bedeutung: Kommunikation und Beobachtung sollten - soweit irgendwie realisierbar - ohne begriffliche Einengung stattfinden. Wir waren uns der Problematik bewußt, die sich ergibt, wenn ein Kind sich drei oder gar vier "Interaktionspartnern" gegenübersieht, und daß aus dieser Situation möglicherweise Verunsicherung von beiden Seiten (von uns und von Udo) ausgehend eine Rolle spielen könnte. Aus diesem Grunde wollten wir es zunächst der Zuwendung des Jungen überlassen, wer primär als Ansprechpartner gelten sollte. Um die Lösung dieser Schwierigkeit vorwegzunehmen: Es zeigte sich schon nach kurzer Zeit des Zusammenseins, daß Udo durch diese "Ausnahmesituation" nicht registrierbar verunsichert war, daß er offensichtlich Freude und Bestätigung in diesen Phasen erlebte, in denen er sich angesprochen fühlte. Er wandte sich auch stets abwechselnd einem anderen zu, so daß eine Unterscheidung zwischen distanziert Beobachtendem und teilnehmend Beobachtendem von außen her nicht möglich war. Wir hatten ferner die Absicht, in der Zeit gemeinsamer Aktivitäten Möglichkeiten für Spontaneität, Ideen, schöpferisches Tätigsein (Kreativität), für die Wahrnehmung von Bedürfnissen zu schaffen. Unser Konzept sollte von den Prinzipien der *Offenheit, Flexibilität, Sinnhaftigkeit* und *Freude* getragen sein.

Nachdem wir Udo im Unterricht gesehen und erlebt hatten, schien es sinnvoll, ihn beim ersten Zusammensein für Angebote im Bereich seiner grob- und feinmotorischen Möglichkeiten zu sensibilisieren. Dies kann damit begründet werden, daß man aufgrund der anfänglichen Beobachtungen sowie eines ersten Informationsgespräches mit der Lehrerin gute Ausdrucksmöglichkeiten im Bereich der Bewegung erwarten konnte. Wir hofften, auf diesem Weg einen Zugang zu seinem Verhalten zu finden.

Funktional ausgedrückt wollten wir im Zusammenhang mit den ersten gemeinsamen Situationen in der Gruppe das Augenmerk auf die Koordination des gesamten Körpers, auf die Koordination von Auge und Hand bzw. Fuß, auf die Zielgerichtetheit der Bewegung und auf die Bedeutung des Sich-Bewegens für das Kind in seiner Ganzheit richten. Es sollte also beobachtet werden, in welcher Weise sich Udo im Raum, im Freien bewegt, welche verschiedenen Schrittmöglichkeiten er kennt und anwendet (Gehen, Laufen, Hüpfen, Kriechen, Zehenspitzengang, ...), welche Formen des Sitzens und Liegens er bevorzugt, wie und wo er steigt, klettert, sich an etwas hängt, sich dreht, auf der Wiese rollt, welche Bedeutung Greifen, Betasten und andere motorische Fertigkeiten für ihn haben.

Da während der gesamten Beobachtungs- und Interaktionsphasen das Prinzip der Freude vorherrschen sollte, war eine gelöste und gelockerte Atmosphäre wichtig. In diesem Zusammenhang boten sich zunächst zwei Materialmöglichkeiten an, von denen aufgrund eines Gespräches mit der Erzieherin in der Heimgruppe bekannt war, daß Udo dafür Interesse zeigte: Musikinstrumente und Wasser mit verschiedenen Gefäßen. Drei Musikinstrumente sollten ausgewählt und Udo der Reihe nach angeboten werden: die Handtrommel, die Triangel und der Schellenring. Aufgrund seiner Reaktionen konnte man vielleicht seine Geschicklichkeit im feinmotorischen Bereich beobachten, Erfahrungen über seine Interaktions- und Kommunikationsfähigkeit beim gemeinsamen Musizieren im Sinne von "antworten" auf ein anderes Instrument sammeln. Ein Klang- Suchspiel mit verbundenen Augen sollte sich anschließen.

Während das Spiel mit den Rhythmikinstrumenten einen Einblick in Udos Bezüge zu Objekten, zur "Welt", auf der Basis akustischer und taktiler Wahrnehmungsprozesse geben sollte, wollten wir mittels Farbe, Malen und eines Spiels mit Farbkarten die visuelle Wahrnehmung sowie das Gedächtnis für Farben beobachten. Spiele im Freien mit Seifenblasen und Luftballons sollten weitere derartige Situationen schaffen.

Da wir wußten, daß Udo gerne Tierlaute nachahmte, wollten wir Näheres über Udos Verhältnis zur "Sprache" in Erfahrung bringen. Dies sollte zunächst mit Hilfe selbst bemalter Tierdarstellungen (Hund, Kuh, Hahn, Henne, Schaf, Katze, Taube, Ente, Schnecke, Igel, Schmetterling, Elefant, Frosch, Hase) geschehen. Teils ging es also um Tiere, deren Laute Udo bekannt waren, teils um "stumme" Tiere, die eigentlich nur anhand ihres Namens benannt werden konnten. Dieses Tierspiel sollte in vielen Varianten angeboten werden. So konnte man z. B. bei verdeckten Bildern und Vorgabe von Tiergeräuschen, später auch Tiernamen, einzelne Tierbilder heraussuchen.

Im Anschluß an diese sich auf Wort-, generell auf Sprachverständnis beziehenden Angebote sahen wir die Nachahmung und Benennung der Tiere sowie deren Tätigkeiten vor (z. B. fliegen, schwimmen, hüpfen). Als Ergänzung der Phase, in der es besonders um die Beobachtung von Lauten, Worten und Sprechen ging, sollten noch einige Bildkärtchen angeboten werden, auf denen leblose Gegenstände aus Udos Erfahrungsbereich abgebildet waren. Auch hierdurch hofften wir zu erfahren, in welchem Maße Udo Begriffe mit den dazugehörigen Abbildungen kombinieren, assoziieren, also das Gehörte mit dem Gesehenen in Verbindung bringen konnte.

Diese hier kurz skizzierten Überlegungen sollten in verschiedenen Phasen der gemeinsamen Kommunikation und Interaktion zum Tragen kommen. Es soll nach einmal betont werden, daß das aufgezeigte "Planungskonzept" keine Festlegung bedeutet, vielmehr als ein offener Rahmen, der Möglichkeiten gemeinsamen Tuns initiieren sollte, zu verstehen ist. Umstellungen, Auslassungen, Ergänzungen und Variationen der Angebote waren selbstverständlich möglich. Den eigentlichen Rahmen für gemeinsame Aktivitäten sollten - wie bereits angeführt - die Prinzipien Offenheit, schöpferische Spontaneität und Freude bilden.

8.5 Beobachtungen und Förderungsansätze

8.5.1 Wahrnehmung

Nachdem Udos Wahrnehmungsart in hohem Maße vom emotionalen Eindruck des jeweiligen "Wahrnehmungsgegenstandes" abzuhängen schien, dürfte die folgende Einteilung in Wahrnehmung von Personen und Wahrnehmung von Gegenständen und Geräuschen sinnvoller sein als ein Zuordnen des Handelns in isolierte Funktionsbereiche, wie visuelle, akustische, kinästhetische und taktile Wahrnehmung.

a) Beobachtung der Wahrnehmung

Wie Udo zu einer ihm unbekannten *Person* Kontakt aufnahm, ihr begegnete, sie wahrnahm, ließ sich nur sehr vage vermuten, weil er dabei nicht sprach und somit ein wesentliches Mittel der Kommunikationsanbahnung nicht transparent wurde. Die folgenden Ausführungen beziehen sich auf Gespräche mit Bezugspersonen und auf die eigenen Erfahrungen beim gegenseitigen Kennenlernen.

Typisch für seine Art, einen anderen Menschen wahrzunehmen, schien es zu sein, daß er bei "Fremden" an den Händen oder in der Ellenbeuge roch, manchmal auch vorsichtig dort hineinbiß. Ab und zu betrachtete und beroch er die Haare, dies allerdings erst, wenn ihm die Person schon etwas vertrauter war. Blickkontakt suchte er offensichtlich nicht.

Besonderes Interesse zeigte Udo an Gegenständen, die glänzend glatt und spiegelnd waren. Lange hat er sich z. B. die Kacheln im Bad, Fensterscheiben, Seifenblasen, einen Brummkreisel usw. angesehen. Diese Dinge nahm er hauptsächlich durch intensives, konzentriertes Betrachten wahr, wobei der Eindruck entstand, daß er in diesen Phasen nur schwer abzulenken war.

Auch kleine Dinge erfaßte er sehr genau durch Ansehen, z. B. einen gestickten Hahn (nicht größer als 5 x 5 cm), dessen "Krähen" er als Reaktion auf die Entdeckung nachahmte. Manche Gegenstände steckte Udo auch in den Mund, so etwa den Eintauchring für die Seifenblasen, den Klöppel für die Klangstäbe, die Triangel und die Bildkärtchen. Ein sehr umfassender Wahrnehmungsakt konnte im Umgang mit der Triangel beobachtet werden. Ohne besonderen Hinweis erblickte er das am Boden liegende Instrument und erkannte es vermutlich. Er nahm es sofort auf, hielt auf Anhieb Dreieck und Schlägel richtig und versuchte dann, dem Instrument möglichst vielfältige Klänge zu entlocken. Er hörte auf den lauten und leisen Klang, je nachdem, wie kräftig er schlug, spürte mit Fingern, Zähnen und Gesicht die Vibrationen des Metalls, lauschte auf die Veränderung des Klanges, wenn das Dreieck sich drehte oder wenn er mit einem Holzstab anschlug. Immer wieder fielen Udo neue Varianten im Umgang mit dem Instrument ein, die zu verblüffenden akustischen Wirkungen führten. Aus dem Verhalten des Jungen bei diesem Spiel kann geschlossen werden, daß er diese Vielfalt begeistert wahrnehmen konnte.

Ein weiterer Beweis für seine differenzierte akustische Wahrnehmungsfähigkeit und seine nichtsprachliche Ausdrucksmöglichkeit war die Gabe, Tierstimmen verblüffend echt zu imitieren.

Es entstand der Eindruck, daß Udo bei der Wahrnehmung von Dingen und Abläufen im Bereich der Umwelt über ein ganz eigenes Prinzip verfügte, daß er für manche Phänomene, die in besonderem Maß einen Reiz auf ihn ausübten, unerwartete Möglichkeiten hatte. Diese nahm er wahr und erforschte sie sehr intensiv. Andere Gegenstände vermochten ihn nicht zu explorativem Verhalten zu stimulieren, auch wenn versucht wurde, ihn für diese Dinge durch gemeinsames Spiel zu stimulieren (z. B. die Zuordnung einfarbiger Gegenstände zu Farbtafeln).

b) Im Zusammenhang mit der *Förderung* der Wahrnehmung
sollte folgendes bedacht werden: Da Wahrnehmung und subjektive Bedürfnisse bei Udo in hohem Maße voneinander abzuhängen scheinen, sollte die Förderung zunächst vom Umgang mit den Gegenständen ausgehen, die eine Faszination auf ihn ausüben, und dann auf Objekte seines Lernumfeldes ausgedehnt werden.

Ausgehend von seiner Vorliebe für die Klangvielfalt der Triangel wäre es sinnvoll, ihm nach und nach ähnliche Instrumente zur freien Erkundung zur Verfügung zu stellten (z. B. Gong, Metallophon, Becken), um in sein zunächst freies Spiel mit den Instrumenten vielleicht langsam eine Struktur zu bringen. So wäre es für eine differenzierte akustische Wahrnehmung auch wichtig, daß Udo lernt, beim Spiel mit Instrumenten Pausen, einen gewissen Rhythmus von Klang und Stille, Anspannung und Entspannung, spielen und hören, einzuhalten. So könnte er dahin kommen, in den Pausen, in Momenten des Schweigens, das wahrzunehmen, was Bezugspersonen oder Spielkameraden tun, und erfahren, wie es klingt, wenn er nicht selbst aktiv ist. Dabei könnte er auch lernen, zu erkunden, aus welcher Richtung im Raum und aus welcher Quelle ein Ton kommt.

Die optische Wahrnehmung von Gegenständen und deren Bewegung im Raum würden gefördert, indem man Klangquellen im Raum bewegte, die Udo mit den Augen fixieren und verfolgen könnte. Ausgehend von solchen Übungen mit Instrumenten, die von anderen gespielt werden, könnte versucht werden, Udos Interesse auf Personen zu lenken, indem diese Personen melodische und rhythmische Geräusche abwechselnd mit Instrumenten, mit den Händen oder dem Mund erzeugten und auf diese Weise soziale Kontakte anbahnten.

Analog zur optischen Wahrnehmung kann auch im Rahmen der akustischen Aktivität zu Übungen der taktilen Wahrnehmung übergangen werden, indem z. B. Vibrationen von Instrumenten erspürt werden, Schwingungen anderer Körper usw. Der Grundgedanke in der Förderung von Udos Wahrnehmung sollte der schrittweise Übergang von den Eigenaktivitäten des Jungen und deren Wahrnehmung auf die Perzeption der Aktivitäten von Bezugspersonen sein (vgl. hierzu 8.5.6).

8.5.2 Motorik

Im Bereich der Motorik hat Udo mit großer Wahrscheinlichkeit seine größten Möglichkeiten.

a) Verhaltensbeobachtung

Seine Geschicklichkeit in grobmotorischen Bewegungsabläufen ist z.T. altersgemäß und besser entwickelt. Udo rennt schnell, kann Rollschuhlaufen, fährt Fahrrad, lernt zur Zeit schwimmen.

Am Klettergerüst und beim Schaukeln konnte beobachtet werden, daß seine Bewegungen flink, gezielt und gut koordiniert sind. Der Schüler beherrscht auch relativ komplexe Bewegungsabläufe, die Auge-Hand-Koordination verlangen, sicher. So kann er z. B. während des Unterrichts selbständig Wasser in eine Schüssel füllen und sie zur Gruppe tragen, verknüpft geschickt die Bewegungen, die zum Seifeblasen notwendig sind, wirft und fängt ein kleines Glöckchen mit einer Hand oder wäscht selbständig das Geschirr sauber. Ein adäquater Schwierigkeitsgrad der geforderten Bewegungsabläufe dürfte für Udo von besonderer Bedeutung sein. Wird er in seinen motorischen Fertigkeiten unterfordert, bieten ihm die Aufgaben keinen Anreiz, und er nimmt eine distanzierte, beobachtende Haltung ein (dies konnte z. B. beim Sportfest beobachtet werden). In Situationen, die Udo nicht stark genug motivieren, ist er auch nicht in der Lage oder Willens, seine sonst so geschickten Bewegungen auszuführen. Als wir zwecks Auflockerung mit ihm im Rhythmikraum herumlaufen wollten, ließ er sich nur widerwillig darauf ein, an der Hand mitzugehen, diese Bewegungen schienen eben nicht aus ihm selbst zu kommen.

Auffällig war, daß Udo des öfteren in sehr dichten Abständen seinen Körper für kurze Zeit anspannte, das Gesicht verkrampfte und dabei die Augen zudrückte, die Hände zu Fäusten ballte, und in dieser "Starre" - meist nur sekundenlang - verweilte. Manchmal knickte er dabei auch Gegenstände, z. B. eine Kerze, eine Karte oder ähnliche Dinge, die er in der Hand hielt. Diese Verkrampfung fiel besonders in Situationen auf, die in ihm anscheinend eine spannende Erwartung provozierten. So zeigte er dieses Verhalten z. B. beim Betreten des Rhythmikraumes und nach dem

Sportfest auf der Wiese vor dem Essen. Hier stieß Udo auch, nachdem ihm das Hin- und Herlaufen, das Anspannen und Lockern des Körpers als mögliche Spannungsabfuhr wahrscheinlich nicht genügten, einen sehr lauten und langen Schrei aus.

Feinmotorische Bewegungsabläufe wie Hand- und Fingergeschicklichkeit sind bei Udo weniger differenziert als seine grobmotorischen Fertigkeiten. So konnte er beispielsweise nicht einzeln mit den Fingern auf das Tamburin schlagen oder mit Pinsel und Wasserfarben umgehen (das Rühren in den Farbtöpfchen mit dem Pinsel bereitete ihm Schwierigkeiten, dennoch nahm er Hilfsangebote gerne an). Andererseits gelang ihm das Schlagen mit einem Klöppel auf die Klangstäbe des Xylophons recht gut. Udo erfaßte sogar nach anfänglich ziellosem Schlagen auf die Töne das Prinzip, eine Tonleiter zu spielen. Es spricht vieles dafür, daß sich auch hier seine Vorliebe für das Hören von Geräuschen positiv auf seine Lernbereitschaft auswirkt.

b) Unmittelbar aus den Beobachtungen zur Motorik ergeben sich *Förderungsansätze*

Da Udo grobmotorische Bewegungsabläufe recht gut beherrscht, scheint es möglich, von solchen Prozessen ausgehend andere Persönlichkeitsbereiche positiv zu beeinflussen. Hier dürften sich weitere Förderungsmöglichkeiten auftun, die verheißungsvoll im Zusammenhang mit Entwicklung, aber auch Formung weiterer Prozesse sind. Udo erzielt bei Bewegungsaufgaben Erfolge, die er offensichtlich auch als solche wahrnimmt und die mit großer Wahrscheinlichkeit sein Selbstwertgefühl steigern. Die Freude an Bewegung, ja das Bedürfnis nach Bewegung, kann als Basis für weitere Angebote gesehen werden und helfen, neue Assimilations- und Akkommodationsprozesse anzuregen und damit nicht nur die kognitive Entwicklung, sondern auch die Persönlichkeitsentfaltung zu fördern.

Von den Heimgruppenerziehern war außerdem zu erfahren, daß Udo sogar spricht, wenn er sehr gelöst Bewegungen ausführt, z. B. im Wasser und auf dem Trampolin. Folglich könnten versuchsweise weitere sprachliche Prozesse mittels Motorik aktiviert werden. Vermutlich ließe sich auch das selbständige Handeln bei Udo erfolgreich unter Einbezug von Bewegung fördern, weil sich hier bereits Ansätze zeigen. Aufgaben, mit denen er betraut werden könnte, wären z. B. Geschirr holen und wegbringen, Unterrichtsmaterialien, wie Papier, Bleistifte, ... verteilen, an weiteren Aktivitäten zur Organisation des Unterrichts teilnehmen, die er aufgrund der Beobachtung des Erzieherverhaltens schon kennt.

Motorische Prozesse, vor allem im Rahmen feinmotorischer Aktivitäten, bedürfen motivierender Angebote. Hierbei ist z. B. gedacht an das Auffädeln von Perlen oder größerer verschiedenartiger Holzklötzchen, weil er Ketten sehr gern mag und des öfteren mit ihnen spielt.

8.5.3 Motivation, Konzentration, Ausdauer

Im Zusammenhang mit den vorausgegangenen Ausführungen wurde deutlich, daß Udo weder durch eine körperliche Behinderung noch durch eine Sinnesschädigung eingeschränkt ist, sich seiner Umwelt zuzuwenden, sie wahrzunehmen.

a) Verhaltensbeobachtung

Udo hat seine eigene Art und Weise, sich für Menschen und Dinge zu interessieren, "Autismus" genannt, mißt ihnen nach eigenen Kriterien Bedeutung zu und entwickelt spontan, also von sich aus, Aktivitäten, die ihn über einen längeren Zeitraum hinweg beschäftigen können. So trifft man Udo in seiner Heimgruppe oder am Morgen in der Schule nie untätig an, vielmehr ist er damit beschäftigt, etwas zu betrachten, zu befühlen, zu beobachten oder sich selbst zu bewegen. Sein besonderes Interesse gilt dabei kleinen Dingen, z. B. einem Haargummi, Mustern auf einer Serviette, Aufschriften oder Bildern auf einem Luftballon, Glänzendem oder Glitzerndem (goldenes Glöckchen, Geschenkschleifen), Bewegtem (Kreisel, Seifenblasen). Sein Umgang mit diesen Dingen ist gekennzeichnet durch wiederholende Übung aus Spaß am eigenen Tun und an Bewegung, ohne daß man nur von Stereotypien sprechen könnte.

Er wendet sich konzentriert den Gegenständen zu, betrachtet, befühlt und beriecht sie, produziert immer wieder neue Seifenblasen oder läßt den Kreisel begeistert aufs neue tanzen. Seine Aktivitäten sind nicht monoton, sie können vielmehr sehr phantasievoll und variabel gestaltet sein. So schaukelt er z. B. nicht einfach auf der Schaukel, sondern turnt fast akrobatisch auf ihr herum, Er erzeugt absichtlich große und kleine Seifenblasen, er betrachtet nicht einfach das Glöckchen und wirft es hoch, vielmehr versucht er es auch wie einen Kreisel in Bewegung zu versetzen.

An selbst initiierten Tätigkeiten scheint Udo so viel Freude zu haben, daß er sie konzentriert, ausdauernd und phantasievoll betreibt und sich dabei an der eigenen Vorstellung orientiert.

Wird Udo von anderen gefordert, hängen Motivation, Konzentration und Ausdauer bei der Aufgabenlösung von verschiedenen Faktoren ab. Zuerst ist hier das Aufgabenverständnis zu nennen. Einfachen und alltäglichen Impulsen, wie etwa einen Stuhl zu nehmen, sich in den Kreis zu setzen, Wasser zu holen, die Hände zu waschen, ... kommt Udo problemlos nach. Bei etwas schwierigeren Aufgaben erweist es sich als hilfreich, ihn mit Namen anzusprechen, ihn evtl. während des Sprechens zu berühren, seinen Kopf in die entsprechende Blickrichtung zu lenken und die Sprache durch Gesten zu verstärken. So unterstützt wandte er sich z. B. einem farblich falsch eingeordneten Gegenstand zu und erkannte ihn, eine Tätigkeit, die er gerne vollzog.

Bei komplexeren Anforderungen und Spielen kann Udo den Sinn am schnellsten erfassen, wenn ihm der Ablauf zunächst vorgezeigt bzw. vorgespielt wird und er, hierdurch angeregt, nachahmen kann. So wurde ihm das Spiel, bei dem man "blind" den Standort eines klingenden Musikinstruments finden muß, zunächst vorgespielt. Er begriff sofort und imitierte dieses Spiel. Udos Lehrerin zeigte den Kindern, was man mit bunten, gefüllten Säckchen alles machen kann, und Udo ahmte die Möglichkeiten anschließend nach. Es zeigte sich, daß sich der Schüler besser auf eine Aktivität konzentrieren konnte, wenn er zunächst seine Augen auf die Handlungen des Vorbilds richtete.

Eine weitere Bedingung für die Bereitschaft zur Mitarbeit ist die *Sinnhaftigkeit* der Aufgabe für ihn und seine Freude daran. Er holt z. B. gern Wasser, um Erdbeeren darin zu waschen, beschäftigt sich mit Rhythmikmaterial und legt Tierkarten nacheinander in einen Reifen. Kann er in einer Aufforderung keine Bedeutung für sich entdecken, sucht er nach anderen Betätigungsmöglichkeiten, variiert das Material (z. B. anstatt die farbigen Gegenstände den Farbkarten zuzuordnen, beschäftigt er sich intensiv mit den einzelnen Gegenständen). Von der Beschäftigung mit bestimmten Materialien kann man ihn kaum lösen. Nachdem er längere Zeit mit einem Kreisel gespielt hatte, konnte der Kreisel erst entfernt werden, als ihm versprochen worden war, daß er später weiterspielen dürfe. Beabsichtigt war das Malen mit einem Pinsel, ein Drehstuhl faszinierte ihn jedoch mehr. Im Zusammenhang mit verschiedenen Aktivitäten läßt sich sagen, daß Udo sich über einen längeren Zeitraum hinweg (ca. 15 bis 20 Minuten) konzentrieren und entsprechend verhalten kann. Dies zeigte sich z. B. bei sportlichen Aktivitäten, beim Umgang mit Rhythmikinstrumenten und beim Betrachten von Tierbildern. Kurzzeitiges Konzentrieren konnte beim Balancieren auf einem Balken, beim Rollen einer Kugel in Richtung eines bestimmten Zieles und beim Fangen eines Glöckchens mit der Handtrommel beobachtet werden.

b) In unmittelbarem Zusammenhang mit diesen Beobachtungen stehen unter ganzheitlichem Aspekt die *Förderungsvorschläge* zur Motivation, Konzentration und Ausdauer.

Es wurde deutlich, daß Udo sich für bestimmtes Material besonders interessiert. Insofern wäre es wohl günstig, an diese und ähnliche Aktivitäten anzuknüpfen (z. B. Angebote eines Glöckchens sowie größerer glänzender Kugeln, Wechsel von freiem Umgang und konkreten Aufgaben).

Damit der Schüler lernt, auch an ihn herangetragene Aufgaben ausdauernd zu lösen, sollte unbedingt auf eine adäquate Aufgabenschwierigkeit geachtet werden. Gegenstände, die seine Aufmerksamkeit ablenken könnten, sollten zunächst aus seinem Blickfeld gebracht und ihn nach Beendigung konkreter Aufgaben evtl. als Belohnung wieder überlassen werden.

8.5.4 Gedächtnis

Die Fähigkeit, sich zu erinnern, ist bei Udo in hohem Maße abhängig von den emotionalen Begleitumständen der Prozesse.

a) Die *Verhaltensbeobachtung* ergab, daß er nach einer Woche etwa zehn verschiedene Tiere, deren Namen genannt wurden, auf Abbildungen wiedererkennen und deren Lautäußerungen nachahmen konnte. Er erinnerte sich an das Spiel, Suchen einer Geräuschquelle mit verbundenen Augen, das ihm etwa eine Woche zuvor viel Spaß bereitet hatte, und wollte es erneut spielen. Er brachte seinen Wunsch hierzu zum Ausdruck, indem er sich ein Tuch vor die Augen hielt und sich an der Stelle auf den Boden kniete, an der er eine Woche zuvor mit dem Suchen begonnen hatte. Als Udo zu Beginn einer Spiel- und Beobachtungsphase ein Kreisel weggenommen und in den Nebenraum gebracht wurde mit dem Versprechen, er werde ihn später wiederbekommen, erinnerte er sich nach ca. zwei Stunden an das Versprechen, indem er in den Nebenraum drängte, um den Kreisel zu holen.

Kurzfristig konnte Udo speichern, auf welchen von zehn umgedrehten Tierkärtchen ein ganz bestimmtes Tier abgebildet war, sofern die Position nicht verändert wurde. Änderte man allerdings - für Udo sichtbar - den Ort bestimmter Kärtchen, indem man sie auf andere Tische legte, fiel es ihm schwer, sich den Tisch mit einem ganz bestimmten Kärtchen zu merken.

b) *Förderungsansätze* für den Gedächtnisbereich dürfen nicht von konkreten Handlungen getrennt werden. Da sich Udo an Situationen und Aktivitäten, die ihm Freude bereiten, besonders gut erinnert, ist auch hier das emotional-ganzheitliche Erleben in allen Lernsituationen im Rahmen von Wiederholungsphasen zwecks Festigung und Weiterentwicklung von besonderer Bedeutung für das langfristige Speichern von Lerninhalten. Es dürfte auch möglich sein, solche Prozesse in leicht abgewandelter Form zu realisieren, um durch Transfereffekte Verhaltenserweiterung und dadurch auch eine Vergrößerung der Selbständigkeit zu erreichen.

8.5.5 Sprache, Kommunikationsfähigkeit und soziales Verhalten

a) Verhaltensbeobachtung

Udo kommuniziert überwiegend durch Gesten, Mimik und Laute und selten durch "sozialisierte" oder an einen Partner gerichtete sprachliche Äußerungen. Er bringt z. B. durch Zischlaute verbunden mit heftiger Gestik und Mimik den Wunsch zum Ausdruck, nochmals Verstecken spielen zu wollen. Durch Zeigen in Richtung Toilette, durch Öffnen seiner Hose oder durch Führen des Erziehers deutet er an, daß er zur Toilette müsse.

Udo ist bemüht, seine Gefühle und Wünsche zum Ausdruck zu bringen. Seine Freude versteht er durch lautes Juchzen verbunden mit Lachen auszudrücken (z. B. beim Hochwerfen und Auffangen eines Glöckchens).

Nach einigen Beobachtungen beim Sportfest und den Aussagen der Erzieher schreit Udo manchmal laut und für Außenstehende ohne eindeutig ersichtlichen Grund.

Auch wenn seine "Sprache" vom Gegenüber nicht sofort erkannt wird, bemüht er sich ausdauernd, sich mitzuteilen. So versuchte er durch ein Geräusch (es klang wie ein langgezogenes "t") und mit zu einem Hausdach geformten Händen etwas zu erklären, was wir trotz aller Bemühungen nicht verstanden. Wie wichtig ihm seine Mitteilung war, zeigte sich darin, daß er uns mit einer Hand am Kinn faßte, um unsere Blicke auf seine Hände zu richten und sogar für ganz kurze Zeit eine Person aus der Beobachtungsgruppe anblickte. Daß er daraufhin wiederholt in kurze, verkrampfte Bewegungen und Augenzucken verfiel, im Gesicht rot wurde und beinahe zu weinen anfing, läßt darauf schließen, wie enttäuscht, traurig und verärgert er über unser Unverständnis sein mußte. Dies alles besagt, daß Udo fähig ist, seine Gefühle und Empfindungen mit seiner Körpersprache auszudrücken, ihnen "Luft zu machen", sie anderen mitzuteilen.

Das Gehör als Voraussetzung für den Spracherwerb ist bei Udo laut amtsärztlichem Zeugnis intakt. Auch die Sprechorgane scheinen normal entwickelt zu sein. Allerdings hat Udo beim Schlucken abgebissener und gekauter Speisen Probleme. Wenn er nicht zum Schlucken aufgefordert wird, behält er Gekautes im Mund, bis dieser ganz gefüllt ist. Bei nächster Gelegenheit spuckt er die Speisen dann wieder aus. Es kann nicht genau gesagt werden, ob Udo das Schlucken aufgrund organischer Probleme schwerfällt oder ob es sich bei diesem Verhalten um eine "ungünstige Gewohnheit" handelt.

Udo ist in der Lage, den Luftstrom aus seinen Atemwegen differenziert zu modifizieren und zu kontrollieren. So kann er Farbtropfen auf einem Blatt auseinanderblasen, eine Kerze flackern lassen oder auspusten sowie willentlich große und kleine Seifenblasen durch seinen Luftstrom gestalten. Wie bereits erwähnt, gelingt Udo die Nachahmung von Lauten verschiedener Tiere sehr natugetreu (z. B. Imitation eines Hahnes, eines Huhnes, einer Kuh, einer Katze, eines Schweines, einer Taube, eines Frosches, ...), und er vermag die Verbindung zwischen Tiernamen und Tierlauten herzustellen. Merkmale mancher Tiere beschreibt er durch Gesten. So deutete er beim Anblick eines Kuckucks das Öffnen und Schließen der Türe einer Kukkucksuhr an oder greift beim Nachahmen des Hühnergegackers hinter sich, um ein imaginäres Ei hervorzuholen.

Bedenkt man, daß Udo in seiner Heimgruppe so "gelöst" sein kann, daß er bereit ist, einzelne Wörter nachzusprechen (z. B. Auto, Mama, Zelt), kann man mit einer gewissen Wahrscheinlichkeit davon ausgehen, daß die Gruppe für Udo tatsächlich so etwas wie ein "Zuhause" bedeutet. Hier kann man sein Sozialverhalten besonders gut beobachten. Möglicherweise fühlt er sich hier relativ gut, weil *ein* Erzieher für ihn eine ganz spezielle Bezugsperson darstellt, die besonders guten Kontakt zu ihm hat, der noch dadurch intensiviert wird, daß die beiden manchmal zusammen ein Wochenende außerhalb des Heimes verbringen und gemeinsam einen Urlaub gestalteten. Da Udos Mutter sich überhaupt nicht um ihren Jungen kümmert, dürften die Beziehungen zu diesem Erzieher für ihn äußerst wichtig sein.

Während der Besuche in der Gruppe fiel auf, daß Udo zu einem Jungen, der Werner hieß, ein besonders gutes Verhältnis hatte, während er zu allen anderen Gruppenmitgliedern kaum Kontakt hielt. Werner ist zwar um einiges größer als Udo, weist aber bezüglich seiner Motorik weniger Geschick und Schnelligkeit auf. Dafür ist er sehr selbständig und kann sich sprachlich gut ausdrücken. Er zeigt sich besorgt um Udo, indem er ihn während des Tagesablaufes auf manches hinweist, was noch zu tun sein, ihn ab und zu zur Schule begleitet. Dieses gute Verhältnis zeigt sich auch darin, daß Werner Udos sportliche Leistungen schätzt und bewundert und dies deutlich verbal zum Ausdruck bringt.

Im Rahmen der Klasse nehmen weder die Mitschüler Kontakt zu Udo auf, noch wendet er sich selbst ohne Aufforderung seinen Mitschülern zu. Zwar faßt er das neben ihm sitzende Kind je nach Aufforderung im Rahmen des Unterrichtsgeschehens bei der Hand (Morgenkreis, guten Appetit wünschen vor dem Essen, ...), reicht Speisen am Tisch weiter, beobachtet seine Mitschüler, wenn sie eine bestimmte Aufgabe realisieren; diese Art von Kommunikation findet aber primär statt, weil sie als Unterrichtsaktivität gefordert wird. Am liebsten beschäftigt er sich mit Gegenständen an seinem Tisch oder im Klassenzimmer (Ketten, Spielmaterialien, ...), oder er betrachtet Ritzen an der Wand oder am Fußboden.

Deutlich sucht er Kontakt (Kommunikation) mit seiner Lehrerin, indem er z. B. gern ihre langen Haare betrachtet und beriecht, bei Bewegungsliedern dicht hinter ihr bleibt und beim Morgenkreis, etwa beim Lied "Guten Morgen ...", stets auf sie deutet und die anderen Kinder nicht beachtet.

Während Udo von unserer Anwesenheit im Unterricht kaum berührt schien, versuchte er vor dem Unterricht spontan Kontakt zu uns aufzunehmen, indem er unsere Hände und auch die Ellenbeuge intensiv beroch, befühlte und an seinen Mund drückte (vgl. 8.5.1).

Als er uns nach der dritten Begegnung im Klassenzimmer sitzen sah, stürmte er auf uns zu, kletterte einer Studentin auf den Schoß, setzte und legte sich, befühlte und beroch sie. Er ließ es sich gefallen, daß ihm Zuneigung durch Streicheln seines Gesichts, seiner Haare und Hände entgegengebracht wurde. Unterbrochen wurde dies manchmal durch sehr plötzliche, unkontrollierte Bewegungen Udos mit seinem ganzen Körper. Er ließ sich auch gern an der Hand führen, nahm jedoch selten Blickkontakt auf (vgl. auch das Beispiel bei 8.5.5).

Diese Verhaltensweisen Udos zeigen, daß er fähig ist, Gefühle und Empfindungen mit seiner Körpersprache auszudrücken, sie zu verdeutlichen, sie anderen mitzuteilen.

b) Förderung

Bei der sehr engen Verknüpfung von sozialem und sprachlichem Bereich, und vor allem, weil Sprache einerseits ein wichtiges Mittel zur Kontaktaufnahme, Kommunikation schlechthin darstellt, Sprache sich andererseits nur in der Kommunikation mit Menschen erwerben läßt, erscheint es notwendig, auch hier deutlich ganzheitlich orientierte *Förderungsvorschläge* einzubringen. Ausgehend von der Tatsache, daß Udos Gehör und Sprachorgane intakt sind, spricht vieles dafür, daß eine sinnvolle Möglichkeit der Sprachanbahnung mit Hilfe von Motorik (vgl. 8.5.2) und Tiergeräuschen geschehen könnte.

Im Zusammenhang mit den Tiergeräuschen ließen sich z. T. "Naturlaute" hören, aber es konnten auch einzelne Buchstaben und Silben vernommen werden (z. B. Taube: Zungen-R und "gu"). Beim Vorlesen von Bildergeschichten oder beim Betrachten solcher Bilder könnte man zunächst eine Wiederholung von Lauten, die für Udo "natürlich" sind, provozieren. Man könnte evtl. durch Mit- oder Vorsprechen langsam auf die verbesserte Artikulation von Buchstaben des Alphabets, von Silben, vielleicht auch schon von weiteren Wörtern hinarbeiten, so daß Udo durch das Hören zur Wiederholung angeregt wird. Ähnliche Impulse könnte man im Zusammenhang mit Bezeichnungen für Geräusche und Bewegungsarten setzen. Wesentlich wichtiger als herausgelöste Sprachübungen erscheint aber die Notwendigkeit, den Kontakt zu dem bereits angesprochenen Erzieher zu erhalten, nach Möglichkeit zu vertiefen, weil Udo offensichtlich individuelle Zuwendung annimmt, ja der Zuwendung *bedarf* (vgl. sein "Lebenslauf"), um z. B. seine Gehemmtheit lösen zu können.

Dringend notwendig ist der häufige Kontakt mit Kindern, die sich sprachlich ausdrücken können, auf Udo zugehen, ihn ansprechen, mit ihm zu spielen versuchen, mit ihm kommunizieren (vgl. Werner, Kommunikation mit Nichtbehinderten). Hierbei würde Udo in natürlicher und ganzheitlicher Form mit der Sprache im alltäglichen Leben konfrontiert und möglicherweise zum eigenen Sprechen angeregt werden.

8.5.6 Kreativität und Spontaneität

a) Verhaltensbeobachtung

Eine der kreativsten Verhaltensweisen, die bei Udo beobachtet werden konnte, war der bereits beschriebene Umgang mit der Triangel und dem Glöckchen. Besonders herausragend war die Gestaltung seiner Handlungen, der schöpferische Prozeß seiner Aktivitäten mit diesem Gegenstand

(ansehen, schütteln, hören, zwirbeln, werfen, aufprallen lassen, rollen, ...).
Eine Handlung ging aus der anderen hervor, ohne daß es eines Impulses von außen bedurfte. Möglicherweise inspirierte ihn jedoch auch die spontane, offene Begeisterung der Beobachtenden.

Die eigentlichen Impulse für das kreative Handeln liegen sicherlich in der Freude am Explorieren der Dinge. Es scheint Udo nicht in erster Linie um die Erstellung eines reizvollen Produktes zu gehen, vielmehr darum, durch sein Einwirken auf den Gegenstand mehr über ihn und seine "Möglichkeiten" zu erfahren (Piaget). So wird z. B. beim Umgang mit Farbkasten und Pinsel der Pinsel verschieden stark auf das Blatt gedrückt, er wird in den Mund genommen, es wird Wasser auf das Blatt gebracht und gepustet, so daß Muster entstehen.

Sehr spontan verhielt sich Udo bei der Annahme von Spielregeln. Wenn ihm Spiele vorgespielt wurden, übernahm er anschließend sofort die für ihn verlockendste Rolle und begann ebenfalls zu spielen. Ein weiteres Beispiel zeigt sein originelles Verhalten: In der Entscheidungssituation, zwischen zwei Instrumenten zu wählen, die ihn beide "rufen", fand er spontan zu der Lösung, zuerst das eine Instrument "zum Schweigen zu bringen", anschließend sich dem anderen zuzuwenden.

b) *Förderungsvorschläge* zum kreativen Handeln ergeben sich aus Situationen, die Udo ansprechen. Um das kreative Verhalten Udos im Hinblick auf die Konsequenzen bzw. "Produkte" auszuweiten, erscheint es sinnvoll, sein Handeln aus der egozentrischen Verarbeitung herauszuholen und ihm die Möglichkeit anzubieten, eigene Handlungsintentionen nach außen zu verlegen. So kann er vielleicht lernen, die Eigenarten der äußeren Umstände und der Dinge an sich zu akzeptieren und mit ihnen konstruktiv umzugehen, ohne sie *nur* auf die Bedeutsamkeit hin zu untersuchen, die sie für seine momentanen subjektiven Interessen haben. Bereits Spielmaterialien, wie z. B. verschiedenartige Bauklötze, könnten hierzu geeignet sein, denn schon eine kleine Kombination von Klötzen stellt etwas Eigenes, von ihm selbst Geschaffenes dar. Allerdings sollte man die Impulse vorsichtig setzen, vielleicht braucht Udo auch noch "sein eigenes Handeln", um sich weiterentwickeln zu können. Übertriebene Lenkung, zu viele Angebote oder gar Ungeduld sind eher hemmend als fördernd.

Eine weitere Möglichkeit, die persönliche Kreativität weiter anzuregen und zu entfalten, könnte durch kleine Rollenspiele geschaffen werden, wobei die Aufgaben bestimmter Personen (Verkäufer, Bäcker, Gärtner, ...) zunächst vielleicht mit Hilfe eingeübt und später in kleinen Spielen, evtl. unter Begleitung eines Sprechers selbständig ausgeführt und erweitert werden könnten. Reizvoll wäre es für Udo sicherlich auch, die Rollen von Tieren im Spiel zu übernehmen und darzustellen.

8.6 Zusammenfassung

Vergleicht man mit bisherigen Gutachten im pädagogisch-psychologischen Bereich, speziell im Zusammenhang mit sonder- oder heilpädagogischen Fragestellungen, ergibt sich, daß hier ein neuer Ansatz, eine andere Art der "Begutachtung" versucht wurde. Es wurden keine Tests verwendet, keine Vergleiche zu Bezugsgruppen angestellt, keine Normen berechnet sowie keine Funktion beschrieben. Wenngleich Bezeichnungen wie Motorik, Wahrnehmung, Sozialverhalten, ... verwendet wurden, spielten primär die Ganzheit des Kindes und die Gesamtheit einer Situation eine Rolle, So erwiesen sich z. B. motorische Prozesse gleichzeitig bedeutsam für die Beobachtung der optischen Wahrnehmung (Auge-Hand-Koordination, Greifen), für den sozialen Bereich (es waren Personen da, die etwas sprachen, ermutigten, sich mitfreuten, halfen, also mit Udo kommunizierten), für den emotionalen Bereich, weil sich Udo selbst offensichtlich über seine Aktivitäten, Möglichkeiten und Kommunikationspartner freute.

Als impulsgebend erwiesen sich die mehr oder weniger bereitgestellten Situationen mit ihren Möglichkeiten (Schulklasse, Heimgruppe, Musikinstrumente, Sportgeräte, Sportplatz, Bildkärtchen mit Tieren). Assimilations- und Akkommodationsprozesse wurden im Sinne *Piagets* angeregt. Die Aktivitäten bzw. Handlungen in einer Situation konnten "mehrperspektivisch" ausgewertet und interpretiert werden, d. h., die gleiche Situation war in vielerlei Hinsicht informativ und "produktiv". Die Verwendung "objektiver Verfahren" hätte mit an Sicherheit grenzender Wahrscheinlichkeit Möglichkeiten der Beobachtung, des Kennenlernens, des Kommunizierens und des Verstehens geradezu verhindert.

Man muß sich darüber im klaren sein, daß auch im Rahmen dieser Vorgehensweise keinesfalls alle Möglichkeiten Udos ausgelotet wurden. Wir bewegten uns bewußt im Rahmen der realistischen institutionellen Gegebenheiten, denn es wurde im Zusammenhang mit Förderungsvorschlägen nicht einmal die Frage der Integration in eine Klasse mit nichtbehinderten Kindern oder mit Kindern, die verbalisieren können, diskutiert. Eine Forderung in diese Richtung hätte damals keine Realisierungschance besessen. Aber es wurde deutlich, wie wichtig Situationen, Handlungen und Prozesse für förderdiagnostisches Vorgehen sind. Auch wenn nicht im strengen verhaltensmodifikatorischem Sinn gedacht und gearbeitet wurde, erinnert manches an die einzelnen Variablen der bekannten Kanferschen Verhaltensformel (S-O-R-K-C). Hier gilt das Verhalten (R) als abhängig von dem vorausgehenden situativen Kontext (S), von den Bedingungen im Organismus (O), von den Konsequenzen (C) auf das Verhalten und von K als Kontingenz, d. h. der Art der Beziehung zwischen Verhalten und Konsequenz (vgl. Bundschuh 1992, 212ff.).

Wenngleich sich Probleme im Zusammenhang mit der Realität zeigten (Institutionen wie Heim, Schule, Sozialamt; begrenzter Handlungsraum, lückenhafte Informationen über den Lebenslauf) reichten diese wenigen Informations- und Interaktionsmöglichkeiten aus, um Udos Verhalten umfassender zu beschreiben und zu "begutachten", ihn in seinem So-Sein besser zu verstehen, als dies bisher der Fall gewesen war.

Die Darstellung der Informationserhebung, der Überlegungen zur Vorgehensweise sowie die Ausführungen zu den Förderungsvorschlägen erfolgten nur ansatzweise; in den Inhalten konnten jedoch die entscheidenden Momente "förderdiagnostischer Begutachtung" zum Ausdruck kommen. Es bleibt allerdings ein bitterer Nachgeschmack, weil wir Udo nicht in der angezeigten Weise weiterhelfen können, da es uns an Zeit fehlt und Institutionen dieser Hilfe im Wege stehen. In dem genannten Heim gab es über dreißig Kinder mit ähnlichen Schicksalen und Verhaltensweisen, in der Bundesrepublik gibt es wahrscheinlich viele tausend. Sie alle *"könnten"* besser gefördert werden, wenn es nicht die privaten und die dienstlichen Barrieren eines jeden von uns gäbe, wenn nicht Institutionen unbürokratischen Möglichkeiten im Wege stünden.

Einerseits sollten im Gutachten konkrete Impulse für Förderungsvorschläge gegeben werden, andererseits dürfen diese Anregungen ein Kind nicht festlegen, vielmehr müssen sie es geradezu für zukünftige Entwicklungen und Prozesse öffnen. Insofern wurden die Förderungsimpulse nicht zu weit ausgedehnt, nicht noch stärker konkretisiert. Es zeigte sich vor allem die enge Verbindung von Diagnose bzw. Beobachtung und Förderung (Handeln), denn Udo konnte in vielerlei Hinsicht aktiv werden, er konnte sich in den ihn anregenden Situationen "entfalten". Nicht nur physiologische, sondern vor allem auch - was uns wichtig erschien - emotionale und soziale Prozesse wurden in Gang gesetzt. Bei Vergleichen mit Symptomkatalogen (vgl. Bundschuh 1991, 204-211) zur Diagnose von Kindern mit autistischen Zügen wird diese förderungsorientierte Art des diagnostischen Prozesses deutlich, denn es fiel nicht mehr auf, daß wir es mit einem als "schwer geistigbehindert" und "autistisch" bezeichneten Kind zu tun hatten.

9 Prinzipien der Förderung

Das aufgezeigte Fallbeispiel mag den Theoretiker und den im praktischen Arbeitsfeld der Sonder- oder Heilpädagogik Tätigen, den "Experten" zum Nachdenken anregen, vielleicht einige Impulse für die Reflexion und für die praktische Förderarbeit zu geben. Dieser mehr ganzheitliche Ansatz impliziert zwar eine Struktur, indem die Bereiche Wahrnehmung, Motorik, Motivation, Gedächtnis, Sprache und Kommunikationsfähigkeit, soziales Verhalten und Kreativität hinsichtlich Diagnose und Förderung intendiert werden, diese Art von Förderung ist aber nicht ganz einfach vermittelbar. Theoretische Kenntnisse und praktische Erfahrungen werden vorausgesetzt. Leichter wäre es, einfach ein bereits vorliegendes Förderungskonzept z. B. nach *Frostig*, *Affolter*, *Ayres*, *Kiphard*, ... vorzugeben.

In der einschlägigen Literatur wird eine Fülle von Förderungsansätzen, je nach theoretischer Grundlage, Förderungsbereich und Schweregrad der Beeinträchtigung, unterschiedlich konzipiert angeboten. Aber reichen die vorgegebenen Förderungskonzepte aus, um der Heterogenität und damit Multidimensionalität und Komplexität von Entwicklungsrückständen und Behinderungen gerecht zu werden?

Welchen *pädagogisch vertretbaren Maßstab* können wir im Rahmen der Durchführung von Förderungsprozessen anwenden? Kapitel sechs begründet und beschreibt Prinzipien und Dimensionen förderdiagnostischer Vorgehensweisen zunächst schwerpunktmäßig unter dem Aspekt diagnostischer Überlegungen. Eben diese Prinzipien und Dimensionen und deren Begründung gelten in vollem Umfang für die Frage der Förderung. Verantwortbare und sinnvolle Förderung kann im sonder- oder heilpädagogischen Arbeitsfeld angesichts der Notsituationen von Kindern nur auf der Basis anthropologischer, pädagogischer, sozialer, didaktischer und ggf. therapeutischer Überlegungen intendiert und realisiert werden. Erziehung, Unterricht und spezielle Förderung geschehen in der Regel im Zusammenhang mit Institutionen und Systemen, die "funktionieren" wollen, zunächst an der ökonomischen Verwaltung möglichst großer Gruppen interessiert sind und sich weniger am Wohl einzelner Kinder und deren Eltern bzw. Familien orientieren. Gerade deshalb ist es wichtig, Gütekriterien und Maßstäbe für Förderungsprozesse aufzuzeigen.

Im folgenden werden wesentliche Aspekte basaler Förderung und der Orientierung am Kind aufgegriffen sowie im Hinblick auf Förderungsprozesse erläutert.

9.1 Basale Förderung

Unter Berücksichtigung der Überlegungen zu Prinzipien und Dimensionen der Förderdiagnostik (vgl. Kapitel 6) und auf der Grundlage wichtiger Ergebnisse aus eigener Forschung werden im folgenden wesentliche Erkenntnisse über basale Förderung und basales Lernen bei Kindern mit unterschiedlichen Ausprägungen und Schweregraden von Entwicklungsverzögerungen und Behinderungen - das Kind mit schwerer Mehrfachbehinderung ausdrücklich einbezogen - markiert.

Unter "basal" verstehen wir allgemein:
– hinsichtlich der Genese menschlichen Verhaltens frühe, ursprüngliche Prozesse, die sich bereits im Mutterleib entwickeln und manifestieren;
– nicht (isolierte) Funktionen, vielmehr in das Gesamtwesen Mensch, des jeweiligen Kindes integrationsfähige und integrierte Prozesse, die mit Motorik und Wahrnehmung eng verknüpft sind. Die Informationsverarbeitung im menschlichen Großhirn wird als "Integration" bezeichnet. "Es ist der Zusammenschluß und die gegenseitige Verknüpfung der Sinneseindrücke unter Einbeziehung der gespeicherten Erfahrungen zu einer höheren komplexen Funktionseinheit ... Im Verlaufe der Evolution haben sich die integrativen Vorgänge von der Regelung und Koordination der elementaren biologischen Aufgaben beim Menschen zum bewußten Erkennen, Denken und Handeln entwickelt" (Kahle 1991, 284);
– statt Überforderung der Sinnesbereiche ein Angebot zunächst einfacher, nur wenige Wahrnehmungskanäle sensibilisierender Reize, um eine gute und tragfähige Strukturierung bzw. sensorische Integration zu ermöglichen (vgl. Affolter 1975);
– elementare Eindrucks-, Ausdrucks- und Handlungsmöglichkeiten des Menschen, grundlegend für Zugangsmöglichkeiten zur Welt der Mitmenschen und der materiellen Objekte (Assimilation und Akkommodation im Sinne Piagets) sowie Ausbildung der Fähigkeit, diese Umwelt handelnd zu erfahren, zu begreifen und sich in ihr zu orientieren.

In diesem Kontext wird Entwicklung verstanden als Prozeß aus einfachen, weniger komplexen Strukturen hin zu komplexeren Prozessen, d. h. für den Erwerb entwicklungsmäßig späterer Fähigkeiten, Fertigkeiten und Handlungsprozesse sind in Anlehnung an *Piaget* basale frühere Entwicklungsprozesse unabdingbar.

Wohlbefinden, Neugierde, Interesse, also Motivation, stellen die Basis für elementares Lernen dar. Frustration, Desinteresse, Angst, Druck, Hetze, Schreck (Streß) sind Faktoren, die die "Aktivität" der Synapsen blockieren, das Ingangsetzen sinnvoller Lernprozesse beim Kind, Jugendlichen, aber auch beim Erwachsenen verhindern, bereits bisher Gelerntes vielleicht vernichten. Soll ein Reiz, besser ein Lernangebot, eine Information, den

Filter des Ultrakurzzeitgedächtnisses passieren, das Kurzzeit- und Langzeitgedächtnis erreichen (vgl. Bundschuh 1992, 143-147) sowie gut verarbeitet werden, müssen zunächst die speziellen Bedürfnisse des Kindes angesprochen werden.

Meist findet *Lernen als kommunikativer Prozeß* statt. Entwicklung ist von der Umwelt insgesamt abhängig, die geistige Entwicklung und damit das Lernen in erster Linie von der Kommunikation. Der Weg zum Kind, zum Menschen überhaupt führt über die emotional bedeutsamen und beziehungsstiftenden Prozesse mitmenschlicher Kommunikation. Kommunikation jedoch ist auch weit mehr als Nachrichtenübertragung zwischen Menschen und von Menschen produzierten Informationen und Botschaften (Musik, Malerei, Literatur). Auch mit Tieren, Pflanzen oder sonstigen unbelebten Objekten kommunizieren wir, wenngleich es sich hierbei um eine Einwegkommunikation handelt. Dies stellt eine wichtige - wahrscheinlich sogar eine sehr basale - Form der "Kommunikation", von Austauschprozessen dar, weil der Mensch hier keinen direkten Widerspruch erfährt, seinen echten, unverfälschten Gedanken, Vorstellungen, Wünschen, Bedürfnissen, Sehnsüchten "freien Lauf lassen" kann, er kann produzieren, schöpferisch sein, projizieren, sich einfach treiben lassen, sich in ursprünglicher Weise selbst spüren, empfinden, erleben und wahrnehmen. Die Natur wird z. B. an schönen Plätzen, dort, wo sich "Herz" und "Seele" öffnen, etwa im Urlaub, als ein Ort der Kraft wahrgenommen und erlebt. Auch solche Überlegungen erweisen sich im Hinblick auf basale Förderung bei Menschen mit Behinderungen als wichtig.

Die Weckung von Neugierde, Interesse und damit Motivation geschieht durch die Möglichkeit der Assoziation, also der Verknüpfung mit bisherigen Erfahrungen und Speicherungen. Ein Lernprozeß sollte beim Kind mit einer Behinderung, vor allem aber bei Kindern mit schweren Behinderungen Gefühle, Wünsche, Vorlieben, Vorgänge, Bedürfnisse ansprechen, die mit Erlebnisqualität verbunden sind, eine für das Kind wichtige Empfindung hervorrufen, einen bedeutsamen Sinn beinhalten, er sollte subjektiv wichtig sein. Auch Gefühle kann man spüren, erfahren und somit prozeßhaft lernen. Sei die Behinderung noch so schwer, in jedem Kind existiert die Sehnsucht nach Geborgenheit, nach sozialem Angenommensein, nach Liebe, insgesamt nach Leben und Entfaltung der Persönlichkeit.

Lernen erfolgt über unterschiedlich bevorzugte Wahrnehmungskanäle und besonders gut ausgeprägte Nervenbahnen. Je mehr Möglichkeiten der handelnden Begegnung und Auseinandersetzung, je mehr Arten der Erklärung angeboten werden, desto wahrscheinlicher wird Lernen. Je nach Lerntyp erreichen visuelle, auditive, tatkil-kinästhetische, vestibuläre u.a. Reize die entsprechend ausgebildeten und bevorzugten Wahrnehmungskanäle. Es werden Informationen je nach Kind unterschiedlich verarbeitet, vernetzt, gespeichert und verstanden. Eine wichtige Bedingung hierfür besteht darin, daß es sich nicht um chaotische, schlecht strukturierte, das Kind überfordernde Angebote handelt. Es muß also versucht werden, die Ganzheit eines Lernprozesses in einem System äußerer (sozialer, motorisch-handlungsorientierter) und innerer (emotional-motivationaler und kognitiver) Prozesse zu analysieren und zu begreifen.

Im Rahmen eines Projektes in Diagnose- und Förderklassen und weiterer Forschungen über Lernen ergaben sich die folgenden Aspekte basalen Lernens, die sowohl für Lernprozesse bei Kindern mit schwerer Behinderung als auch bei Kindern mit leichten Lernproblemen grundlegend sind (Bundschuh 1987, 107ff., 1992, 159ff.).

1. Die einem Kind angebotenen Reize, Stimulationen, Tätigkeiten, die zwecks Umsetzung in Handlung aufgenommen werden sollen, sind einfacher Art. Einfach heißt, daß der Differenzierungsgrad so weit reduziert werden muß, daß der Reiz, besser das Handlungs- oder Lernangebot für das jeweilige Kind mit seiner speziellen oder generellen Beeinträchtigung wahrgenommen werden kann. (Die Begriffe "Reiz" und "Stimulation" sind zwar gebräuchlich, im Zusammenhang mit Erziehung und Lernen halte ich sie jedoch weder für gut noch für treffend. Den isolierten Reiz gibt es an sich nur im Zusammenhang mit Reflexen, in der pädagogischen Situation spreche ich lieber von "Angeboten" und "prozeßhaftem Geschehen"). Um ein Kind für ein Lernangebot zu sensibilisieren, bedarf es keiner zusätzlichen Kenntnisvermittlung, keiner Lernvorgänge, keiner neuen von außen induzierten Erfahrungen.

Wie kommt man zu den Lernvoraussetzungen eines Kindes? Diagnostik dient dazu, diese Lernausgangslage zu suchen und zu beschreiben. Möglich wird dies durch Verhaltensbeobachtungen im Rahmen von Lernprozessen, aber auch bei Alltagshandlungen, überall, wo sich ein Kind verhält. Man beobachtet und fragt, wie das Kind sich mitteilt, kommuniziert, wie es an eine Situation, eine Handlung, eine Lernaufgabe herangeht, was es bereits über den Lerngegenstand weiß, wofür es sich interessiert, ob es Neugierde entwickelt, welche Voraussetzungen im Hinblick auf Motorik, Wahrnehmung, Sprache und Denken im Zusammenhang mit einem Lernprozeß vorhanden sind (vgl. 6.4.3).

2. Solche Möglichkeiten stellen die Basis für die Wahrnehmung und Förderung höherer komplexer "Reize" im Kontext mit Lernprozessen dar. D. h. die differenzierte Wahrnehmung und die Möglichkeit zur Strukturierung (Vernetzung) dieser Wahrnehmung - Schaffung eines gesicherten Abbildes im Zentralnervensystem - legen die Basis für diese Wahrnehmungserweiterung und Lernen, für weitere Lernprozesse schlechthin.

3. Vor allem im Unterschied zur manchmal propagierten "passiven Reizung" im Zusammenhang mit schwer geistigbehinderten Kindern geschieht diese Art von "Reizangebot" (Lernangebot) im Sinne von Förderung nicht passiv oder halb passiv, d. h., daß vom Kind her kaum eine sichtbare

Reaktion/Aktivität zu erwarten ist. Vielmehr fällt dieser Lernimpuls in einen Prozeßbereich des Kindes, in dem es bereits Aktivitäten zeigt, diese jedoch nicht ausreichend gefestigt, "automatisiert" sind.

4. Motivation für eine Reaktion auf Angebote ("Außenreize"), für Handeln (Umsetzen in Motorik, Empfindung, Wahrnehmung, Denken, Sprache) liefern zunächst einmal die Angebote selbst, nämlich durch ihre Beschaffenheit (Aufforderungscharakter), auch durch die Möglichkeit, sie leisten, auf sie adäquart reagieren zu können. Motivation ergibt sich auch aus der zeitlichen Limitierung der Handlung, d. h. der Vorgang erstreckt sich lediglich auf eine (kurze) für das Kind leicht zu vollziehende Zeit- und Aufmerksamkeitsspanne. Motivation resultiert darüber hinaus auch aus der Art der Wahrnehmungsmöglichkeit (visuell, auditiv, taktil ect.), die je nach Kind und Reaktion bzw. Handlung unterschiedlich vernetzt ist. Die Handlung kann wiederum in verschiedenen Varianten in grob- und feinmotorischen oder sprachlichen Prozessen erfolgen. Schließlich ergibt sich Motivation auch aus der Abwechslung im Vergleich zu anderen im Unterricht geforderten Tätigkeiten wie Schreiben, Lesen, Rechnen.

5. Basal bedeutet, daß diese Reize und deren Umsetzung in Handlung nicht auf einen Funktionsbereich alleine begrenzt sind, vielmehr stets andere Prozesse gleichzeitig stimuliert werden. Wenn z. B. ein Kind gerne spielt, knetet, etwas ausschneidet, sind damit visuelle Wahrnehmungen (Erfassen einer Struktur, Wiedererkennen der Wesensmerkmale), Konzentration, Fein- und Grobmotorik sowie sonstige Übungs- und Speichervorgänge, stets aber auch kommunikative Prozesse verbunden.

6. Basales Lernen meint zugleich auch Ingangsetzung von Prozessen - Erregung des Zentralnervensystems durch äußere und innere Vorgänge - in realisierbarem Maße, d. h. "etwas können", Initiierung von Akkommodations- und Assimilationsprozessen (Piaget), Innervierung von Afferenzen und Efferenzen (Vernetzung) im Unterschied zu passiv, überfordert, gestört sein.

7. Basale Aktivierung heißt weiterhin, dem Kind mit einer Behinderung Erfolgserlebnisse zu vermitteln, Leistungsängste abzubauen, Freude am Erfolg hervorzurufen und so zu einer Verbesserung seines möglicherweise gestörten Selbstbildes und zur Stärkung eines Selbstkonzeptes beizutragen. Mit jeder für das Kind positiv erlebten "Ansprache", mit jedem Erfolg geht quasi eine therapeutische Wirkung einher.

8. Basales Aktivieren und Lernen ist im Grunde genommen vergleichbar mit Sensu-Motorik im Sinne von *Piaget*. "Empfindungen sind 'Futter' oder auch 'Nahrung' für das Nervensystem. Jeder Muskel, jedes Gelenk, jedes lebenswichtige Organ, jeder kleinste Hautabschnitt und die Sinnesorgane am Kopf senden ihre sensorischen Reize zum Gehirn. Jede einzelne Empfindung ist eine Form der Information (...). Ohne einen ausreichenden Bestand an Empfindungen der unterschiedlichsten Art kann sich das Ner-

vensystem nicht adäquart entwickeln. Das Gehirn bedarf eines beständigen Informationsflusses mannigfaltiger Empfindungen als sensorische 'Nahrung', um sich entwickeln zu können und in der richtigen Weise zu funktionieren" (Ayres 1984, 45).

Es ergibt sich die Aufgabe - trotz vorhandener Behinderungen, vielleicht schwerer Mehrfachbehinderungen - durch Vermittlung von Lernprozessen in einem kommunikativen, ganzheitlichen Prozeß Leben zu bereichern, "Nahrung" für das Nervensystem zu vermitteln, damit in der Orientierung am Kind die vorhandenen Möglichkeiten aktiviert und entfaltet werden und nicht verkümmern. Nicht nur das Recht auf Leben und Entfaltung von Möglichkeiten fordert Heilpädagogik und Heilpädagogische Psychologie, speziell Förderdiagnostik heraus, sondern auch die jedem Kind immanente Sehnsucht nach Leben und Verwirklichung.

Basale Prozesse finden sich in den Bereichen *Motorik* sowie in verschiedenen *Modalitäten der Wahrnehmung* und stehen in unmittelbarer Verbindung zu mitmenschlichen Beziehungen und Prozessen.

9.2 Orientierung am Kind

Die Antwort auf die Frage nach dem häufig verwendeten Ausdruck "Orientierung am Kind" fällt nicht leicht. Dennoch soll in akzentuierter Form an ein Verständnis dieser Problematik herangeführt werden.

Orientierung am Kinde heißt:

– Gestaltung des Förderungsprozesses entsprechend den grundlegenden Bedürfnissen von Kindern nach Emotionalität, Beziehung, Bewegung und Wahrnehmung.
– Ausgehend von der Lernausgangslage, von den wirklichen Verhaltensmöglichkeiten und Fähigkeiten eines Kindes hin zur Zone der nächsten Entwicklung, d. h. weitgehend individuelle Gestaltung des Förderungsangebotes dem Entwicklungsstand und Lerntempo einzelner Kinder entsprechend, Vermeidung von Über- oder Unterforderung.
– Die kindliche Neugierde weckendes, der kindlichen Neugierde entsprechendes Förderungsangebot, wobei erstrebenswerte Handlungsziele und für das Kind interessante Angebote den Erfolg fördern.
– Flexibilität der Personen, die ein Kind fördern, mit der Möglichkeit, momentane Bedürfnisse eines Kindes (Schülers, Jugendlichen) zu erkennen und in den Förderungsprozeß einzubeziehen.
– Genügend Spielraum für Eigenaktivität, Entfaltung von Kreativität und Phantasie des Kindes.
– Einbettung des Förderungsprozesses, konkreter Förder- und Lernangebote in ganzheitliche, spielerische Prozesse. Das Spiel als spezielle, intrinsisch motivierte grundlegende Handlungs- und Lernform des Kindes

vermittelt Freude, die entsprechende Emotionalität und kommt damit dem ganzheitlichen Förderungs- und Lernprozeß am nächsten.

Diese Problemstellung nach der Orientierung am Kind tangiert auch die Frage nach dem Kindgemäßen. Allgemein gilt, daß Handlungsentwürfe, die zunächst von außenstehenden Personen initiiert werden, jedesmal daran gemessen werden, ob sie Kindern einer bestimmten Altersstufe je nach Entwicklungsstand und nach dem aktuellen Stand des Wissens überhaupt zumutbar sind. "Nicht Pracht und Luxus sind erforderlich, sondern Verständnis für die Bedürfnisse der kindlichen Seele" (Bittner 1991, 22).

Im Sinne *Montessoris* ist eine behütende und anregende Umgebung, die "geistige Nahrung für den seelischen Embryo enthält", kindgemäß (zit. n. Bittner 1991, 23). In Anlehnung an *Bittners* Ausführungen zu der Frage: "Was heißt kindgemäß?" lautet die von *Montessori* übernommene Antwort: "Kindgemäß ist eine Umgebung, die mit den sensiblen Perioden der kindlichen Entwicklung korrespondiert; und wo eine solche Umgebung nicht naturwüchsig vorhanden ist, muß sie als pädagogisch vorbereitete geschaffen und dem Kind bereitgestellt werden" (ebd.). Im Hinblick auf Kinder mit schweren Behinderungen kommt über die Notwendigkeit der Bereitstellung dieser Umgebung in der Aufgabe der Vermittlung sicherlich ein Mehr an Aktivität, Förderung, allgemein Didaktisierung, d. h. ein höheres Maß an Sensibilität für die individuellen Bedürfnisse des Kindes hinzu als möglicherweise von *Maria Montessori* ursprünglich intendiert.

9.3 Wahrnehmung und Motorik als basale Prozesse

An den Beispielen Motorik und Wahrnehmung, speziell taktile Wahrnehmung werden die Überlegungen zu basalen Förderprozessen im Hinblick auf Förderdiagnostik für den Praxisbereich weiter konkretisiert.

Es gibt eine nahezu unüberschaubare Anzahl an Förderungskonzepten (Frostig, Affolter, Montessori, Kiphard, Ayres, ...). Man könnte sie hinsichtlich der hier angeführten pädagogischen, sozialen, didaktischen und ggf. therapeutischen Prinzipien systematisch hinterfragen. Dies würde jedoch den Rahmen dieser Schrift sprengen.

Alle diese Ansätze sind unter dem Aspekt des vorliegenden Konzeptes und der Prinzipien von Förderdiagnostik kritikbedürftig, weil sie eben doch nicht die ganze Breite der hier aufgezeigten Überlegungen berücksichtigen (vgl. Kapitel 6). Dennoch enthalten Konzeptionen zur Förderung der Motorik, der verschiedenen Bereiche der Wahrnehmung, spezielle Ansätze zur Förderung von Kindern mit Lernstörungen, autistischen Verhaltensweisen, schwerer geistiger Behinderung, ... Brauchbares. Theoretiker stellen die Frage der wissenschaftlichen Fundierung dieser Vorschläge und unterziehen sie einer kritischen Analyse wie z. B. *Fischer* (1983), in neuerer Zeit *Begemann* (1992, 250-260) hinsichtlich der Konzepte zur "Minimalen Cerebralen Dysfunktion" (MCD), der Teilleistungsstörungen, der sensorisch-integrativen Therapie nach *Ayres*, der "motorischen" Konzepte von *Kiphard* und *Frostig*, der "Störungen übergeordneter Fähigkeiten wie Motivation, Konzentration, kognitiver Stil, die als notwendige Voraussetzung für Lernen angenommen werden" und spezifisch schulleistungsbezogener Störungskonzepte wie Dyskalkulie und Legasthenie (LRS) sowie entsprechender Förderansätze.

Im praktischen Arbeitsfeld handelnde Personen greifen publizierte Förderungsansätze auf, denn sie befinden sich ständig, gefordert durch sie durchgängig bedrängende Notsituationen, auf der Suche nach Möglichkeiten zur Förderung von Kindern mit unterschiedlichen Entwicklungsverzögerungen und Behinderungen. Der Bedarf an Anregungen hierzu scheint sehr groß zu sein.

Es gibt wohl kaum Förderungskonzepte, die unbesehen in der ursprünglich publizierten Form direkt auf Kinder mit sehr unterschiedlichen Schweregraden von Störungen und Behinderungen transferiert werden können. Sie bedürfen der Anpassung an die jeweils vorliegende Notsituation und Problematik (Lernausgangslage, Lernbasis) und der Integration in die Bedürfnislage des (ganzen) Kindes, Jugendlichen oder Erwachsenen. Eine wichtige Basis für diese Aufgabe stellen die in diesem Buch vorliegenden Überlegungen zur Förderdiagnostik dar.

Gefordert ist nicht die Kenntnis möglichst vieler Förderungsansätze, vielmehr die *Fähigkeit der Vermittlung*. Im sonder- oder heilpädagogischen Arbeitsfeld tätige Personen sind in erster Linie Vermittler und Vermittlerinnen zwischen dem Menschen in einer Notsituation und der sozialen und materiellen Welt. Diese Aufgabe der Vermittlung schließt Prozesse der Beziehung zwischen Lehrerinnen und Lehrern und erziehungs- und förderungsbedürftigen Kindern ein.

Gestellt wird die Frage nach der Art und Weise der Handhabung, der flexiblen Veränderung, Anwendung dieses oder jenes Förderungskonzeptes angesichts der besonderen Bedürfnislage. Erst in diesem integrativen Prozeß kommt der pädagogische, soziale, der didaktische und therapeutische Aspekt als Einheit zum Tragen. Diese Aufgabe impliziert ein so hohes Maß an Herausforderung, daß trotz vorliegender, scheinbar nicht auflösbarer Widerstände keine Gedanken der Resignation aufkommen dürften. Behinderungen und die damit verbundenen Grenzen werden als pädagogisierbare Möglichkeiten begriffen, als Anruf an an einzelne Personen oder ein Team.

9.3.1 Förderung der Motorik

Bewegung ist der basale und vermittelnde Prozeß schlechthin. In allen menschlichen Handlungs- und Verhaltensweisen ist Bewegung aufgehoben. Bewegung immer in Verbindung mit dem ganzen Körper vermittelt Wahrnehmung, den Bezug zur Welt, ist der Schlüssel zum Kognitiven, zu inneren Prozessen verschiedener Art. Motive für Bewegung kommen von außen und innen gleichermaßen. In der Begegnung mit Menschen sowie mit der Umwelt und in der Auseinandersetzung mit ihren Gegenständen findet die Bewegung, im weiten Sinne die Tätigkeit, ihr Motiv. In der bedürfnisrelevanten Dimension des Gegenstandes und in seiner Möglichkeit, Bedürfnisse des Menschen anzusprechen, liegt die Motivation, sich mit ihm auseinanderzusetzen. Der Mensch, insbesondere das Kind erkennt quasi über die Auseinandersetzung mit der Umwelt das Ergebnis oder das Produkt seiner Aktivität. Ergibt sich aus dieser Tätigkeit Sinn, entwickelt sich aus verschiedenen möglichen Motiven ein dominierendes, sinngebendes Motiv. Die emotionale Bewertung eines Prozesses (Bundschuh 1992, 149 ff.) oder einer Tätigkeit wird nun im Zusammenhang mit der Intention, ein bestimmtes Ziel zu erreichen, im Rahmen des Handlungsprozesses "bis zur Realisierung des Motivs im Produkt die Führungsgröße der Tätigkeit" (vgl. Jantzen 1987, 150).

Der Entwicklungsprozeß des Menschen verläuft auf der Basis motorischer Prozesse von außen nach innen , d. h. die äußeren, konkreten Operationen oder Handlungen werden in zunehmendem Maße zu inneren Prozessen im Sinne geistiger Handlungen. Bewegung bildet in Verbindung mit dem Körper eine Vermittlungseinheit, die sich dann in Integration mit sinngebenden (inneren) Wahrnehmungsprozessen zusammenschließt. Der persönliche Sinn und die Bedeutung für den Menschen ergeben sich immer aus dem Gesamtprozeß der Selbstreferenz. Emotional-affektive positive oder negative Erfahrung führen zur Ausbildung des entsprechenden - körperlichen - Selbstbildes oder Selbstkonzeptes. Vor allem das Bewertungssystem im Menschen ist dafür verantwortlich, daß der Organismus selbst aktiv Bedingungen und Auswirkungen seiner Handlungen auf dem Wege früherer Speicherungen erkennt. In der Antizipation einer Handlung liegt demnach die Möglichkeit ihrer Ausführung. Über Bewegungs-, besser Handlungsprozesse, in die der eigene Körper, insbesondere das taktile System, also die Haut, einbezogen ist, schafft sich der Mensch ein Abbild von sich selbst und seiner Umwelt. Der Mensch befindet sich im Kontext solcher Prozesse, auf der Basis des Bedürfnisses nach neuen Eindrücken, stets auf dem Weg der Selbstverwirklichung. Wird diese Freiheit nach Selbstverwirklichung unterdrückt wie z. B. durch Hospitalismus oder unsinnige Erziehungsanweisungen (isolierende Lebensbedingungen), kommt es zur Krise, zu Störungen im Aufbau des Bewegungsverhaltens, möglicherweise verbunden mit Angst und Furcht. Die Folge könnte im Extremfall eine von außen induzierte geistige Behinderung sein.

Bewegung ist immer in eine Orientierung des Subjekts im System Subjekt - Tätigkeit/Handlung - Objekt integriert (vgl. Jantzen 1990, 94).

Während einer motorischen Handlung im Alltag entstehen in der Aktivität durch Wahrnehmung und Bewegung neue innere Abbilder. In Verbindung mit früheren Erfahrung, in der Aktivierung emotionaler, sozialer und geistiger Prozesse gehen sie in die weitere dynamische Handlungsplanung ein. "Dabei entscheidet der Mensch in jeder kleinsten motorischen Operation auf der Basis vorliegender Erfahrungen neu über seine weiteren Handlungen - an der Peripherie werden die Impulse registriert, in den höchsten inneren psychischen Regelkreisen wird darüber entschieden, wie und ob überhaupt die Handlung fortgesetzt wird" (Strüver 1992, 97).

Unter dem Aspekt des entwicklungs- und handlungsbezogenen Aufbaus der Motorik und der Integriertheit aller motorischen Prozesse in den ganzen Menschen erweisen sich vorliegende Ansätze zur Förderung der Motorik als problematisch. Als Beispiel greife ich den Ansatz Kiphards heraus.

Unter förderdiagnostischem Aspekt erweist sich *Kiphards* Ansatz mit der Einteilung menschlichen Bewegungsverhaltens in neuro-, senso-, psycho- und soziomotorische Teilaspekte (1990, 17-20) und der Zuordnung zu bestimmten Alters- und Entwicklungsbereichen als kritikbedürftig. Es werden im Hinblick auf Störungen neuromotorischer Art, also bei Störungen der Reflexe im Säuglingsalter (0 bis 1 Jahr), bei Störungen sensomotorischer Art bezogen auf das Kleinkindalter (1 bis 3 Jahre), bei psychomotorischen Störungen (3 bis 6 Jahre) und bei Störungen der Soziomotorik ganz bestimmte, auf "Funktionen" bezogene Therapien vorgeschlagen. Eine solche Vorgehensweise erweist sich als schematisch und funktional. Dabei wird suggeriert, Motorik könne man so einfach aufteilen, bei der Motorik handle es sich um etwas vom übrigen Menschen Isoliertes (traditionelle medizinische Denkweise). "Die Herauslösung einzelner Aspekte und Ebenen in defektbezogener Betrachtungsweise schafft ... erst die Defekte" (Jantzen 1981, 73). Tatsächlich geht es bei der Motorik, eigentlich bei jeder Bewegung des Menschen um etwas in den ganzen Menschen Integriertes. Die einzelnen bei *Kiphard* angeführten "Teilaspekte der menschlichen Bewegung" erweisen sich in Wirklichkeit immer auf den ganzen Menschen bezogen, sie können auch nicht auf einzelne Altersstufen beschränkt oder in sich abgeschlossen sein. Z. B. bewegt der Säugling seine Arme hin zur Mutter oder zu anderen Personen - in diesem Verhalten ist bereits Soziomotorik integriert. Die Bewegungen eines Säuglings hängen ebenfalls von seinen Bedürfnissen (Hunger, Durst, Müdigkeit, ...) und von seiner Stimmungslage, also von psychischen Prozessen ab. Insofern handelt es sich hierbei bereits durch den Einbezug des Emotionalen um Psychomotorik. In nahezu allen Bewegungen sind die Sinne, ist also die Wahrnehmung integriert, deshalb sprechen wir von Sensomotorik, der prozessualen Einheit von Wahrnehmen und Sich-Bewegen. Die Aufteilung hinsichtlich Ätiologie einer Beeinträchtigung (Entwicklungsverzögerung, Störung, Behinderung) und "Therapie" bei *Kiphard* in Neuromotorik, Sensomotorik, Psychomotorik und Soziomotorik erweist sich als künstlich und wird der tatsächlichen prozessualen Integration der Multidimensionalität motorischer Prozesse in die Gesamtperson nicht gerecht.

Die Zuordnung von Bewegungsarten zu bestimmten Entwicklungsphasen ist künstlich. Es wird dabei nicht bestritten, daß die Neuromotorik, also der problemlose Ablauf der Reflexe als Grundlage aller übrigen Bewegungen dient, auch die Bedeutung der weiteren Begriffe, "Psychomotorik", "Soziomotorik" wird nicht bestritten. Ein Kind einfach funktional zu "bereizen", heißt, seine eigene Orientierungsmöglichkeit und -fähigkeit nicht abzurufen und nicht wahrzunehmen und somit keine echte Basis für erweiterte Handlungsprozesse zu legen.

Das Modell *Kiphards* bedarf der Erweiterung um den dynamisch-ganzheitlichen Aspekt. Versteht es ein im sonder- oder heilpädagogischen Arbeitsfeld tätiger Lehrer, den Ansatz *Kiphards* (in Verbindung mit den hier aufgezeigten und begründeten Prinzipien der Förderdiagnostik) mit den Prinzipien des Basalen, des Ganzheitlichen und der Orientierung am Kind zu verbinden, kann die an sich stark medizinisch orientierte Vorgehensweise bei *Kiphard* durch Veränderungen im Hinblick auf Integration in spielerisch-ganzheitliche Förderungsprozesse, in Alltagssituationen und -handlungen durchaus akzeptabel und fruchtbar im Sinne einer Bedeutung für das Kind und der kindgemäßen Förderung sein.

Als wesentlich in diesem Zusammenhang erweisen sich aber

- die Einstellung zum Kind (anthropologisches und pädagogisches Prinzip; vgl. (6.1; 6.2)),
- der Vermittlungsprozeß als sozialer, kommunikativer Vorgang; die Person, die das Kind und seine Biographie kennt und sein bisheriges Handeln einschätzen kann, die dieses Kind fördern möchte und ihre Beziehung zum Kind (soziales Prinzip der Förderdiagnostik, vgl. 6.3),
- die Einbettung des Funktionalen und Intentionalen, des möglicherweise "Therapiewirksamen" in kindgemäße, spielerische, handlungsorientierte, anschauliche Prozesse und damit für das Kind erlebbares, bedeutungsvolles und sinnhaftes Geschehen (didaktisches Prinzip der Förderdiagnostik, vgl. 6.4; 9.1; 9.2).

So werden die Ansätze von *Frostig* (1978), *Affolter* (1977), *Cruickschank* (1981), *Johnson* und *Myklebust* (1971), *Kephart* (1977), *Montessori* (1976), *Prekop* (1989), *Ayres* (1979), ... weniger durch das meist überwiegende funktional-intentionale Moment als vielmehr im Kontext des ganzheitlichen, in Orientierung am Kind flexiblen Förderungsprozesses im Hinblick auf ein bestimmtes Kind integrativ und pädagogisch fruchtbar.

Durch Umweltreize in wechselseitiger Abhängigkeit mit den individuellen Bedürfnissen des Kindes werden dynamische Lernprozesse initiiert, die unter Einbezug von bisherigen Wahrnehmungs- und Bewegungsvorgängen zu erweiterten Verhaltens- und Handlungsmöglichkeiten führen und damit insgesamt die Persönlichkeitsentwicklung des wie auch immer beeinträchtigten Kindes bereichern. Kein Zweifel, die Notwendigkeit von Förderung der Bewegung - und damit unmittelbar auch der Wahrnehmung - erweist sich als basal:

1. Motorik ist ein basaler Prozeß im Sinne von ursprünglich, denn Bewegung geschieht sehr früh im Mutterleib, unmittelbar nach der Geburt bewegt sich der gesunde Säugling.

2. Motorik wirkt sich auf die übrigen Prozeßbereiche aus und integriert sich in Handlungen in der engen Verknüpfung mit Wahrnehmung, kongnitiver Entwicklung, also Denkentwicklung, Sprache/Begriffsbildung/Artikulation, Emotionalität (Ausdruck von Gefühlen über Bewegung und Beeinflussung des Bewegungsverhaltens durch die Gefühle), Sozialverhalten und Kommunikation und erweist sich damit als grundlegend für die Entfaltung der Persönlichkeit.

3. Motorik stellt die einzige Handlungs- und Ausdrucksmöglichkeit des Menschen dar. Auch in den Gebrauch der Sprache sind über Bewegungen der Lippen, der Zunge, des Gaumens, ... über die Muskeln ganz allgemein motorische Prozesse involviert.

4. Je größer die motorischen Möglichkeiten eines Kindes sind, desto gezielter und umfassender werden die Zugangsmöglichkeiten zur Welt der Mitmenschen und der Dinge und die Handlungsfähigkeit im Zusammenhang mit diesen.

Bewegung macht die Teilhabe am Leben aus, läßt Erleben zu, durch Bewegung erlebt sich der Mensch intensiver. Bewegung hilft dem Menschen, sich in seiner Umwelt zu orientieren und sich handelnd in ihr zu erfahren. Insofern ist Bewegung immer mehr als beanspruchte Motorik, sie ist integraler Bestandteil menschlichen Lebens und Verhaltens.

9.3.2 Förderung der Wahrnehmung

Auf Fragen der Entwicklung der Wahrnehmung oder auf Probleme der Vielfalt der Bedingungen für Wahrnehmungsstörungen (vgl. Bundschuh 1992, 155ff.) kann hier nicht eingegangen werden.

Zweifellos ist von allen physischen und psychischen Fähigkeiten des Menschen die Wahrnehmung in enger Verbindung mit der Motorik die wichtigste. Im Wahrnehmungsvorgang wird der objektiv gegebene Reizgegenstand über die Filterwirkung der Sinnesrezeptoren, der Empfindungen, (z.B. Bedürfnisse, Motive, augenblickliche emotionale Gestimmtheit) und der auswählenden bewußten Zuwendung des Wahrnehmenden zum subjektiv erlebten Wahrnehmungsgegenstand oder Wahrnehmungsprozeß.

Zur Wahrnehmung gehört der sensorische Prozeß, d. h. die Aufnahme, Umsetzung und Weiterleitung von Reizen, häufig als "Perzeption" bezeichnet und der stärker kognitiv-verarbeitende Aspekt, d. h. das Erkennen, Benennen und Einordnen von Objekten in ein Bezugssystem, auch "Apperzeption" genannt. Es geschieht hier die Sinngebung, das Subjekt generiert und verleiht eine Bedeutung. Erkennen heißt, physikalischen Reizen eine Bedeutung, einen - immer tieferen - Sinn geben. Wahrnehmung ist stets mehr als die bloße Aufnahme, Unterscheidung und Verrechnung von Sinnesdaten. Unter Einbezug der Theorien des "symbolischen Interaktionismus" und des phänomenologischen bzw. wissenschaftstheoretischen Ansatzes meint Wahrnehmung vor allem sinnhaftes, mit Bedeutung durchsetztes Tun (vgl. Fischer 1983, 68). An der Dominanz der Bedeutungs- und Sinnaspekte in der Wahrnehmung besteht kein Zweifel (vgl. Graumann 1960, 62; Binswanger 1964, 290).

Zusammengefaßt ist Wahrnehmung ein Prozeß, durch den sich ein Mensch in Form von Informationsübertragung über die Sinnesorgane an das Gehirn Welt aneignet. Das den Menschen umgebende Informationsmaterial wird so verarbeitet, daß für das Individuum Bedeutung entsteht. Wahrnehmung beinhaltet auditive, vestibuläre, propriozeptive, taktile und visuelle Systeme, die prozeßhaft und integriert miteinander verknüpft sind.

Als Beispiel für einen basalen und gleichzeitig komplexen Wahrnehmungsprozeß greife ich die *taktile Wahrnehmung* und *Aspekte der taktilen Wahrnehmungsförderung* im Hinblick auf Förderdiagnostik heraus. Zweifellos stellt die taktile Wahrnehmung einen basalen Prozeß dar, der in sehr viele Konzepte der Wahrnehmungsförderung Eingang gefunden hat. Förderung im Erziehungsfeld setzt vor allem Wissen über Entwicklung und die Komplexität der Prozesse voraus.

Je mehr Sinneseindrücke ein Mensch erfährt und je vielfältiger sie sind, desto "intensiver und erfüllter" kann das Leben werden (vgl. Rost 1987, 249), wobei sich allerdings Reizüberflutung und Interferenzen im Sinne von sich überlagernden gegenseitig störenden Reizen eher negativ auswirken. Der Tastsinn gehörte sowohl in der wissenschaftlichen Literatur als auch im Bereich der Förderungspraxis lange Zeit zu den eher unterforderten, unterbeanspruchten oder verkümmerten Sinnen. Er wird sowohl im theoretischen Bereich als auch im praktischen Leben (Erziehung, Therapien, Frühbereich, zwischenmenschliche Beziehungen) seit einigen Jahren neu entdeckt. Der Tastsinn und die damit zusammenhängenden sensiblen Prozesse der Empfindung sind etwas gänzlich Ursprüngliches, Basales. "Wir haben alle vor der Geburt eine Phase durchlaufen, in der Tastempfindungen die vorherrschenden Sinneseindrücke waren. Im Mutterleib waren wir allseits von Flüssigkeit umgeben, die uns in jeder erdenklichen Weise Tastempfindungen vermittelte. Sie war unsere erste Sinnesumgebung, sie war zugleich die am wenigsten fordernde und am meisten befriedigende, denn sie gab uns Wärme, Nahrung, Schutz und Bewegungsmöglichkeit, wobei der Tastsinn die dominierende Sinnestätigkeit war ..." (Delacato 1975, 83).

Was liegt näher, als gerade diesen Wahrnehmungs- und Sinnesbereich im Hinblick auf Kinder mit Behinderungen, mit Schwierigkeiten, die Welt zu erfahren, diese Welt sich durch die Vermittlung der Sinnesorgane einzuverleiben, aufzugreifen und zu hinterfragen. Ganzheitlich gesehen spricht vieles dafür, daß "tatsächlich alle fünf Sinne auf einen zurückgeführt werden - den Tastsinn" (Montagu 1974, 206).

Das sensorische Hautsystem ist das früheste und sensitivste Organ, "erstes Medium des Austausches" und wirksamer lebenslanger Schutz, bedeckt es doch den Körper vollständig (ebd., 7). Der direkt mit der Haut kombinierte Tastsinn bildet sich im Embryo vor allen anderen Sinnen.

"In der medizinischen Anthropologie gilt eine Funktion dann als besonders wichtig, wenn sie sehr früh auftritt und ihre Wirkung erst mit dem Eintreten des Todes endet. Das Gehirn kommt der Haut in der Bedeutung am nächsten" (Faltermeier 1988, 18f.).

Die Haut ist das Organ der Grenzen. "Hier hört der Organismus des Individuums auf, hier beginnt die angrenzende An- und Umwelt. An der Haut hat das eine wie das andere seine Grenze. So ist die Haut, da sie eine Grenzfunktion erfüllt, das Innen- und Außenwelt verbindende Organ. Hier geht eines in das andere über, tauscht sich eins mit dem anderen aus, wirkt eines auf das andere ein. Die Haut ist eine aktive Membran. Sie lebt in und durch Kommunikation" (Kükelhaus 1975, 75). Mit dieser Aussage wird in aller Klarheit deutlich, daß taktile Wahrnehmung immer mehr als nur ein spezifischer, abgegrenzter Vorgang ist, es handelt sich dabei um einen komplexen Prozeß.

Obwohl die Haut das Hauptaufnahmorgan der Tastempfindungen ist, muß man noch andere Bereiche des Tastsinns hervorheben wie die Mundhöhle und Zunge. Die Zähne sind ebenfalls durch Druck - und in gewissem Umfang durch den Temperatursinn für den Tastsinn von Bedeutung. Der wichtigste Sinnesträger des Tastorgans ist die Hand, die das charakteristische Merkmal des Menschen darstellt, als das wichtigste Organ zur Erfassung der Umwelt. Entwicklungsgeschichtlich gesehen steht die Hand in enger Verbindung zu Funktionen und Prozessen des Gehirns und zur Sprache (vgl. Delacato 1975, 83). Dies drückt sich sprachlich dadurch aus, daß in dem Wort "Begriff" dieses "Greifen" mit der Hand aufgehoben ist. Sprache und motorisches Zentrum liegen im Gehirn benachbart, regen sich einander an. Die Hand ist im Verständnis *Kants* das äußere Gehirn des Menschen, das wichtigste Intrument der menschlichen Arbeit. Die Entwicklung der Hand mit ihren ständigen Berührungsempfindungen übt einen großen Einfluß auf das geistige Wachstum aus, während umgekehrt Hemmungen und Schädigungen der Bewegungsfähigkeit der Hand auch die geistige Tätigkeit und sogar das psychische Wohlbefinden negativ beeinflussen können.

Taktile Sinne gliedern sich in Berührungs-, Schmerz- und Temperatursinn; sie sind für den Aufbau von Körper- und Ich-Bewußtsein wesentlich. Kinästhetisch nennt man im allgemeinen die Wahrnehmung der Raum-, Zeit- und Spannungsverhältnisse und der Eigenbewegungen über Propriozeptoren, die bei immer weiterer Feinabstimmung vor allem einen wichtigen Faktor der motorischen Lernfähigkeit darstellt. Kinästhesie ist durch Förderung und sinnvolle Übung beeinflußbar und trägt damit zur Verbesserung der Bewegungsvorstellung und des -gedächtnisses bei, unterstützt von visuellen Informationen. Allgemein ausgedrückt gilt Kinästhesie als "Registrierung von Bewegungen (Gibson 1982, 131). Das haptische System als Teilbereich beinhaltet die Fähigkeit des Individuums, mit seinem Körper die Umwelt, die an seinen Körper angrenzt, wahrzunehmen. Haptisch heißt, zum Erfassen fähig sein.

Von den vorliegenden Förderansätzen zur taktilen Wahrnehmung werden einige exemplarisch aufgegriffen, um Möglichkeiten und Probleme im Rahmen förderdiagnostischer Prozesse zu beleuchten.

- Die Arbeit mit dem Sinnesmaterial bei *Maria Montessori* basiert auf einigen Grundgedanken der heilpädagogischen Übungsbehandlung *Fröbels*. Sie bezieht sich auf die Entwicklung und Förderung von Grundfunktionen in den Bereichen der Verbalität, der Psychomotorik, der Perzeption mit dem Ziel der "Be-Fähigung" (Kobi 1980, 126). Die Konzentration als wesentliches Anliegen der Erziehung bei *Montessori* wird durch die Einengung des Blickfeldes auf einen bestimmten Blickpunkt (isolierter Sinnesreiz) sowie durch Handbetätigung und öftere Wiederholung der betreffenden Übung oder Beschäftigung erreicht. In der "vorbereiteten Umgebung" (ausreichender Bewegungsspielraum, den Maßen und Kräften der Kinder entsprechende Gegenstände, Ordnen als Voraussetzung), die die Kinder durch ihre Schönheit der Farben und Formen von Gegenständen zu Aktivitäten anleiten soll, ist zugleich noch das Element der Natürlichkeit enthalten. Hier liegt im Rahmen der Arbeit mit dem Montessorimaterial die vielleicht eigenartige Spannung zwischen Konzentration bzw. Einengung der Wahrnehmung auf den "Gegenstand" und seine Eigenschaften einerseits und Öffnung für diese "vorbereitete Umgebung".

Obwohl sich der Tastsinn über die ganze Epidermis verteilt, beschränken sich die Einführungsübungen für Kinder auf die Fingerspitzen der rechten Hand. Damit bereiten sie auf den Alltag und das Leben in der Umwelt vor (vgl. Montessori 1971, 128). Im Hinblick auf die Erziehung bereiten diese taktilen Übungen auch das Schreiben vor. Nach dem Waschen und Abtrocknen (Massagewirkung) folgt die Belehrung des Kindes über die Berührung einer Oberfläche, das Betasten.

"Dazu muß man die Finger des Kindes anfassen und ganz leicht auf der Fläche gleiten lassen. Eine weitere technische Einzelheit besteht darin, das

Kind zu lehren, die Augen bei der Berührung geschlossen zu halten, wobei man ihm durch die Erklärung, es würde besser fühlen und, ohne hinzuschauen, den Wechsel der Tastempfindung erkennen, einen Anreiz gibt" (ebd., 129).

Die Problematik im Rahmen der Förderung nach *Montessori* liegt in der Frage der basalen Förderungsmöglichkeit im Rahmen der vorbereiteten Umgebung, die so gestaltet und geschaffen sein sollte, daß sie die aufeinanderfolgenden Neigungen des Heranwachsenden, seinem jeweiligen Entwicklungsstand gemäß ansprechen und herausfordern sowie einen weiteren Lernprozeß bewirken (Montessori 1976, 135-144). Der Lehrer gilt als Pfleger des Materials, Beobachter und Berater des Kindes.

Vielleicht werden hierbei doch die Alltagserfahrungen von Kindern zu wenig berücksichtigt und einbezogen. Im Hinblick auf Kinder mit Behinderungen wird von der Lehrerin oder vom Lehrer wohl ein höheres Maß an Flexibilität und auch didaktisierender Aktivität gefordert, als von *Montessori* ursprünglich intendiert. Im Zusammenhang mit schwerer behinderten Kindern "müßte eine Neubestimmung des didaktischen Ansatzes erfolgen" (Biewer 1992, 171). Es müßte im Rahmen der Pädagogik *Maria Montessoris* erst noch ein Rahmen des Lernens unter solch erschwerten Bedingungen zu finden sein. Vor allem werden "wichtige soziale Erfahrungsfelder" in diesen Klassen mit schwerer behinderten Kindern auf der bisherigen Arbeitsbasis verhindert (ebd.).

Bei der Festhalte-Therapie (Prekop 1989) erhält das Kind mittels Handführung und Berührung Informationen zur Verwirklichung von Manipulationen und zum Erwerb von Tätigkeitsschemata. *Prekop* setzt das Festhalten bei chronischen Defiziten der Bindung und der Geborgenheit, bei frühkindlichem Autismus, Anpassungsproblemen, zwanghaften Abhängigkeiten und Süchten, Ängsten aller Art, Depressionen, psychosomatischen Krankheiten wie Neurodemitis u.a. ein (ebd., 107). Wesentlich hierbei ist die sehr dichte Umarmung, in der das Kind weder über seine Körperlage noch über seine Bewegungen entscheiden darf.

An dieser Methode wird auch massive Kritik geübt, z. B. "Halte - 'Therapie' ist Folter" (Jantzen/von Salzen 1986, 152). *Rohmann* und *Elbing* stellen fest, daß es für diese Therapie keine theoretische Begründung gibt (1990, 61) Auch wenn *Prekop* meint, die Kinder seien trotz der "scheinbaren Unterdrückung" fröhlich, lebenslustiger, freier, offener, neugieriger und erkundungsfreudiger als vor der Therapie (1989, 198), muß man dieses Vorgehen als künstlichen Eingriff bezeichnen. Diese Methode ist sicherlich weit von dem entfernt, was hier unter "basal", "kindorientiert" oder "kindgemäß" verstanden wird (vgl. 9.1; 9.2).

Auch wenn die modifizierte Festhaltetherapie (Rohmann/Elbing 1990) einige Problemstellen neutralisiert, kann sie unter pädagogischem Aspekt betrachtet, nicht akzeptiert werden. Bei der modifizierten Festhaltetherapie sitzt das Kind auf dem Schoß der Mutter, beide umarmen sich (Blickkontakt). Physische Widerstände und/oder sprachliche Mißfallensäußerungen werden ignoriert. Die Dauer beträgt hierbei anfangs 30 bis 60 Minuten und wird dann kürzer. Der Therapeut unterstützt die tägliche Durchführung mittels einer Supervision. Zur Verstärkung und/oder als Mittel der Kommunikationsförderung wird gezielt Trost eingesetzt (vgl. Rohmann/Hartmann 1988, 148).

Bei den sensorisch-integrativen Modellen geht es mehr um gerichtete Angebote, die Aufnahme und Verarbeitung bestimmter Reize fördern.

Es wird davon ausgegangen, daß das Kind "... aktiv Erfahrungen machen kann, die die Verarbeitungsprozesse im Gehirn anregen" (Doering 1990, 17). Das Ziel stellt das Schaffen von Grundlagen und den Aufbau hirnstammkontrollierter Prozesse im Gehirn dar. Reize werden langsam von schwachen zu immer intensivieren hin und über die "Brücke" eines anderen, nicht überempfindlichen Wahrnehmungsbereiches aufgebaut. Bei den Integrationsschritten ist zu beachten, daß die Übungsreihe nicht einfach "durchgezogen" werden soll, vielmehr kann das Kind bisher nicht gezeigtes Verhalten ausprobieren und erleben.

Auf der Basis sensorisch integrativen Vorgehens stellt das Konzept von *Jean Ayres* (1984), eine stärker neurophysiologisch orientierte Methode als der Ansatz *Affolters* (1977) dar. Da der Hirnstamm die übergeordnete Instanz für die Integration sensorischen Inputs ist, betont diese Therapie stark die Motorik. Der sensorische Input läßt sich zum einen über motorische Aktivitäten organisieren, zum anderen ist der kindliche Entwicklungsstand am Reifungsgrad der Motorik im allgemeinen gut erkennbar. "Die Therapie ist dann am wirksamsten, wenn das Kind seine Handlungen selbst bestimmt, während die Therapeutin unaufdringlich die Umgebung des Kindes lenkt. Am intensivsten kommt eine Integration von Sinneseindrücken zustande, wenn das Kind von sich aus einen bestimmten Reiz wünscht und eine Tätigkeit einleitet, durch die es die gewünschten Empfindungen erhalten kann" (1984, 196). Die Intention dieser Therapie ist es, "dem Kind zu helfen, körperlich, gefühlsmäßig und geistig besser zu funktionieren" (ebd.).

An den aufgezeigten Ansätzen wird deutlich, daß es eigentlich die separate, auf einen ganz bestimmten Bereich bezogene taktile Wahrnehmungsförderung nicht gibt. Stets spielen motorische, soziale und motivationale Prozesse eine Rolle.

Für Wahrnehmungförderung allgemein und speziell im Hinblick auf Förderung taktiler Wahrnehmung gilt das Prinzip des Basalen, d. h. beim Kind dort anzusetzen, wo mögliche Schwierigkeiten in seiner Wahrnehmungstätigkeit beginnen. Als wichtig im Hinblick auf basale Prozesse erweist sich die Frage, ob z.B. noch Schwierigkeiten im Aufbau des eigenen Körperschemas vorliegen oder im taktil-kinästhetischen Bereich (vgl. Prekop 1989, 1981).

Von einer umfassenden Wahrnehmungsförderung wird gesprochen, wenn Lehrer oder Lehrerinnen, Erzieher oder Erzieherinnen in Interaktionen mit dem Kind versuchen, die für die kindliche Wahrnehmungstätigkeit relevanten Aspekte zu berücksichtigen. Hierzu gehören vor allem die emotional-soziale Situation des Kindes, die Motivation, die bisherigen Erfahrungen und der sozio-kulturelle Hintergrund sowie sprachliche Kompetenz. Eine Voraussetzung dafür, daß Wahrnehmungsgegebenheiten in den Apperzeptionsbereich, also in die Bedeutungs- und Sinnprozesse des Kindes Eingang finden, besteht sicherlich darin, das Kind in einer ganzheitlich-handelnd-betroffenen Weise mit den Wahrnehmungsgegebenheiten umgehen zu lassen, d. h. das Kind in seinen Orientierungsprozessen aktiv werden zu lassen Dies bedeutet, daß Wahrnehmungsförderung nicht getrennt von sonstigen pädagogischen und didaktischen Angeboten und Prozessen stattfindet, sondern integraler Bestandteil pädagogisch-didaktischen Geschehens ist. Wenn hier als Ausgangsbasis der Wahrnehmungsförderung die ganzheitliche sozial-emotional-motivationale Situation des Kindes angesprochen wird, darf dies nicht darüber hinwegtäuschen, daß das Ziel der Wahrnehmungsförderung in immer besserer Differenzierung, Strukturierung und Integrierung der wahrgenommenen Objekte in ihrem Bezug zur Gesamtsituation zu sehen ist. Differenzierte Wahrnehmung stellt die Voraussetzung für den sicheren Umgang mit den Dingen der Alltagswelt, für den Schriftspracherwerb, für das Lesen und die Begegnung mit der Welt der Zahlen (Mathematik) dar.

In der Praxis bedürfen diese Aussagen über Wahrnehmungsförderung der weiteren Konkretisierung für Kinder mit geistiger Behinderung, mit unterschiedlichen Graden von Entwicklungsverzögerungen, für Kinder mit verschiedenen Formen der körperlichen Behinderung, der Störungen und Beeinträchtigungen des Lernen und Verhaltens sowie der Kinder mit Sinnesbeeinträchtigungen.

Mehrfach habe ich die Notwendigkeit der Diagnose und Analyse behindernder Bedingungen im Umfeld gefordert (vgl. 6.3.1), um den Blick auf die ökologischen Momente, also auf die Beziehung zur Umwelt zu richten, die Entwicklungsprozesse eines Kindes entscheidend beeinflussen. Die Wahrnehmungstheorie *Gibsons* regt an, eigentlich bekannte Qualitäten der Wahrnehmungsförderung neu zu thematisieren und um eine ökologische Dimension zu erweitern, wobei die Kernfrage der Wahrnehmung nicht die Sinnesempfindungen des Hörens, des Sehens, Geruchs, ... darstellen, sondern die Wahrnehmungsbereiche zur Orientierung über die Umwelt existieren und werden eingesetzt zum Horchen, Betasten, Beriechen, zum Kosten und zum Ausschauhalten (1973, 76). Während sich die Propriozeptoren auf die Wahrnehmung des eigenen Körpers beziehen, intendiert Wahrnehmung im eigentlichen Sinne die äußere Umwelt. Wahrnehmungsförderung in der heilpädagogischen Praxis wird "sinn- und bedeutungshaltig, wenn wir in den Räumen, Objekten, Ereignissen und Personen um uns Handlungsmöglichkeiten entdecken; z. B. Gegenstände wahrnehmen heißt nicht nur, ihre Größe, Farbe, Form, Konsistenz usw. zu registrieren, sondern in erster Linie zu erkennen, was wir mit ihnen tun können, wozu sie uns nutzen oder auch warum sie uns schaden können" (Gröschke 1992, 163 f.).

Wahrnehmungs- und Handlungsfähigkeit bedeutet eben nicht nur das Erkennen von Beschaffenheit und Eigenschaften der uns umgebenden Objekte, sondern intendiert auch den Aspekt des Nutzens und der Bedeutsamkeit eines Gegenstandes für den Menschen. Künstlich eingebrachtes Fördermaterial und isoliertes Sinnestraining fördern deshalb nicht die "tätige Auseinandersetzung der Person mit den Angeboten und Widerständen der umgebenden Welt" (ebd.). Isoliert und funktional dargebotenes Material verhindert geradezu ein Ansprechen der Person in ihrer Leiblichkeit. "Wahrnehmung ist, sofern sie wahr ist, die Berührung unserer eigenen Wirklichkeit mit der Wirklichkeit der wahrgenommenen Dinge. Die eigene Leiblichkeit läßt die Dinglichkeit der Dinge zum Vorschein kommen" (Uslar 1973, 392). Es ergibt sich die Frage, ob die Funktionsorientiertheit mancher Förderungsansätze durch die Art der Vermittlung durch Therapeuten oder Therapeutinnen, Lehrer oder Lehrerinnen neutralisiert werden kann.

Gerade in der Natur werden Wahrnehmung und aktives Handeln der Kinder gefördert, da hier in natürlicher Weise, visuelle, akustische, propriozeptive und vestibuläre Sinne ganzheitlich und differenziert zugleich angeregt werden und im Zusammenhang mit zwingenden Gegebenheiten wie z. B. Regen (Wasser), Luft (Wind), Sonne (Wärme), Eis und Schnee bzw. Frost (Kälte) für Assimilations- und Akkommodationsprozesse im Sinne *Piagets* sorgen.

Wahrnehmungsförderung wie bei *Frostig*, die Sinnesschulung wie sie *Montessori* aufzeigt und andere Ansätze bieten sich in natürlicher Weise in jeder Familie mit hinreichend großem Wohnraum und einer natürlichen Umgebung (Garten, Spielplatz, freie Natur) an. Die soziale Auseinandersetzung mit Mutter, Vater und Geschwistern ist schlechthin die ursprüngliche basale Beziehung, die in alle übrigen sozialen Prozesse des späteren Lebens hineinwirkt. Im Bereich der Familie ergeben sich unzählige taktile Prozesse, die zusammen mit den vestibulär-taktil-kinästetischen Prozessen ein basales Bezugssystem bilden als Grundlage für alle anderen Wahrnehmungssysteme. Im handelnden Umgang mit Spielsachen und Gegenständen in der Wohnung, insbesondere in der Küche, auf dem Spielplatz und in der freien Natur, erfährt das Kind die wichtigen Eigenschaften wie rund, eckig, glatt, rauh, warm, kalt nicht nur als solche, sondern in der Bedeutung, in der "Provokation" für sein Handeln und sein Leben. Wohnung, Spielplatz, Kinder, Natur sind Orte der Begegnung mit der Welt.

Kinder, die auf dem Lande aufwachsen, erfahren vieles in der direkten Begegnung und Berührung mit der Natur (Farben des Frühlings und des Herbstes, der Jahreszeiten überhaupt, im Umgang mit Tieren (weich, rauh, glatt) besser und basaler als bei *Montessori*, denn auch die Natur stellt eine vorbereitete Umgebung dar. Die Verstädterung hat diese Umgebung leider zerstört. Möglicherweise ist die häufig zu hörende Forderung nach intensiver Förderung eine Antwort auf die sich verschlechternden ökologischen Verhältnisse, auf die ungünstigen Lebensbedingungen von Kindern, die auf mehr oder weniger funktionale Weise kompensiert werden sollen.

Das Erleben basaler Prozesse ist für Kinder, Jugendliche und Erwachsene wie ein Prozeß, der Kraft gibt. Die Förderung durch die natürliche, sinngebende, sinnstiftende und auch Werte vermittelnde Umgebung und die Förderung in dieser Umgebung erfolgt nach den Grundformen von Entwicklungsprozessen überhaupt: Ganzheitliche Begegnung - Orientierung, Differenzierung, Integrierung, Strukturierung und Herausbildung sicherer Verhaltensformen (vgl. Bundschuh 1992, 90-107). Erfahrungen basaler Art beeinflussen das weitere Lernen sowie die Einstellung auch gegenüber neuen Objekten.

Es wäre interessant, diese vielfältigen Verfahren zur Förderung der Wahrnehmung und Motorik einzeln im Hinblick auf anthropologische, pädagogische, soziale, didaktische und therapeutische Aspekte kritisch zu hinterfragen. Alle intendieren eine Verbesserung der Situation des Kindes, wollen in basaler Form Kinder mit Entwicklungsverzögerungen fördern. Indem sie die Förderung über das taktile System, speziell die Haut anstreben, versuchen sie in der Tat etwas Basales.

10 Ausblick

Wer ein Kind mit einer Behinderung aus dem Schul- und Bildungssystem ausschließt, wer ihm ausgebildete Lehrer oder Lehrerinnen vorenthält, verstößt gegen elementare Prinzipien von Pädagogik und Anthropologie, verletzt das Grundgesetz, das jedem Menschen das Recht auf Erziehung und Bildung garantiert.

Es besteht die Gefahr, daß die Allgemeinpädagogik und auch die Sonder- oder Heilpädagogik immer mehr aus dem unmittelbaren Alltagsfeld der Erziehung mit ihren bedrängenden Fragen abheben, die theoretische Reflexion die Wirklichkeit der Erziehung kaum noch erreicht. Es gibt eine deutliche Verunsicherung, eine Art Ohnmacht gegenüber Erziehungsfragen in Theorie und Praxis. Vielleicht ist diese Unsicherheit auch ein wichtiger Grund für die Entstehung extremer Verhaltensprobleme wie Aggressivität, Gewalt, Brutalität, mangelndes soziales Einfühlungsvermögen, Egoismus vieler Kinder und Jugendlicher der neunziger Jahre. Sie provozieren - staatliche - Autorität, indem sie mehr oder weniger bewußt Grenzen menschlichen Zusammenlebens überschreiten, weil sie die - innere Autorität - der Pädagogik nicht erreicht hat. Resigniert die Pädagogik als Wissenschaft, weil es doch keine endgültige Antwort auf die Frage der Erziehung gibt?

"Viel wird heute gesprochen von der Ratlosigkeit über das, um was es in der Erziehung geht, der Ratlosigkeit über den Sinn des menschlichen Daseins als solchen. Eines aber bleibt immer möglich: nach dem Sinn der Erziehung und auch dem Sinn unseres Daseins zu suchen. Soweit wir nun wissen, wie fruchtbares Suchen möglich ist, welche Notwendigkeiten dabei zu beachten, welche Gefahren zu bestehen oder zu meiden sind, wissen wir auch um den Sinn dieses Suchens und damit unseres suchenden Daseins. Wir dürfen nur nie vergessen, daß jedes gefundene Ziel nur eine Trittstufe ist, die sich im weiteren Suchen bewähren muß" (Moor 1974.501 f.).

Auch wenn versucht wurde, einen Rahmen für die Bewältigung diagnostischer Probleme vor allem im pädagogischen Bereich zu finden, bin ich mir darüber im klaren, daß keinesfalls alle Schwierigkeiten überwunden sind. Vollständigkeit konnte nicht das Ziel dieser Schrift sein. Immer noch bleiben Fragen der Umsetzung und Anwendung von Förderdiagnostik in die Komplexität und Multidimensionalität des sonder- oder heilpädagogischen Arbeitsfeldes bestehen, aber auch Fragen der Vermittlung z. B. von Wissen und Handeln im Hinblick auf die Praxis. Dies liegt in der Natur der Vielfalt der Erscheinungsbilder von Entwicklungsverzögerungen, Lernstörungen, Behinderungen verschiedener Art begründet. Insofern ist Förderdiagnostik nicht programmierbar. Die vorliegenden Ausführungen konkretisieren sich erst im Zusammenhang mit dem jeweiligen Kind und herausfordernden speziellen Erziehungs- und Lernbedürfnissen.

Dieser Ansatz setzt voraus:
- Wissen und Erfahrung, Arbeit "vor Ort", "im Feld"
- Schulung der Verhaltensbeobachtung in vielfältigen Situationen
- Basiswissen über wichtige Bereiche wie Motorik, Arten und Prozesse der Wahrnehmung, Sprache, Sozialverhalten, Emotionalität, Kognition und deren Vernetzung, also über Lernen schlechthin
- Kenntnisse über Möglichkeiten der Gesprächsführung und der Beratung
- die Fähigkeit, sich auf Kinder mit sehr unterschiedlichen Verhaltensweisen, Möglichkeiten und Bedürfnissen einzustellen
- Sensibilität, pädagogisch und didaktisch fruchtbare Situationen im Rahmen der Schule zu schaffen, z.B. für Spiele, die Kinder zu Aktivitäten anregen, und es ihnen ermöglichen, ihre Bedürfnisse zu signalisieren. Bereits im Spiel, in jeder für ein Kind sinn- und bedeutungsvollen Auseinandersetzung mit Materialien, in der Kommunikation, im Wahrnehmen, durch äußeres und inneres Handeln (Empfinden, Fühlen, Erkennen, Denken) findet Förderung statt.

Nicht explizit behandelt wurde die Problematik der Rolle traditioneller psychologischer Verfahren, in welchem Maße und wie sie in die förderungsorientierte Diagnostik einbezogen werden können. Denkbar wäre die Form von Screenings, d. h. Subtest und Items herkömmlicher Verfahren je nach Lernausgangslage des Kindes anzuwenden sowie die Variation von Testbedingungen im Sinne strukturbezogener oder qualitativer Diagnostik (vgl. 4.2.2).

Vielleicht gibt dieses Buch Anregungen zum Nachdenken über neuartige förderdiagnostische "Verfahren", die deutlich ganzheitlich und bedürfnisorientiert ausgestattet sind. Möglicherweise gehen daraus auch Impulse für die Einrichtung förderungsorientierter Klassenzimmer, Spielzimmer und Spielplätze an Schulen und sonstigen Einrichtungen hervor, in denen Kinder erzogen werden.

Es wurde nicht ausdrücklich die Frage angesprochen, inwieweit die Forderung von Institutionen nach Applikation "objektiver Verfahren" vom pädagogisch orientierten Diagnostiker nicht zweigleisiges Denken und Handeln verlangt. Vorschulische und schulische Probleme erfordern ein fundiertes diagnostisches Grundlagenwissen (vgl. Bundschuh 1991) von Pädagogen, Erziehern, Erzieherinnen und Psychologen. Keine Institution kann verbieten, förderungsorientierte Aussagen in ein Gutachten einzubringen, wenn damit die Möglichkeit verbunden ist, ins Stocken geratene Prozesse wieder in Gang zu bringen. Ich fühle mich auf der Basis dieses Ansatzes ermutigt, Überlegungen zur Förderung im Erziehungsfeld - notwendigerweise auch im Bereich der Begutachtung - weiter voranzutreiben und immer wieder an den Problemen von Kindern und den Gegebenheiten der Praxis zu validieren. Die theoretischen Grundlagen hierfür sind geschaffen und weiterentwickelt, Verbindungen zwischen einer förderdiagnostischen Vorgehensweise und Prinzipien der Pädagogik und Didaktik begründet und aufgezeigt.

Man kann tatsächlich mit Hilfe des hier vorliegenden Ansatzes die Qualität eines Gutachtens und der Förderung im Sinne der Orientierung am Kind einschätzen, indem man fragt, in welchem Maße Aktivitäten und Formulierungen Verständnis für das Kind, für sein So-Sein beinhalten (vgl. 6.1 - 6.3), inwieweit die Ausgangs- und Anfangssituation analysiert, wie überlegt die Zone der nächsten Entwicklung mittels eines Förderplanes intendiert, wie die Problematik der Didaktisierung in Verbindung mit spezieller Förderung erörtert und realisiert wird (vgl. 6.4; 9).

Von hohem Interesse bleibt die weitere Erforschung der einzelnen hier beschriebenen anthropologischen, pädagogischen, sozialen, didaktischen und ggf. therapeutischen Prinzipien und Dimensionen in Richtung weiterer Fundierung, Vernetzung und Anwendung, wobei auch der Aspekt der Institutionen nicht ausgeklammert werden darf. Weil man nicht von isolierten "Funktionen" des Menschen sprechen kann, müssen sich Reflexion und Diskussion über förderdiagnostische Prinzipien ergänzen. Zunächst richtet sich der Blick auf die Beachtung aller aufgezeigten Prinzipien und Dimensionen, ehe Überlegungen zu den einzelnen Aspekten erfolgen können. Eine Trennung im Sinne von Abgrenzung bestimmter Dimensionen erweist sich als nicht sinnvoll, vielmehr kommt auch hier das Prinzip der Aspektivität und Komplementarität zum Tragen, wobei die anthropologisch-pädagogische Fundierung als übergreifend gelten muß.

Insofern ist es wichtig, den interdisziplinären Charakter dieses Buches hervorzuheben, denn unterschiedliche Wissenschaftsbereiche wurden einbezogen. Interdisziplinarität ist darüber hinaus notwendig, um Wissenschaftler mit geistes- und naturwissenschaftlicher Orientierung zu sensibilisieren, verstärkt die Situation und die Bedingungen von Kindern und Jugendlichen mit Behinderungen, speziellen Erziehungs- und Lernbedürfnissen mit dem Ziel der Förderung ihrer Persönlichkeitsentfaltung und Verbesserung der Alltagswirklichkeit zu erforschen So soll dieses Buch Denk- und Arbeitsprozesse nicht abschließen, nicht beenden, nicht Zufriedenheit und Harmonie erzeugen, vielmehr Impulse zu neuen Reflexionen geben, Prozesse im Sinne von verbesserter Erziehung und Societas aktivieren. Förderdiagnostisches Handeln im Zusammenhang mit Kindern betrachte ich als pädagogische Aufgabe, als Auftrag, als Aufforderung und Postulat, als Anruf, Herausforderung an unserere Humanitatis angesichts einer Notsituation in der Erziehungswirklichkeit.

Literatur

Adorno, Th. W.: Soziologische Schriften I. Suhrkamp, Frankfurt/M. 1979
Affolter, Felicitè: Wahrnehmungsprozesse, deren Störungen und Auswirkungen auf die Schulleistungen, insbesonderes Lesen und Schreiben. Zeitschrift f. Kinder- und Jugendpsychiatrie 3 (1975), 223-234
Affolter, Felicitè: Wahrnehmungsgestörte Kinder. Aspekte der Erfassung und Therapie. Pädiatrie und Pädaudiologie. 1977
Aurin, K. (Hrsg.): Beratung als pädagogische Aufgabe. Klinkhardt, Bad Heilbrunn/Obb. 1984
Axline, Virginia: Kinderspieltherapie im nicht-direktivenVerfahren. Reinhardt, München 1972
Ayres, Jean: Lernstörungen: Sensorisch-integrative Dysfunktionen. Springer, Berlin 1979
Ayres, Jean: Bausteine der Kindlichen Entwicklung. Springer, Berlin/Heidelberg/New York 1984
Bach, H.: Erziehung und Therapie: Grundfragen und Abgrenzungsprobleme. In: Holtz, K.-L. (Hrsg.): Sonderpädagogik und Therapie. Schindele, Rheinstetten 1980, 9-19
Bach, H.: Sonderpädagogik im Grundriß. Marhold, Berlin, 5. Aufl.1978, 13. Aufl. 1989
Baier, H.: Einführung in die Lernbehindertenpädagogik. Kohlhammer, Stuttgart/Berlin/Köln/Mainz 1980
Barkey, P.: Modelle sonderpädagogischer Diagnostik. In: Eggert, D. (Hrsg.): Beiträge zur Sonderpädagogischen Forschung. Marhold, Berlin 1975a, 14-32
Barkey, P.: Direkte versus indirekte Modelle sonderpädagogischer Diagnostik. In: Kornmann, R. (Hrsg.): Diagnostik bei Lernbehinderten. Schindele, Rheinstetten 1975b, 20-35
Barkey, P.: Modelle in der pädagogischen Diagnostik. In: Barkey, P. u.a. (Hrsg.): Pädagogisch-psychologische Diagnostik am Beispiel von Lernschwierigkeiten. Huber, Bern 1976, 22-58
Beck, Helen: Ein Kind ist kein Computer. Reinhardt, München/Basel 1977
Begemann, E.: Die Erziehung der sozio-kulturell benachteiligten Schüler. Schroedel, Hannover/ Berlin 1970
Begemann, E.: "Sonder"-(schul-)Pädagogik: Zur Notwendigkeit neuer Orientierungen. Z. Heilpäd. 43 (1992), 217-267
Belschner, W.: Behandlungsmodelle. In: Belschner, W. u. a. (Hrsg.): Verhaltenstherapie in Erziehung und Unterricht. Kohlhammer, Stuttgart/Berlin 1973, 2. Aufl. 1974
Berger, E.: Teilleistungsschwächen. In: Die Psychologie des 20. Jahrhunderts, Bd. XII: Konsequenzen für die Pädagogik (2). Zürich 1980, 223-254

Betz, D., Breuninger, Helga: Teufelskreis Lernstörungen. Urban & Schwarzenberg. München/Wien/Baltimore, 2. Aufl. 1987

Biewer, O.: Montessori-Pädagogik mit geistig behinderten Schülern. Klinkhard, Bad Heilbrunn/Obb. 1992

Binswanger, L.: Grundformen und Erkenntnis menschlichen Daseins. Zürich, 4. Aufl. 1964

Bittner, G., Rehm, W. (Hrsg.): Psychoanalyse und Erziehung. Huber, Bern 1964

Bittner, G.: Zur Einführung: Von der therapeutischen zur pädagogischen Spielgruppe. In: Bittner, G. u. A. (Hrsg.): Spielgruppen als soziale Lernfelder. Pädagogische und therapeutische Aspekte. Juventa, München, 2. Aufl. 1975, 7-13

Bittner, G., Schäfer, G., Strobel, Heidi: Spielgruppen als soziale Lernfelder. Pädagogische und therapeutische Aspekte. Juventa, München, 2. Aufl. 1975

Bittner, G.: Psychotherapeutische Maßnahmen. In: Handbuch der Sonderpädagogik. Pädagogik der Geistigbehinderten, Bd. 5. Marhold, Berlin 1979a, 158-162

Bittner, G.: Tiefenpsychologie und Kleinkindererziehung. Schöningh, Paderborn 1979b

Bittner, G.: (Hrsg.): Selbstwerden des Kindes. Ein neues tiefenpsychologisches Konzept. Bonz, Fellbach-Oeffingen 1981a

Bittner, G.: Was bedeutet "kindgemäß"? Z. f. Päd. 27 (1981b), 827-838

Bittner, G.: Der Wille des Kindes Z. f. Päd. 28 (1982), 261-272

Bittner, G.: Was ist Kindgemäß? Das Kind (10) 1991, 17-37

Bleidick, U.: Sondererziehung. In: Speck, J., Wehle, G. (Hrsg.): Handbuch pädagogischer Grundbegriffe, Bd II. Kösel, München 1970

Bodack, R., Barten-Wohlgemut, Ingeburg: Diagnostik als therapeutische Intervention. In: Bommert, H., Hockel, M. (Hrsg.): Therapie-orientierte Diagnostik. Kohlhammer, Stuttgart/Berlin 1981, 115-128

Böhm, W.: Pädagogik. In: Arnold, W., Eysenck, H. J., Meili, R. (Hrsg.): Lexikon der Psychologie, Bd. 2. Herder, Freiburg/Basel/Wien 1980, 1529-1533

Böhm, W.: Wörterbuch der Pädagogik, Kröner, Stuttgart, 12. Aufl. 1982a

Böhm, W.: Theorie und Praxis. In: Brinkmann, W., Renner, K. (Hrsg.): Die Pädagogik und ihre Bereiche. Schöningh, Paderborn 1982b, 29-44

Böhm, W.: Über den interdisziplinären Charakter der Pädagogik. In: Brinkmann, W., Renner, K. (Hrsg.): Die Pädagogik und ihre Bereiche Schöningh, Paderborn 1982c, 45-53

Bollnow, O. F.: Das Wesen der Stimmungen. Klostermann, Frankfurt, 4. Aufl. 1968a

Bollnow, O.F.: Die anthropologische Betrachtungsweise in der Pädagogik. Neue deutsche Schule, Essen, 2. Aufl. 1968b

Bollnow, O.F.: Vom Geist des Übens. Herder, Freiburg i. Br. 1978

Bollnow, O.F.: Existenzphilosophie und Pädagogik. Klett, Stuttgart, 6. Aufl. 1984

Bommert, H., Hockel. M. (Hrsg.): Therapie-orientierte Diagnostik. Kohlhammer, Stuttgart/Berlin 1981

Breitenbach, W.: Unterricht in Diagnose- und Förderklassen. Klinkhardt, Bad Heilbrunn/Obb. 1992

Brinkmann, W., Renner, K.: Einleitung der Herausgeber oder über die Schwierigkeit, in die Pädagogik einzuführen. In: Brinkmann, W., Renner, K. (Hrsg.): Die Pädagogik und ihre Bereiche. Schöningh, Paderborn 1982, 11-26

Bruner, J.S.: Entwurf einer Unterrichtstheorie. Schwann, Düsseldorf 1974

Buber, M.: Das dialogische Prinzip. Schneider, Heidelberg, 5. Aufl. 1985

Bundschuh, K: Der intelligente Schulversager. Schindele, Rheinstetten, 2. Aufl. 1976a

Bundschuh, K.: Modifizierung der Kritik an der Lernbehindertenpädagogik. Sonderpädagogik 6 (1976b), 167-174

Bundschuh, K.: "Förderdiagnostik" nur ein Etikett? Z. Heilpäd. 34 (1983b), 175-179

Bundschuh, K.: Möglichkeiten und Grenzen der Förderbarkeit von Kindern mit Lernproblemen in der Grund- und Hauptschule. Schule heute 23 (1983c), 6-10

Bundschuh, K.: Dimensionen der Förderdiagnostik bei Kindern mit Lern-, Verhaltens- und Entwicklungsproblemen. Reinhardt, München/Basel 1985

Bundschuh, K.: Probleme der Realisierung von Förderdiagnostik. In: Kornmann, R., Meister, H., Schlee, J. (Hrsg.): Förderungsdiagnostik. Konzept und Realisierungsmöglichkeiten. Schindele, Heidelberg 1983a, 2. Aufl. 1986, 171-180

Bundschuh, K.: Einführung in die sonderpädagogische Diagnostik. Reinhardt, München/Basel 1980, 2. überarb. Aufl. 1984, 3. Aufl. 1991

Bundschuh, K.: Heilpädagogische Psychologie. Reinhardt, München/Basel 1992

Ciel - Arbeitsgruppe Reutlingen: Stücke zu einem mehrperspektivischen Unterricht. Einführung, Übersicht, Nutzungsvorschläge, Implementationsprogramm. Klett, Stuttgart 1976

Corte, E. de u. a.: Grundlagen didaktischen Handelns. Von der Didaktik zur Didaxologie. Beltz, Weinheim/Basel 1975

Criuckschank, W.M.: Schwierige Kinder und Jugendliche in Schule und Elternhaus. Marhold, Berlin 1981

Derbolav, J.: Kritische Refexionen zum Thema "Pädagogische Anthropologie". Pädagogische Rundschau 18 (1964), 751-767

Derbolav, J.: Problem und Aufgabe einer Pädagogischen Anthropologie im Rahmen der Erziehungswissenschaft. In: Derbolav, J., Roth, H.

(Hrsg.): Psychologie und Pädagogik. Neue Forschungen und Ergebnisse, Bd. 2. Quelle u. Meyer, Heidelberg 1959, 7-48
Delacato, C.H.: Der unhemliche Fremdling. Das autistische Kleinkind. Hyperion, Freiburg 1975
Doering, W. u. W. (Hrsg.): Sensorische Integration. Modernes Lernen, Dortmund 1990
Duhm, Erna (Hrsg.): Beobachtungsbogen für Kinder im Vorschulalter 4-6 (BBK). Westermann, Braunschweig 1979
Eggert, D. (Hrsg.): Beiträge zur sonderpädagogischen Forschung, Marhold Berlin 1975a
Eggert, D.: Mehrdimensionale psychologische Diagnostik als Entscheidungshilfe? In: Kornmann, R. (Hrsg.): Diagnostik bei Lernbehinderten. Schindele, Rheinstetten 1975b, 146-172
Eggert, D.: Psychodiagnostik. In: Bach, H. (Hrsg.): Handbuch der Sonderpädagogik, Bd. 5. Pädagogik der Geistigbehinderten. Marhold, Berlin 1979, 392-417
Ertle, Ch., Möckel, A. (Hrsg.): Fälle und Unfälle der Erziehung. Klett, Stuttgart 1980
Faltermeier, L.: Neues Lernen mit Geistigbehinderten. Sport macht lebendiger. Dürr, Bonn-Bad Godesberg, 3. Aufl. 1988
Fischer, E.: Wahrnehmungsförderung. Zum Aufbau von Wahrnehmungskompetenz als Aneignung sinnlicher Prozesse bei Geistigbehinderten. Bock u. Herchen, Bad Honnef 1983
Flehmig, Inge: Normale Entwicklung des Säuglings und ihre Abweichungen. Thieme, Stuttgart 1979
Flitner, W.: Das Selbstverständnis der Erziehungswissenschaft in der Gegenwart. Quelle u. Meyer, Heidelberg, 4. Auf. 1966
Flitner, W.: Allgemeine Pädagogik. Klett, Stuttgart, 12. Aufl. 1968
Fries, A., Weiß, H.: Denken in Teilleistungsstörungen - Kritische Anmerkungen zu einem in Mode gekommenen Konzept. In: Möckel, A., Müller, A. (Hrsg.): Erziehung zur rechten Zeit. Bentheim, Würzburg, 1990, 102-135
Fritz, A.: Erfolgreicher im Lernen. Ein Förderprogramm für lernschwache Schüler. Marhold, Berlin 1986
Fröhlich, A.: Basale Stimulation. Selbstbestimmtes Leben, Düsseldorf, 3. Aufl. 1992
Frostig, Marianne, Maslow, P.: Lernprobleme in der Schule. Hippokrates, Stuttgart 1978
Galliani, L.: Situation und Probleme der Sonderpädagogik in Italien. In: Klein, G., Möckel, A., Thalhammer, M. (Hrsg.): Heilpädagogische Perspektiven in Erziehungsfeldern. Schindele, Heidelberg 1982, 339-352

Galperin, P.J.: Die Psychologie des Denkens und die Lehre von der etappenweisen Ausbildung geistiger Handlungen. In: Untersuchungen des Denkens in der sowjetischen Psychologie. Volk u. Wissen, Berlin 1967

Gehlen, A.: Der Mensch. Seine Natur und seine Stellung in der Welt. Athenäum, Frankfurt, 7. Aufl. 1962

Gibson, J.J.: Die Sinne und der Prozeß der Wahrnehmung. Huber, Bern/Stuttgart/Wien 1973

Gibson, J.J.: Wahrnehmung und Umwelt. Der ökologische Ansatz in der visuellen Wahrnehmung. Urban & Schwarzenberg, München 1982.

Giel, K., Hiller, G.G., Krämer, H.: Stücke zu einem mehrperspektivischen Unterricht. Aufsätze zur Konzeption 2. Klett, Stuttgart 1975

Goldenberg, H.: Contemporary clinical psychology, Brooks/Cole, Monterey Cal. 1973

Goldfried, M. R., Rent, R. N.: Herkömmliche gegenüber verhaltenstheoretischer Persönlichkeitsdiagnostik: Ein Vergleich methodischer und theoretischer Voraussetzungen. In: Schulte, D. (Hrsg.): Diagnostik in der Verhaltenstherapie. Urban & Schwarzenberg, München/Berlin/Wien 1976, 3-23

Götte, Rose: Landauer, Sprachentwicklungstest für Vorschulkinder (LSV). Beltz, Weinheim/Basel 1976

Graumann, C.-F.: Grundlagen einer Phänomenologie und Psychologie der Perspektivität. Berlin 1960

Grissemann,H., Weber, A.: Spezielle Rechenstörungen, Ursachen und Therapie. Huber, Bern/Stuttgart/Wien 1982

Grissemann, H.: Pädagogische Psychologie des Lesens und Schreibens. Huber, Bern/Stuttgart/Toronto 1986

Groeben, N., Scheele, Brigitte: Argumente für eine Psychologie des reflexiven Subjekts. Steinkopff, Darmstadt 1977

Grosch, E.: Schulreform und Integration behinderter Kinder und Jugendlicher in Norwegen. In: Klein, G., Möckel, A., Thalhammer, M. (Hrsg.): Heilpädagogische Perspektiven in Erziehungsfeldern. Schindele, Heidelberg 1982, 333-338

Gröschke, D.: Praxiskonzepte der Heilpädagogik. Reinhardt, München 1989

Gröschke, D.: Psychologische Grundlagen der Heilpädagogik. Klinkhardt, Bad Heilbrunn/Obb. 1992

Grubitzsch, S., Rexilius, G.: Testtheorie - Testpraxis. Voraussetzungen, Verfahren, Formen und Anwendungsmöglichkeiten psychologischer Tests im kritischen Überblick. Rowohlt, Hamburg 1978.

Grubitzsch, S.: Sozialökonomische Grundlagen des Testens und Messens. In: Grubitzsch, S., Rexilius, G. (Hrsg.): Testtheorie - Testpraxis. Rowohlt, Hamburg 1978, 40-51

Hamann, B.: Pädagogische Anthropologie. Theorien - Modelle - Strukturen. Eine Einführung. Klinkhardt, Bad Heilbrunn/Obb. 1982

Hansen, G.: Die Misere der sonderpädagogischen Diagnostik - Bestandsaufnahme und Vermittlungsversuch. In: Hansen, G.(Hrsg.): Sonderpädagogische Diagnostik. Centaurius 1992, 9-30
Hasselhorn, M., Mähler, C.: Lernkompetenzförderung bei lernbehinderten Kindern: Grundlagen und praktische Beispiele metakognitiver Ansätze. Heilpäd. Forschung 1 (1990), 1-13
Heidegger, M.: Sein und Zeit. Niemayer, Tübingen, 13. Aufl. 1976
Hiller, G. G.: Konstruktive Didaktik. Schwann, Düsseldorf 1974
Holtz, K.-L.: Ein Interventions-Entscheidungs-Modell als mögliche Variante sonderpädagogisch-diagnostischer Vorgehensweise. In: Kornmann, R. (Hrsg.): Diagnostik bei Lernbehinderten. Schindele, Rheinstetten 1975, 36-57
Jantzen, W.: Persönlichkeitstheoretische und neuropsychologische Aspekte von Sport und Bewegungserziehung bei geistig behinderten Kindern und Jugendlichen. In: St. Grössing (Hrsg.): Bewegungserziehung und Sportunterricht mit geistig behinderten Kindern und Jugendlichen. Limpert, Bad Homburg 1981, 45-78
Jantzen, W.: Allgemeine Behindertenpädagogik, Bd. 1. Beltz, Weinheim/Basel 1987.
Jantzen, W.: Allgemeine Behindertenpädagogik, Bd. 2. Beltz, Weinheim/Basel 1990.
Jantzen, W., Salzen, W.: Autoaggressivität und selbstverletzendes Verhalten. Marhold, Berlin 1986.
Jegge, J.: Dummheit ist lernbar. Bern, 7. Aufl. 1976
Johnson, D.J., Myklebust, H.R.: Lernschwächen. Hippokrates, Stuttgart 1971
Kahle, W.: dtv-Atlas der Anatomie. Bd. 3. Nevensystem und Sinnesorgane. dtv, München; Thieme, Stuttgart/New York, 6. Aufl. 1991
Kaminski, G.: Verhaltenstheorie und Verhaltensmodifikation. Zytglogge, Stuttgart 1970
Kamper, D.: Geschichte und menschliche Natur. Die Tragweite gegenwärtiger Anthropologiekritik. Hauser, München 1973
Kanfer, F.H.: Möglichkeiten der Verhaltensänderung. Urban & Schwarzenberg, München 1977
Kanter, G. O.: Lernbehindertenpädagogik - Gegenstandsbestimmung, Begriffsklärung. In Kanter, G. O., Speck, O. (Hrsg.): Handbuch der Sonderpädagogik, Bd. 4. Pädagogik der Lernbehinderten. Marhold, Berlin 1977, 7-33
Kanter, G. O., Masendorf, F. (Hrsg.): Interaktionskompetenz als didaktische Dimension. Marhold, Berlin 1979
Kaufmann-Hayoz, R.: Kognition und Emotion in der frühkindlichen Entwicklung. Springer, Berlin/Heidelberg 1988
Kautter, H., Munz, W.: Verfahren der Aufnahme und Überweisung in die Sonderschule. Schwerpunktmäßig dargestellt an der Schule für Lern-

behinderte. In: Deutscher Bildungsrat: Sonderpädagogik 3. Klett, Stuttgart 1974, 235-358
Kautter, H.: Zur Klassifikation und schulischen Placierung von Lernbehinderten. Z. Heilpäd. 26 (1975), 222-238
Kautter, H.: Einige sozialpsychologische Aspekte förderungsdiagnostischer Arbeit. In: Kornmann, R., Meister, H., Schlee, J. (Hrsg.): Förderdiagnostik, Konzept und Realisierungsmöglichkeiten. Schindele, Heidelberg 1983, 2-8
Keller, Heidi, Meyer, H.J.: Psychologie der frühesten Kindheit. Kohlhammer, Stuttgart 1982
Kephart, N.C.: Das lernbehinderte Kind im Unterricht. Reinhard, München 1977
Keupp, H.: Modellvorstellungen von Verhaltensstörung: "Medizinisches Modell" und mögliche Alternativen, In: Kraiker, Ch. (Hrsg.): Handbuch der Verhaltenstherapie. Kindler, München, 2. Aufl. 1974
Kiphard, E. J: Mototherapie Teil II. Psychomotorische Entwicklungsförderung Bd. 3. Modernes Lernen, Dortmund, 2. Aufl. 1986
Kiphard, E. J.: Motopädagogik. Psychomotorische Entwicklungsförderung, Bd. 1. Modernes Lernen, Dortmund, 4. Aufl. 1990
Kirk, S.A., Kirk, W.D.: Psycholinguistische Lernstörungen. Diagnose und Behandlung. Beltz, Weinheim 1976
Klafki, W. u. A.: Didaktische Analyse. Schroedel, Hannover 1961, 10. Aufl. 1969
Klauer, K. J. (Hrsg.): Handbuch der pädagogischen Diagnostik, 4 Bände. Schwann, Düsseldorf 1978
Klaus, G., Buhr,M. (Hrsg.): Philosophisches Wörterbuch. Das Europäische Buch, Berlin 1972, 1049
Kleber, Ed. W.: Lehrbuch der sonderpädagogischen Diagnostik. Marhold, Berlin, 3. Aufl. 1978
Klein, Melanie: Die Psychoanalyse des Kindes. Reinhardt, München 1973
Kobi, E. E.: Einweisungsdiagnostik - Förderdiagnostik: eine schematische Gegenüberstellung. Vierteljahresschrift für Heilpäd. 46 (1977a), 115-123
Kobi, E.E.: Subjektivität als Weg zur personalen Existenz des behinderten Kindes. Vierteljahresschrift für Heilpäd. 46 (1977b), 282-291
Kobi, E.E.: Die Rehabilitation der Lernbehinderten. Reinhardt, München 1980
Kobi, E.E.: Heilpädagogik als Dialog. In: Leber, A. (Hrsg.): Heilpädagogik. Wissenschaftliche Buchgesellschaft, Darmstadt 1980, 61-94
Kobi, E.E.: Zum Verhältnis von Pädagogik und Heilpädagogik. In: Kobi, E.E., Bürli, A., Broch, E. (Hrsg.): Zum Verhältnis von Pädagogik und Sonderpädagogik. Luzern 1984, 26-35
König, K.: Heilpädagogische Diagnostik. Natwa, Arlesheim, 2. Aufl. 1977

König, E., Ramsenthaler, H.: Diskussion Pädagogische Anthropologie. Fink, München 1980

König, E., Ramsenthaler, H.: Was kann die Pädagogische Anthropologie leisten? In: König, E., Ramsenthaler, H. (Hrsg.): Diskussion Pädagogische Anthropologie. Fink, München 1980, 288-298

Korczak, J.: Wie man ein Kind lieben soll. Vandenhoeck, Göttingen 1967

Kornmann, R. (Hrsg.): Diagnostik bei Lernbehinderten. Schindele, Rheinstetten 1975

Kornmann, R.: Diagnose von Lernbehinderungen. Beltz, Weinheim/Basel, 2. Aufl. 1979

Kozdon, B.: Grundbegriffe der Schulpädagogik, Klinkhardt, Bad Heilbrunn/Obb.1978

Krawitz, R.: Pädagogik statt Therapie. Klinkhardt, Bad Heilbrunn/Obb. 1992

Kükelhaus, H.: Fassen, Fühlen, Bilden. Caia, Köln 1975, 2. Aufl. 1978

Lambrich,H.J.: Über Bedürfnisse von Kindern in der Schule. Z. Sonderpädagogik 18 (1988) 129-136

Langeveld, J. M.: Kind und Jugendlicher in anthropologischer Sicht. Quelle & Meyer, Heidelberg 1956

Langeveld, J.M.: Die Schule als Weg des Kindes. Versuch einer Anthropologie der Schule. Westermann, Braunschweig 1960

Langeveld, J.M.: Studien zur Anthropologie des Kindes. Niemayer, Tübingen, 3. Aufl. 1968

Langeveld, J.M.: Einführung in die theoretische Pädagogik. Klett, Stuttgart, 7. Aufl. 1969

Langfeldt, H.-P.: Alternativmodell zur praktizierten Umschulungsdiagnostik. In: Kornmann, R. (Hrsg.): Diagnostik bei Lernbehinderten. Schindele, Rheinstetten 1975, 58-73

Langfeldt, H.-P.: Sonderpädagogische Diagnostik: Allgemeine Grundlagen und Funktionen (1988). In: Langfeldt, H.-P. (Hrsg.): Diagnostik bei Lernbehinderten. Luchterhand, Neuwied/Berlin 1993, 273-282

Leber, G. (Hrsg.): Heilpädagogik. Wissenschaftliche Buchgesellschaft, Darmstadt 1980

Legowski, Christina: Was ist das "Sonderbare" der Sonderpädagogik? In: Brinkmann, W., Renner, K. (Hrsg.): Die Pädagogik und ihre Bereiche. Schöningh, Paderborn 1982, 411-420

Leontjew, A. N.: Probleme der Entwicklung des Psychischen. Athenäum, Frankfurt 1977

Lewin, K.: Vorsatz, Wille und Bedürfnis. Psychol. Forschung 7 (1926), 294

Lewin, K.: A dynamic theory of personality. Mc Graw Hill, New York 1935

Litt, Th.: Führen oder Wachsenlassen. Eine Erörterung des pädagogischen Grundproblems. Teubner, Leipzig/Berlin 1927

Litt, Th.: Mensch und Welt. Grundlinien einer Philosophie des Geistes. Quelle & Meyer, Heidelberg, 2. Auf. 1961

Loch, W.: Die anthropologische Dimension der Pädagogik. Neue deutsche Schule, Essen 1963

Loch, W.: Lebenslauf und Erziehung. Neue deutsche Schule, Essen 1979a

Loch, W.: Curriculare Kompetenz und pädagogische Paradigmen. Zur anthropologischen Grundlegung einer biographischen Erziehungstheorie. Bildung und Erziehung 32 (1979b), 241-266

Loch, W.: Der Mensch im Modus des Könnens. Anthropologische Fragen pädagogischen Denkens. In: König, E., Ramsenthaler, H. (Hrsg.): Diskussion Pädagogischen Anthropologie. Fink, München 1980, 191-225

Loch, W.: Zur Anthropologie der Lernhemmung. In: Klein, G., Möckel, A., Thalhammer, M. (Hrsg.): Heilpädagogische Perspektiven in Erziehungsfeldern. Schindele, Heidelberg 1982, 20-42

Mann, Iris: Lernen durch Handeln. Urban & Schwarzenberg, München 1977

Mannoni, M.: Das zurückgebliebene Kind und seine Mutter. Walter, Olten/Feiburg/Br. 1972

Maslow, A.H.: Motivation und Persönlichkeit. Walter, Olten/Freiburg/Br. 1977, 2. Aufl. 1978

Maturana, H.R., Varela, F.J.: Der Baum der Erkenntnis. Die biologischen Wurzeln des menschlichen Erkennens. Scherz, Bern/München/Wien 1987

Möckel, A.: Die besondere Grund- und Hauptschule. Schindele, Rheinstetten 1976

Möckel, A., Klein, G., Laupheimer, W.: Intensivtraining in der Lesetechnik. Otto Maier, Ravensburg 1977

Möckel, A.: Zum Problem von Didaktik und Förderdiagnostik in der Eingangsklasse der Schule für Lernbehinderte. In: Holtz, K.-L. (Hrsg.): Sonderpädagogik und Therapie. Schindele, Rheinstetten 1980, 125-133

Möckel, A.: Die Zusammenbrüche pädagogischer Felder und die Ursprünge der Heilpädagogik. Z. Heilpäd. 33 (1982) 77-86

Möckel, A.: Thesen zum Problem der Förderdiagnostik. In: Kornmann, R., Meister, H., Schlee, J. (Hrsg): Förderdiagnostik. Konzept und Realisierungsmöglichkeiten. Schindele, Heidelberg 1983, 26-29

Möckel, A.: Geschichte der Heilpädagogik. Klett, Stuttgart 1988

Mollenhauer, K.: Das pädagogische Phänomen "Beratung". In: Mollenhauer, K., Müller, C.W. (Hrsg.): "Führung" und "Beratung" in pädagogischer Sicht. Quelle u. Meyer, Heidelberg 1965

Montada, L.: Einführung. In: Oerter, R., Montada, L. (Hrsg.): Entwicklungspsychologie. Urban & Schwarzenberg, München/Wien 1982, 3-88

Montagu, A.: Körperkontakt. Klett, Stuttgart 1974

Montessori, Maria: Die Entdeckung des Kindes. Herder, Freiburg, 2. Aufl. 1971

Montessori, Maria: Schule des Kindes, Montessori-Erziehung in der Grundschule. Freiburg 1976

Montessori, Maria: Kinder sind anders. Klett, Stuttgart 1991

Moor, P.: Heilpädagogische Psychologie, Bd. 1. Huber, Bern/Stuttgart, 2. Aufl. 1960

Moor, P.: Umwelt, Mitwelt, Heimat. Morgarten, Zürich 1963

Moor, P.: Heilpädagogische Psychologie, Bd. 2. Huber, Bern/Stuttgart, 2. Aufl. 1965

Moor, P.: Heilpädagogik, Ein Pädagogisches Lehrbuch. Huber, Bern/Stuttgart/Wien, 3. Aufl. 1974

Müller, H.A.: Psychologie und Anthropologie des Denkens. Bouvier, Bonn 1971

Müller, H.A.: Das Selbstbewußtsein des Lehrers.Bouvier, Bonn 1981

Munz, W., Schoor, U.: Die funktionale Einheit von diagnostischer und praktischer Tätigkeit bei der unterrichtlichen Förderung schulleistungsschwacher Grundschüler. In: Kornmann, R. (Hrsg.): Diagnostik bei Lernbehinderten. Schindele, Rheinstetten 1975, 173-195

Nestle, W.: Probleme und Aufgaben der Didaktik der Schule für Lernbehinderte. Z. Heilpäd. 26 (1975), 523-537

Nohl, H.: Die pädagogische Bewegung in Deutschland und ihre Theorie. Schulte-Buhnke, Frankfurt, 5. Aufl. 1961

Pawlik, K.: Modell- und Praxisdimensionen psychologischer Diagnostik. In: Pawlik, K. (Hrsg.): Diagnose der Diagnostik. Klett, Stuttgart 1976, 13-43

Piaget, J.: Das Erwachen der Intelligenz beim Kinde. Klett, Stuttgart 1969

Piaget, J.: Sprechen und Denken des Kindes. Schwann, Düsseldorf 1972

Piaget, J., Inhelder, B.: Die Entwicklung der elementaren logischen Strukturen, Teil 1 u. 2. Schwann, Düsseldorf 1973

Piaget, J.: Das Erwachen der Intelligenz beim Kinde. Klett, Stuttgart 1975

Piaget, J.: Die Äquilibration der kognitiven Strukturen. Klett, Stuttgart 1976

Plessner, H.: Die Stufen des Organischen und der Mensch. Einleitung in die philosophische Anthropologie. De Gruyter, Frankfurt, 3. Aufl. 1975

Pongratz, L.J.: Lehrbuch der klinischen Psychologie, Grundlagen der Psychotherapie. Hogrefe, Göttingen, 2. Aufl. 1975a

Pongratz, L.J.: (Hrsg.): Philosophie in Selbstdarstellungen. Meiner, Hamburg 1975b

Popp, W. (Hrsg.): Die Perspektive der kommunikativen Didaktik, In: Popp, W. (Hrsg.): Kommunikative Didaktik. Soziale Dimensionen des didaktischen Feldes. Beltz, Weinheim 1976, 9-20

Popp, W. (Hrsg.): Kommunikative Didaktik. Soziale Dimensionen des didaktischen Feldes. Beltz, Weinheim 1976
Portmann, A.: Zoologie und das neue Bild des Menschen. Biologische Fragmente zu einer Lehre vom Menschen. Rowohlt, Reinbek, 2. Aufl. 1958
Prekop, J.: Hättest Du mich festgehalten. Grundlagen und Anwendung der Festhaltetherapie. Kösel, München 1988
Probst, H.: Die scheinbare und die wirkliche Funktion des Intelligenztests im Sonderschulüberweisungsverfahren. In: Abe, Ilse u. a. (Hrsg.): Kritik der Sonderpädagogik. Achenbach, Gießen 1973, 2. Aufl. 1974, 107-183
Probst, H.: Strukturbezogene Diagnostik. In: Probst, H. (Hrsg.): Kritische Behindertenpädagogik in Theorie und Praxis. Jarick, Oberbiel 1979, 113-135
Probst, H.: Zur Diagnostik und Didaktik der Oberbegriffbildung. Jarick, Oberbiel 1981
Quitmann, H.: Humanistische Psychologie. Zentrale Konzepte und philosophischer Hintergrund. Hogrefe, Göttingen 1985
Radigk, W.: Kognitive Entwicklung und zerebrale Dysfunktion. Modernes Lernen, Dortmund, 2. Aufl. 1990
Reble, A.: Menschenbild und Pädagogik. Die Deutsche Schule 51 (1959), 49-66
Reinartz, A.: Schulleistungstest lernbehinderter Schüler (S-L-S). Marhold, Berlin-Charlottenburg 1971, 4. Aufl. 1974
Rexroth, F. W.: Gehirn und Psyche. Hippokrates, Stuttgart 1981
Rodenwaldt, H.: Mehrdimensionale Diagnostik als Voraussetzung heilpädagogischen Handelns. Die Sprachheilarbeit 36 (1991), Heft 4, 163-169
Rogers, C. R.: Counseling and psychotherapy. Houghton Mifflin, Boston 1942
Rogers, C.R.: The attitude and orientation of the counselor in clientcentered therapy. Journal consult. Psychol. 12 (1949), 82-94
Rogers, C.R.: The interpersonal relationship: The core of guidance. Harward Educ. Review. 42 (1962), 416-429
Rogers, C.R.: Die nicht-direktive Beratung. Kindler, München 1972
Rohmann, U.H., Elbing, U.: Festhaltetherapie und Körpertherapie. Modernes Lernen, Dortmund 1990
Rohmann, U.H., Hartmann, H.: Autoaggression. Behinderung-Autismus-Psychose, Bd. 1. Modernes Lernen, Dortmund 1988
Rohr, Barbara: Handelnder Unterricht. Schindele, Rheinstetten 1980
Rost, W.: Die Gefühle. Birkhäuser, Basel 1987
Roth, H.: Pädagogische Anthropologie, Bildsamkeit und Bestimmung, Bd. I. Schroedel, Hannover, 3. Aufl. 1971
Sauter, F. (Hrsg.): Psychotherapie der Schule. Kösel, München 1983

Schäfer, G. E.: Pädagogik oder Therapie? Psychoanalytisch orientierte Spielgruppenarbeit im Zwischenraum. In: Holtz, K.-L. (Hrsg.): Sonderpädagogik und Therapie. Schindele, Rheinstetten 1980, 213-222
Schlee, J.: Unterricht als organisierte Lernstörung? In: Spitta, Gudrun (Hrsg.): Legasthenie gibt es nicht ... Was nun? Scriptor, Kronberg/Ts. 1977, 51-63
Schmid, R.: Sozialhistorische und sozialpolitische Aspekte von psychologischen Testverfahren. In: Grubitzsch, S., Rexilius, G. (Hrsg.): Testtheorie - Testpraxis. Rowohlt, Hamburg 1978, 12-39
Schmidt, R. F.: Grundriß der Neurophysiologie. Springer, Berlin/ Heidelberg/London 1987
Schnotz, W.: Lerndiagnose als Handlungsanalyse. Beltz, Weinheim/Basel 1979
Schröder, H.: Kommunikation und Information im Unterricht. Ehrenwirth, München 1975
Schröder, H.: Wertorientierter Unterricht. Pädagogische und didaktische Grundlagen eines erziehenden Unterrichts. Ehrenwirth, München 1978
Schröder, H.: Grundbegriffe der Schulpädagogik und Allgemeinen Didaktik. Arndt, München 1990
Schwarzer, Christine: Einführung in die Pädagogische Diagnostik. Kösel, München 1979
Simons, P.R.J.: Lernen, selbständig zu lernen - ein Rahmenmodell. In: Mandl, H., Friedrich, H.F. (Hrsg.): Lern- und Denkstrategien. Analyse und Intervention. Hogrefe, Göttingen 1992, 251-264
Solarova, Svetluse: Therapie und Erziehung im Aufgabenfeld des Sonderpädagogen. Sonderpädagogik 2 (1971), 49-58
Speck, O.: Perspektiven der Zukunft des Sonderschullehrers. Behindertenpädagogik in Bayern 25 (1982), 75-84
Speck, O.: Pädagogische Beratung unter dem Aspekt ökologischer Kommunikation. Z.Heilpäd. 40 (1989) 361-370
Speck, O.: System Heilpädagogik. Eine ökologisch reflexive Grundlegung. Ernst Reinhard, München 1988, 2. Aufl. 1991
Speck, O., Thalhammer, M.: Die Rehabilitation der Geistigbehinderten, Reinhardt, München 1974, 2. Aufl. 1977
Strüver, P.: Lernen von sogenannten geistig behinderten Menschen über Motorik. Jarick, Solms-Oberbiel 1992
Tausch, R., Tausch, Anne-Marie: Gesprächs-Psychotherapie. Hogrefe, Göttingen/Toronto/Zürich, 7. Aufl. 1979
Thalhammer, M.: Informationsprobleme als belastende Bedingung für Interaktionsprozesse mit intelligenzbehinderten Menschen. Zur Anthropologie der Distanz. In: Baier, H. (Hrsg.): Beiträge zur Behindertenpädagogik in Forschung und Lehre. Schindele, Rheinstetten 1976

Thalhammer, M.: Geistige Behinderung. In: Speck, O., Thalhammer, M.: Die Rehabilitation der Geistigbehinderten. Reinhardt, München, 2. Aufl. 1977

Thalhammer, M.: Fragmente zur Erziehungswirklichkeit schwer körperlich- geistigbehinderter Kinder. Z. Heipäd. 31 (1980), 547-556

Tschamler, H.: Wissenschaftstheorie. Eine Einführung. Klinkhardt, München 1977

Tuckermann, A.: Down-Kind Andreas. Reinhardt, München 1981

Uslar von, D.: Ontologische Voraussetzungen der Psychologie. In: Gadamer, H.G., Vogler, P. (Hrsg.): Neue Anthropologie, Bd. 5. Psychologische Anthropologie. Thieme, Stuttgart 1973, 386-413

Vernooij, Monika: Eröffnung und Einführung. In: Benner, D. (Hrsg): Erziehungswissenschaft zwischen Modernisierung und Modernitätskrise. Zeitschrift für Pädagogik, 29. Beiheft.. Beltz, Weinheim/Basel 1992

Voss, R. (Hrsg.): Helfen - aber nicht auf Rezept. Ernst Reinhardt, München/Basel 1984

Vries, A. K. de: Sonderschulerziehung und der reguläre Unterricht in Holland. In: Klein, G., Möckel, A., Thalhammer, M.(Hrsg.): Heilpädagogische Perspektiven in Erziehungsfeldern. Schindele, Heidelberg 1982, 324-331

Warnock Report: Special Educational Needs. Report of the Commitee of Enqiry into the Education of Handicappted Children and Young People. Chairman: Mr. H. Mary Warnock. Presentet to the Parliament ... May 1978. London 1978

Watzlawick, P., Beavin, Janet, Jackson, D.D.: Menschliche Kommunikation. Huber, Bern, 4. Auf. 1974

Westphal, E.: Prototypischer Sachunterricht auf der Primarstufe - Vorentwurf einer didaktischen Konzeption für die Schule für Lernbehinderte. In: Baier, H. (Hrsg.): Unterricht in der Schule für Lernbehinderte. Auer, Donauwörth 1978, 334-350

Wocken, H., Neukäter, Almut, Neukäter, H.: Integration lern- und verhaltensgestörter Kinder im schwedischen Schulsystem. In: Klein, G., Möckel, A., Thalhammer, M. (Hrsg.): Heilpädagogische Perspektiven in Erziehungsfeldern. Schindele, Heidelberg 1982, 331-333

Wocken, H., Antor, G., Hinz, A. (Hrsg.): Integrationsklassen in Hamburger Grundschulen. Curio, Hamburg 1988

Zdarzil, H.: Pädagogische Anthropologie. Graz/Wien/Köln, 2. Aufl. 1987

Sachverzeichnis

Abbildung 49, 107, 144
Aggressivität 13, 71, 78, 113, 138
Akkommodation 28, 42, 165
Allgemeine Pädagogik 75, 77
Allgemeinpädagogik 68f
Alltagswirklichkeit 15, 59, 189
Anamnese 83, 85, 104
Analyse 13, 19, 41f, 45, 56f, 89-94, 104, 139, 148
-, behindernder Bedingungen 80-83, 88
-, von Lernbedingungen 144
analysieren 40, 51, 73, 88
Anerkennung 25, 29, 65, 68
Anfangssituation, Ausgangslage 69, 98
Angst 94, 109 176
Anknüpfungspunkte 134f
Ansätze 31, 51
-, didaktische 31, 52
Anthropologie 22, 125, 127, 181
-, pädagogische 68, 61ff
-, philosophische 61f, 64f
Antrieb zum Handeln 27
Apperzeption 179
Apperzeptionsbereich 184
Arbeitsfeld 11, 16f, 31, 50f, 69, 136
-, praktisches 13, 39, 56
Assimilation 28, 42, 165
Aufbruch 11, 12, 18
Aufgabenfeld 16, 53, 75, 110
-, sonderpädagogische
Auge-Hand-Koordination, 156, 165
Ausdauer 158f
Aussonderung 76
autistisch 66, 70, 150f, 166, 173
autistische Verhaltensweisen 71
basal 48, 168-172, 174ff, 187
basale Fördermöglichkeit 167, 168-172
basale Stimulation 59
basaler Prozeß 174f, 180
Basic Needs 24
Basisfunktion 97
Bedingungen 16, 33, 36, 47, 108, 114

-, behindernde 12, 17, 28, 35, 41, 47, 69, 80-83, 87f, 127f, 189
-, erschwerende 71, 72
-, sozio-kulturelle 82, 87
-, sozio-ökonomische 56, 60
Bedürfnis(se) 16, 22ff, 39f, 63, 65f, 111, 124ff, 151, 188
-, nach Selbstverwirklichung 25
-, nach Entfaltung 25
-, Kommunikation 28f
Bedürfnisbefriedigung 26
bedürfnisorientiert 106
Befindlichkeit 72
Begegnung 68, 176
Begleitdiagnostik 102f
Behinderte 75, 84, 116
Behinderung(en) 13, 16, 18, 24f, 42f, 47, 59f, 68, 82, 83f, 122, 189
Behinderungszustände 83
beobachten 19, 27
Beobachter 150f
Beobachtung 19, 29, 43, 45, 52, 69, 130, 139f, 154, 156-166
Beobachtungsbogen 139f
Beratung 14, 109, 121, 146-148, 188
Berührung 181f, 185f
Bewegung 156f, 176f, 179
Beziehung(en) 29, 85, 93, 110, 134f
-, basale 185
-, soziale 29
Beziehungsfeld 152
Bildsamkeit 62f
Biographie 80, 114, 143
Crowth needs 24
Defektivität 83
Defizitbeschreibungen 29, 129
defizitorientiert 20
Denken 47f
-, förderdiagnostisches 15
-, ganzheitliches 14
-, norm- und leistungsorientiertes 19, 29, 34, 51,

Diagnose 17, 21f, 35, 41, 52, 88f, 96, 99, 123, 185
Diagnose und Förderung 54, 70, 131f, 167f
Diagnostik 15, 18, 22, 30f, 50ff, 69, 89, 102
-, heilpädagogische 17
-, herkömmliche 31
-, Modelle 16, 30, 38, 40, 67, 125
--, direktes 31, 36
--, gesellschaftswissenschaftliches, interaktionistisches 16, 31, 40,
--, indirektes 31, 36
--, "Kaminskis" Modell 37f
--, medizinisches 16, 31, 35
--, psychologisches 30, 35f
--, traditionelles 15, 22, 35, 39
--, verhaltensorientiertes, verhaltensdiagnostisches 31, 36f, 39
--, Prozeßdiagnostik 31, 45, 47, 52f
-, psychologische 13
-, qualitative, strukturbezogene 14, 16, 31, 41ff
-, sonderpädagogische 14, 30, 32, 32, 38, 53
Diagnostik-Didaktik 51
Diagnostiker 55, 73
Didaktik 51, 74, 85, 88, 99, 103, 144
Didaktisierung 25, 90
Differenzierung 45, 77, 170
Dimension(en) 168, 189
Einstellung 20, 105, 109, 112, 125-127, 130, 188
eklektische Vorgehensweise 54
Eltern 84, 112f, 117f
Entfaltung 17, 24ff, 29, 53, 62, 68
Entwicklung 23, 25f, 28, 42, 49, 59, 62, 68, 110, 151, 168, 176
-, emotionale 47f
-, geistige 27, 47f
-, körperliche 48
-, soziale 47f
-, Weiterentwicklung 12, 42, 52, 67, 70, 99, 102, 160
-, Zone der nächsten Entwicklung 42, 52, 92, 130

Entwicklungshemmnisse 50
Entwicklungsprozeß 52
Entwicklungspsychologie 41, 52
Entwicklungsstand 41f
Entwicklungsstörung 20
Entwicklungsverzögerung(en) 16f, 49f, 59, 71
Erfahrung 61, 74, 90, 121
Erkennen 188
Erkenntnis 49, 61
-, prozesse 47f
Erkenntnisfähigkeit 47
Erleben 93, 134, 187
Erschwernisse im Erziehungsgeschehen 21
Erzieher 37, 50, 71f, 78, 127, 134
erzieherisches Handeln 39, 68
Erziehung 12f, 16f, 21, 49f, 62ff, 76, 110, 118, 124ff, 130, 134, 146, 188
-, Aufgaben 77
-, Prinzipien der 21f
Erziehungsbedürftigkeit 59, 62f
Erziehungsfeld(er) 11, 13, 83
Erziehungsunsicherheit 12
Erziehungswirklichkeit 47, 50, 55, 133, 135
Fehler 131
Fehleranalyse , 89, 91f
-, systematische 91f
Festhaltetherapie 183f
-, modifizierte 183f
Flexibilität 74, 152
Flußdiagramm 38
Förderdiagnostik 14ff, 22, 26, 28, 48f, 55ff, 67ff, 78ff, 83, 102f, 105, 119f, 128f, 136ff, 140
-, als Aufbruch 11
-, als Vermittlungsprozeß 89f
-, Dimensionen 18, 58, 88
--, anthropologische 22
--, didaktische 22, 88, 102
--, funktionale versus ganzheitliche 70, 103-108, 137
--, pädagogische 22, 79
--, soziale 22, 80, 88
--, therapeutische 22, 110f

-, Probleme der Realisierung 138-145
förderdiagnostische Arbeit 142
-, Aufgabenstellung 83
-, Begutachtung 150-166
Förderung 101f, 130, 141, 154-164, 189
-, der Motorik 158ff, 176
-, der Wahrnehmung 28
-, Prinzipien der 167-173
Förderungskonzepte 174f
Förderung 11, 13, 16, 25, 29, 36, 40, 44f, 51, 58, 72, 80, 94-96, 188f
-, Wege 131-133
-, Ziele 131-133
Förderungsansätze 175
-, Ausdauer 158f
-, Gedächtnis 160
-, Kreativität, kreatives Handeln 164f
-, Motivation 158f
-, Motorik 156ff
-, soziales Verhalten 160-163
-, Sprache 160-163
-, Wahrnehmung 164ff
Frühbereich 123
funktional 53, 58f, 103f, 137, 152, 176, 185f
funktionales Lernen 106
Funktionalität 60
Funktionsbereiche 53, 103, 154, 188
funktionstüchtig 20, 100
Ganzheit 22f, 52, 55f, 100
Ganzheitlichkeit 55-57, 69, 79, 96, 107
ganzheitliches Lernen 105f, 138
Gedächtnis 160
Gefühle 49, 161, 169
Gegenstand der Diagnose 127f
Gehirn 30, 33, 181, 184
-, Verarbeitungsprozesse im 183
geistig behindert 47, 151
Gespräche 8, 20, 111, 115, 117, 121, 128, 138, 140, 146, 150, 154
greifen 165, 174, 180
Grenzen 26f, 31, 50, 68, 73, 110f, 127, 132-135
-, erzieherische 12
Grundbedürfnisse 26

Grundschule 20f, 35, 118
Gutachten 21, 150-166
-, Gutachtenerstellung 18
-, Sonderschulgutachten 151
Gymnasium 15, 20
Handeln 16, 27, 56, 93, 99f, 101f, 135, 186, 188
-, Antrieb zum Handeln 27
Handlung(en) 42, 49, 72, 177
Handlungsbedingungen 57
Handlungsfähigkeit 12, 98, 128, 186
-, allgemeine 99
-, spezifische 99
Handlungsfeld 135
Handlungsprogramm 43
haptisch 181
Haut 49, 181
Heilpädagogik 22, 52, 68, 72ff, 79f, 97
heilpädagogische(s) Arbeit
-, Arbeitsfeld 115, 188
-, Diagnostik 17
Heilung 32, 37, 115
Heterogenität 51, 138, 144, 147, 167
Hilfsschule 32
Hirnstamm 183
Hospitalismus 70
Humanistische Psychologie 24, 29
Ich-Bewußtsein 181
Identität 110, 115
Individualisierung 89
Information 18, 22, 51, 53, 138
Informationsdefizit 19
Informationsphase 138
Informationsverarbeitung 93, 168
Institution 40, 55, 60, 69, 116-119, 121, 140f, 144, 189
Integration 77, 81
Integrationsstörungen 51, 71, 81
Intelligenz 104
Interaktion 28, 45, 58, 67, 85, 93
Interaktionsmodell 86
Interaktionsprozesse 83, 88, 135
Isolation 29
Isolierung 29
kinästhetisch 154, 181
Kind 131, 134, 188

Kindergarten 19, 56, 60
kindgemäß 11, 22, 130, 173, 177, 182
Kindorientierung 103
kindorientiert 53, 103, 133
Klassifikation 14, 34f, 37, 91, 120
Kognition 49, 57
Kognitionsprobleme 133
kognitive Fähigkeiten 43
- Prozesse 44, 56, 94, 106, 108
Kommunikation 28f, 68, 84, 139, 152, 169, 181
Kommunikationsfähigkeit 160-163
Kommunikationssyteme 67
Komplexität 18, 23, 38, 54, 59, 128
Konzentration 158f
Körperkontakt 28
Kreativität 42, 52, 74, 163
Kreisprozesse 12
-, negative 12
kritischer Ansatz 63
labeling approach 83f
Leben 25, 53, 61, 67, 134
Lebenslauf 163
Lehrer 13, 20, 44f, 132
Lernausgangsbasis 138, 143, 175
Lernbiographie 51
Lerndiagnostik 14, 16, 31, 43f
Lernen 25, 28, 45, 63, 95, 104f, 169
Lernen fördern 101
Lernen können 63f
Lerngegenstand 41ff, 47, 51f
Lernhemmung 14, 17f, 47, 59, 63f, 74
Lernkonflikte 96
Lernmaterial 51
Lernprozesse 41, 43, 45, 51f, 68, 92, 95, 107, 133, 168f
lernprozeßorientierte Diagnostik 14
Lernpsychologie 41
Lernschritte 52
Lernschwierigkeiten 15, 69, 97
Lernstrategien 95
Lernumwelt 41, 51
Lernvoraussetzungen 47, 51, 138
Linkshändigkeit 19
Mehrdimensionalität 54, 56
Mehrfachbehinderung

Mensch(en) 22, 25, 42, 47, 49, 55f, 60ff, 67, 104, 168, 180
-, geplanter 36
-, mit geistiger Behinderung 47, 49
-, verplanter 36
-, Wesen des 48f, 61, 70
Menschenbild 37, 60
Menschenwürde 60
Menschheit 65
Menschlichkeit 17, 25
Meßfehler 20
Methoden 22, 39, 47, 66, 128ff
Methodik 56, 79, 149
Milieu 98
Minimale Cerbrale Dysfunktion 82, 175
Möglichkeiten 17, 24, 31, 41, 49, 67, 72f, 80f, 110f
-, pädagogisierbare 68
Modelle (siehe auch unter Diagnostik, Modelle) 16, 30
-, epistemologisches Subjektmodell 31, 47
Motivation 40, 44, 158f, 169
Motorik 25, 33f, 71, 156ff, 168, 179
-, Feinmotorik 156ff
-, Grobmotorik 156ff
Mündigkeit 17, 63
Natur 24, 169, 184-186
Nervensystem 94
Netzwerk 94
Normen 20, 35, 51, 63, 67, 128
Normierung 34, 50
Not, Kinder in Not 70, 74
Notlage 68, 80
Notsituation 11, 13, 17, 40, 47, 51, 60, 65, 69, 71f, 76, 112, 125f, 129f
Objekt 25, 27, 35, 39, 48, 177
Objektivität 34, 50, 66
Offenheit 73, 85, 152
Operationen 43f, 107
-, konkrete 137
Orientierung am Kind 55, 81, 120, 127, 167, 172f
Orientierungslosigkeit 13
Pädagogik 13f, 22, 32, 56, 62f, 68f 74, 79, 112f, 114f, 125

-, Allgemeinpädagogik 75-79
-, Ausgesondertenpädagogik 76
Verhältnis Pädagogik-Sonderpädagogik 75-79
pädagogische Aufgabe 135
-, Diagnostik 14, 70
-, Fragestellung 58, 62f, 64, 69
pädagogische Verantwortung 80
pädagogischer Bezug 79
Persönlichkeit 14, 24f, 29, 43, 47, 52, 55, 65, 103f, 115
Persönlichkeitsentfaltung 26, 47, 60, 71, 189
Persönlichkeitskonzept 50
Persönlichkeitsmerkmale 33f, 36, 41, 51
Person 16, 25, 29, 60, 63ff, 85, 104, 110, 127, 154
Personagenese 64
Personsein 65
Perzeption 180
Pflege 68
Plazierung 14f
Praxis 189
Prinzip des Basalen 183
Projekt 136f
Prozesse 80, 82, 93, 95
-, förderdiagnostische 121
-, ins Stocken geratene 11, 59, 58, 127f, 189
-, kognitive 44, 56, 106
-, soziale 87
Prozeßdiagnostik 16 , 47, 69
prozeßorientierte Vorgehensweise 45f
Ratlosigkeit 12, 134, 187
Reflexe 123, 170, 176f
Sachlogik 41, 105
Sachstruktur 41f, 91
Sanktionierung 20
Scheitern 73
Screening 128, 130, 135
Selbstdiagnoseprinzip 95
Schule(n) 12, 17f, 33, 47, 56, 60, 82, 105, 115, 120f, 145
Schulleistungstest 139
Schulsystem 30, 35, 40, 53
Schulzeit 123

schwere geistige Behinderung 18, 48ff, 58f, 70f
Schwerstbehinderte 28
schwerstbehinderte 26, 65
Selbstbild 12, 29, 57
Selbsterschließung 66
Selbstkonzept 83
Selbstverwirklichung 24f, 63, 68
Selektion 15, 22, 34
Selektionsprinzip 15
Selektionsstrategie 36
sensorischer Prozeß 180f
Sinn 63, 152
Sinneseindrücke 180
Sonderpädagogik 22, 32f, 37, 52, 68, 75f, 111
-, Geschichte der 76
Sonderschule 15, 20f, 32, 35, 60
soziales Verhalten 160-163
special educational needs 13, 51
Sicherheit 24f, 29
Spielgruppen 111f
Sinnesschulung 185
Spontaneität 163f
Sprache, sprechen 33f, 65, 71, 101f, 160-163
Sprachentwicklung 19
Sprachentwicklungstest 139
Sprachförderung 101
Sprachverständnis 153
Statusdiagnostik 36, 53
Störungen 32, 40, 59, 68, 71, 82, 114, 122, 175
Stottern 19
Subjekt(s) 22, 25, 39, 42f, 48f, 54, 65ff, 93, 111, 116, 135, 176, 180
-, autonomes 13
-, Bedrohung des 34
Synapsen 94, 168
Synthese 56
System(e) 18, 40, 53, 55, 109, 119f, 121
-, autonomes 58, 147
Tastempfindungen 179f
Tastsinn 179-181
Teilleistung 55

Teilleistungsstörungen 33, 41, 71, 81, 87, 106, 175
Testgütekriterien 34
Tests 20, 34, 45, 104
Testtheorie 43, 50f, 102
-, klassisch 43, 50f, 102
Thalamus 45, 94
Theorie und Praxis 70
Therapie, Therapieformen 29, 32, 59, 85, 96, 108-116
Umgebung 36, 71, 106, 132, 145, 150, 173, 184, 187
-, anregende 173
-, vorbereitete 182f
Umwelt 25, 40, 47f, 49, 72, 82, 147f, 155, 158, 168f, 176, 179, 182, 186
-, soziale 13, 25, 27f, 35, 47, 108, 124f, 132
Umweltbedingungen 81, 144
Unterricht 21, 32, 47, 51, 88, 90, 93f, 95f, 102, 106, 115, 117, 138, 143, 162, 171
Urteil(e) 20, 118
utilitaristisch 60
Verantwortung 65, 78f, 89, 95f, 126, 148
Verhalten 165
Verhaltensauffälligkeiten 33f, 36, 38ff, 109f, 147
Verhaltensbeobachtung 29, 37, 94, 104, 128, 130, 135, 143, 156, 158, 160, 163, 188
-, teilnehmende 129, 131
Verhaltensprobleme 13, 15, 34, 54, 69, 78, 82
Verhaltensstörungen 100
Verhältnisse 56, 81, 79, 98, 146, 151, 187
-, sozialbedingte 19
-, sozio-ökomische 19
Vermittlung 12, 44, 68, 88, 91f, 94, 99, 115, 125, 172f, 174f, 186, 188
Verstehen 17, 22, 39, 58, 71f, 75, 81, 85, 88, 104, 110, 126, 129, 152, 165
vorschulischer Bereich 19, 98, 115f, 122,f, 188

Wachstumsbedürfnisse 24
Wächterfunktion 67
Wahrnehmung 22, 25f, 35, 45, 71, 90, 94, 97, 103, 113, 123, 127, 130, 134, 152, 154-158, 165, 167, 170f, 174f, 177, 179, 180f, 183f
-, taktile 156, 173, 175, 180f, 185
-, visuelle 153
-, von Gegenständen 155
-, von Geräuschen 156
-, von Personen 154
Wahrnehmungsfähigkeit 155
Wahrnehmungsförderung 115, 155f, 179-187
-, taktile 180-187
Wahrnehmungsprozesse 153
-, akustische, kinästhetische 153
-, taktile 153, 180-187
-, visuelle 153
Wahrnehmungsstörungen 51, 87, 180
Wahrnehmungssysteme 187
Widerspiegelung 49
Zielvorstellungen 16, 111, 142
Zukunft 8, 18, 41, 55, 63, 82, 89f, 126f, 150
Zusammenbruch pädagogischer Felder 66
Zuschreibungen 83